ぶれない

Ikuo Hirayama

平山郁夫

三笠書房

［はじめに］

「自分らしく生ききる」ために

この本を手にとっておられるあなたは、いま何歳でしょうか。

こんな不躾《ぶしつけ》な質問からこの本を書き出すのには、私なりの理由があります。

本書を書く動機ともなったテーマ、「ぶれない」について言えば、今でこそ仕事でも生き方でも、自分なりに納得のいくものになりましたが、二〇代半ばまでの私は、

「いったい自分はどこへ向かって進んで行ったらいいのか」

「自分が本当に取り組むべきテーマは何なのか」

と、まさに五里霧中のまっただ中にあったからです。

今のあなたが、当時の私と同年代で同じような悩みを抱えておられるのなら

尚《なお》のこと、また、すでに仕事上、人生上の経験を十分に積んだ方でも、なるほど人間の成長過程には共通するものがある、と知っていただければ、それはそれでうれしい限りです。

ところで、当時の私の悩みというのは、「やりたいことができない」ことよりも、「何をやりたいかわからない」という、まことに厄介《やっかい》きわまりないことでありました。「やりたいことがわからない」――これほどつらいことはありません。地獄の火焔《かえん》であぶられ、ノドの渇《かわ》きに苦しむような日々。

そんな私を救ってくれたのは、直接的には中学生のときに故郷広島で被爆した後遺症が激しくなり、「もう長く生きられない」という生命の危機感でした。階段を上がる途中で目まいに襲われて座り込んだり、新聞を読んでいて目の前が真っ暗になったり、という中で、「死ぬ前に自分が生きていた証拠を残したい」という強烈な創作意欲に突き動かされました。

そしてこんな絶望感から抜け出せたらどんなに幸福だろうか――その気持ちを、仏典を求めて苦難の旅を終えた高僧の姿に投影したのです。

この『仏教伝来』という絵には私の殺気があったのでしょう。それまで私が描いていた故郷の風景や人々の絵とは、明らかに違う評価を得たのです。「このやり方でいこう」。私は絵を描いて生きていく、という第一歩をここから踏み出しました。幸い、被爆の後遺症からも立ち直ることができ、その後のシルクロード作品に取り組む道へとつながっていったのです。

絵を描きながら、芸大で多くの若い人たちと五〇年にわたって共に学び続けてきました。

自信をつくる、孤独との闘い、自分自身を見つめるなど、周囲に流されない「ぶれない自分」をつくるために重要な多くのことを学びました。

私の場合は絵でした。しかし、これからこの本で書いていく法則があてはまるのは、絵を描くことだけにはとどまりません。あなたが人生を描く上でも、必ず役に立つことだと信じています。

平山 郁夫

目次

6 「がんばり力」を蓄える　71

7 「オリジナリティ」の強み　81

本文挿画・平山郁夫

1 「底辺」を広げると「高さ」が生まれる

◎自分を一〇〇度に沸騰させる「部品みがき」

がんばって努力しているのに、なかなか成果につながらないことがあります。

求めれば求めるほど、遠くなってしまう。いろいろと試行錯誤をくり返しているうちに、自分はこれでいいのか、このままでいいのか、という思いにとらわれたりするでしょう。

私も同じでした。同じどころかもっと深刻なものでした。

そんな悩みに直面したときは、

「今は、自分が持っているたくさんの『部品』をみがいているのだ」

と考える。

実際、部品をコツコツとみがいている段階では、それはムダな作業にも思えます。

近い将来の「完成した形」が見えているのなら、その部品をみがいている意義もわかりますが、どんな形にでき上がるのか皆目《かいもく》見当もつかず、また、その部品が仕上がりのどの部分のものなのかもわからない状態では、みがき続ける意欲も萎《な》えてくる。

しかし、そんな中でもみがき続けてきた部品たちは、バラバラだったものにもかかわらず、ある日突然一つにまとまって、素晴らしい「完成品」になるのです。

「部品みがき」とは、いうならば基礎練習。この基礎練習が基礎体力と基礎技術をつくっていく。

たとえば、何かのスポーツを始めたとき、最初は、自分に才能があるかどうかなどは考えないでしょう。

ただひたすら、基礎の練習をくり返ししたはずです。それがどんなにつらくとも、とりあえずは取り組んでみる。

これがもし、「こんなことをやって、何の意味があるんだろう」とか、「ただ走っているだけで、試合で役立つのだろうか」と疑ってかかったら、たちまち練習に身が入らなくなる。

基礎練習が大事なことはスポーツに限らず、何の世界においても言えることだと思うのです。

そうは言っても、基礎練習はつらいもの。しかしこれを続けること、つまり、「部品」をみがき続けることで、素晴らしい完成品が生まれてくるのです。

私がよくたとえて言うのですが、水は一〇〇度にならないと沸騰しません。一〇〇度になるためには、冷たい水を火にかけ、二〇度、五〇度と徐々に温めていかなくてはなりません。

「部品みがき」も同じです。いろいろな部分をみがき上げていくことで、次第次第に温度は上がっていく。

そして、いよいよ九〇度になって、あともうひと息がんばって火を燃やせば一〇〇度になって沸騰するというとき。ここで、あと残りいくつかの部品をみがき上げる、あるいは、部品全体に最後のひとみがきをかける、それで一〇〇度になるのです。

しかし、せっかく九〇度まで来ているのに、そこであきらめてしまう人がなんと多いことか。

今の自分が水だとしたら何度なのか。五〇度なのか、九〇度なのか。

そんな自分の「立ち位置」を考えてみることも、部品みがきに精を出し、自分を沸騰させる秘訣でしょう。

◎「人より早く壁にぶつかった」と考えたら

画家になろうと思って東京美術学校（現・東京芸術大学）に入学した私ですが、三年生のとき、本当に心底、絵を描くことをあきらめて学校を辞めようと思い詰めた時期がありました。

それは、どうにも自分が描く絵に自信が持てず、自分の才能に限界を感じてしまったのです。

思いあまって、ある先生に相談をしに行きました。

谷信一先生という日本美術史を教えてくださる新しく来られた先生です。谷先生は、私の話を聞くと、

「あなたは、今より絵が下手になると思いますか」

と聞かれる。私は、

「これ以上、下手になることはないでしょうが、どのように描けばいいのか、わからないのです」

とありのままに答えました。私にとっては、先生が言われるように、絵の上手い下手が問題なのではなく、何をどのように描けばいいのか、自分がこれからずっと絵を描き続けていけるのか、が大問題だったからです。

そんな私の顔を見て、先生は穏やかに続けました。

「誰でも自分の絵がイヤになるときはあるものです。あなたの場合はそれが人より早く来たと思って続けたらどうですか。今より下手になることはないのだから、少し、のんびりとかまえてごらんなさい」

私は谷先生のこの言葉に救われました。肩の荷が下りたような気がしたのです。もし、ここでこの言葉に出会えなければ、絵筆を捨てていたかもしれません。

先生の言葉に救われた私ですが、では何をすればいいのか、と教えてもらったわけではありません。

そこで私は、とにかくデッサンをすることに精を出しました。

まず、「本当の基礎の力」をつけなければ話にならないと考えたのです。

絵を描く上では、デッサンの力は絶対に必要です。私は、授業のない休日など、

「さあ、今日は一〇〇人の顔をデッサンしてくるぞ」

と、自分を鼓舞して上野の街に出かけました。本当に一〇〇人を描き切らなければ、下宿には帰らないように自分に課したのです。

見るのと同時に手を動かす――デッサンという私にとっての「部品みがき」は、このときは直接目に見えて役に立ったわけではありませんが、私の底力になったことは間違いありません。

そして、「一〇〇人の顔をデッサンする」といったような、難しいけれども実現可能な目標を常につくり、達成していくことで、つらい基礎練習も楽しく有意義にできるようになるのです。

「カラオケ」よりも「自作自演」で唄える人

若いうちから、何をやるにしても小器用にまとめて世に出てくる人がいます。

そういう人と、今の「芽が出ない自分」を比べて、うらやんだり、落ち込んだりすることもあります。

そんな人と比べてクヨクヨする必要などまったくありません。

学生をはじめ、画家を目指す人など、多くの若い人を見てきて間違いない事実だと思うのですが、小器用にこなす人は、最初の頃はよくても、結局は尻すぼみになってしまうことが実に多いのです。

それはなぜなのか。

ピラミッドを思い浮かべてみてください。

その最大のものはエジプト・ギザのピラミッドで、底辺の一辺は二三〇メートル、高さは一四六メートルもある巨大なものです。どうしてこのような巨大なものが建設可能になったのかといえば、一目瞭然《りょうぜん》、底辺がしっかりしているから。

基礎となる底辺がしっかりとしているから、石を高く積み上げることができたのです。

考えてもみてください。ピラミッドを逆さまにすれば、たちまち倒れてしまいます。基礎もしっかり組み立てられていない段階で世に出ても、その後がなかなかうまくいかないのもこれと同じ。

流行に乗ったり、あるいは何かのきっかけで世の中に認められ、成功したとしても、長続きしなければ意味がありません。

そのためには、安易に人のマネをしないこと。「これが自分のものだ」と胸を張って言えるものが見つかるまで、じっと基礎を学ぶのです。

カラオケをいくらうまく唄っても、しょせんはその曲を唄う歌手を超えることはできないでしょう。いくらモノマネ、歌マネが上手でも、私はそれよりも、下手でもいいから自作の歌を自分で唄っている人のほうが素晴らしいし、将来は洋々だと思います。

「部品みがき」に行き詰まったらピラミッドを思い浮かべ、「底辺」を広げることは「高さ」を出すことだと、自分に言い聞かせることが大切です。

ピラミッドの底辺は、あなたの礎石《そせき》、土台となる部分です。そして、高さとは、あなた自身の価値観のことだと思います。基礎的なことを学べば、自然と自分自身の価値観が大きく、広く育っていくということです。

目先の結果を求めて小さくまとまろうとしてはいけません。狭い価値観の中で固まったら人生の損です。

自分の可能性を広げ、自分自身の方向性を見つけ出すためにも、まず最初に、基礎的な勉強をしっかりやることが大切なのは、このためなのです。

2　壁は「壊して進む」

◎「窒息しそうな毎日」からどうやって抜け出すか

人は誰でも、その人生の中で、一度は大きな壁に突き当たるものです。

私にとっては、三〇歳を目前にした数年間が、今思えば最もつらく、最も苦しい時期だった。

被爆の後遺症でした。体が極端に弱り、慢性的な疲労と貧血に襲われるようになったのです。起き上がることもできず、寝込んでしまうこともしばしばでした。

私は一五歳のとき、広島で被爆しました。当時、広島の中学生だった私は市内にあった陸軍兵器補給廠《ほきゅうしょう》に勤労動員されていました。

一九四五年八月六日のあの朝、私は五、六人の仲間とトラックで作業場へ散り、小屋で着替えて外に出たとき、B－29爆撃機が白い落下傘のようなものを落としたのを見ました。ふわりふわりと落ちてくるので、「おい、何かヘンなものが落ちてくるぞ」と仲間に伝えようと小屋の中に入ったとき——。ものすごい閃光《せんこう》と大音響が響いたのです。

爆心地から離れた小屋の中にいたおかげで、私は生き永らえることができました。しかも、焼け野原と化した市街地から、必死の思いで実家を目指して歩く道中、ひと口も水を飲まなかったことにも救われました。

というのも、トボトボと歩きながらノドが渇き、やっと見つけた水たまりの水を口に近づけたとき、それまで感じなかった死臭や焼け焦《こ》げた臭いが鼻をついたのです。それ以降、私の体は水を受けつけなくなってしまいました。けれども、これがよかった。もし放射性物質をたくさん含んでいたであろう水を飲んでいたら、私の命はなかったと思います。

ともあれ、被爆したことには違いありません。原爆症にいつ襲われるかわからない、という不安を抱えたまま、ずっと過ごしてきたのでした。

それがとうとう、三〇歳を前にして発症したのです。自分はそう遠くないうちに死ぬのだという予感が、やり場のない焦《あせ》りを高めました。窒息しそうな毎日だったのです。常に体がだるく、食欲もない。突然、立ちくらみがするのです。調べてみると白血球が平常の半分に減っていました。

当時、私は結婚もし、二人目の子どもが生まれるというところです。このままの体調では、自ら大学の職を辞さなければなりません。妻や子どものことを考えると、絶望的な状況でした。さらに、悪いときには悪いことが重なるもので、広島の実家も同じ時期、破産寸前の状態に陥っていました。家族への責任、そして自分は生きられるのか……八方ふさがりとは、まさにこのことを言うのでしょう。

肉体的、経済的な窮地ばかりではありませんでした。最悪なことには、この頃の私は画業の面でも大きな壁にぶち当たっていました。

美術学校入学以来、ただひたすら絵の勉強に励んできたのですが、自分の目指す方向がどこなのか、何を目的に描き続ければいいのか、まだ見えていなかったのです。勉強すればするほど、焦りと不安がつのる毎日。そこに、体力的な絶望と経済的な不安が拍車をかけたのです。

思うことは、ただ一つでした。

「妻も子もいる。まだ死ねない。たとえ死ぬんだとしても、『これが平山郁夫の絵だ』という作品を、一枚だけでもいいから残しておきたい。自分が生きてきた証《あかし》を描いてから死にたい」

それだけだったのです。

そのとき私は、学生を引率して青森・八甲田山へスケッチ旅行に行くことを心に決めました。例年、実習を兼ねて行なわれる旅行なのですが、体力の衰えが著しい私は、医者から「無理をすれば、本当に死んでしまうぞ」と強く止められていたのです。

けれども、切羽詰まっていた私は、この旅に自分の人生を賭けてみようと思ったのです。

しかし案の定、この旅は、私の体力にはかなり無理を強《し》いるものでした。想像以上の目まい、動悸《どうき》、そして吐き気。途中で、歩くことを何度やめようと思ったかしれません。けれども、歩くことをやめれば、自分の人生も終わりになる、これまでやってきたことがすべてムダになる、と思って、必死の思いで歩き続けました。

全身を使って、一歩一歩前へと足を進めたのです。燃え狂うような思いだけで歩いたおかげで、旅から無事戻った後、次第次第に体力は回復に向かいました。このときの必死の体験が、私に光明をもたらすことになったのです。

どんなに苦しくても、また、どんなに窮地に陥ろうとも、歩くことをやめてはいけません。先が見えなくても、また、目標がまだわからなくても、とにかく止まってはいけない。半歩でも一歩でも、とにかく全身を使って足を前へ進める。

いつかは報いられるときが来る、そう信じて歩き続ければ、人生は扉を開いてくれるものだと思います。後日になってわかってくることですが、私はこのことを八甲田山のスケッチ旅行で経験していたのです。

だからこそ、くれぐれも現在の苦悩に負けて、道をあきらめてはいけません。「この苦しさを乗り切れるかどうか、自分の未知の力に賭けてみる」という挑戦精神が、いい結果につながるのだと思います。

◎「スカスカの木」でいいか、「年輪の詰まった堅い木」になるか

心身ともに絶望的な状況の中で、私はそれを打開するにはどうすればいいの

か、考えに考えました。

今、自分が一番必要としているものは何なのか、自分は何をすればいいのか、毎日、くり返し考え続けたさまざまな想念が、心の中に浮かびました。

けれども、いつも結局は出発点に返ってしまいます。「本当に自分はそれでいいのか」と問いかけてみると、みんな無理やり自分にそうだと思い込ませようとするものばかりだったのです。

けれども、そんな堂々めぐりをしているうちに、一つのことに気がつきました。

それは、自分の中にある根本的な「不安」です。身体的、精神的、経済的、そのほかあらゆる不安が今の自分を占めている。不安があるから焦り、不安があるから急ぎ、不安があるから集中できず、不安があるから無理しようとする。すべてのことが、私の中にある「不安」によって引き起こされている、と気がついた。

ならば、この不安を取り除くものを見つければ、心の平安が得られるに違いない。不安さえなくなれば、きっと状況はよくなる。そして、それこそが「救い」に違いない、そう考えるようになったのです。

病をおして歩き通したあの八甲田山のスケッチ旅行をやり通したのは、私が逆境にあっても、また不安に満ちていても、自ら救われたいという気持ちを強く持っていたからだ、とそのとき気がついた。精も根も尽き果てようとしても歩き続ける。そして、力尽きようとした寸前に現われる救いの光。

そう考えていたある日、突如として天啓のように、あるイメージが私の中に降りてきたのです。それは、過酷で苦しい砂漠を一人で旅してきた僧侶が、息絶え絶えでたどり着いたオアシスのイメージでした。

そこには木々が生い茂り、色とりどりの花が咲いている。死ぬ思いで旅をしてきた者にとって、その喜びはいかばかりのものであろうか、と想像したのです。

そして私は、この旅僧のイメージを玄奘三蔵《げんじょうさんぞう》に託しました。唐の時代、国禁を犯してまでインドへ旅立ち、一七年間の辛苦《しんく》の旅の末に、仏教経典を持ち帰った人です。彼の「艱難《かんなん》辛苦の末の喜び」を表現してみようと思ったのです。

そして、でき上がった作品が『仏教伝来』でした。

こうして、二九歳のとき、私の画業の生涯のテーマとなる仏教との出会いがあったのです。

そこから仏教伝来の源流、日本文化の源流を歩いてみたいという思いが生まれ、シルクロードへとつながっていきました。

私は、人間というのは樹木のようなものだと考えています。暖かいときには、スーッと育ちます。切り株を見ると、その木が伸び、幹が太くなるときには年輪の間隔も大きくなる。

けれども、確かに太く、大きくなるが、これだけでは木は強くなりません。南洋材のようなものは、見た目は立派に見えるけれども、その中身は大根のようなもので、強度は弱く耐久性に乏しい。

一方、年輪にはもう一つ、堅く、間隔が詰まっている部分があります。この部分は冬の寒い時期のもので、育ちにくかったために、細く堅く締まるのです。

そして、樹木の強さは、この堅い層が出しているのです。

人間も同じだと思う。かつて「モヤシっ子」という言葉がありましたが、順風満帆でスーッと育っただけでは大きくなるけれど、強くなりません。冬の時期、つまり、逆境があってこそ人間は強くなれる。困難を乗り越えたあと、またスーッと伸びて太くなっていくのです。

自分の前に壁が現われたとき、器用さや身軽さだけでは乗り越えられません。人生の奔流に呑《の》み込まれ、へたをすると溺《おぼ》れることにもなりかねない。

自分という幹を堅く太くして、壁を「押し上げる」くらいの力が必要になります。そのためには、要所要所で自分の気持ちを込めて、グッと力をたたみ込んでいく。

絵筆を握ったときも軽く流すのではなく、「これでどうだ、これでどうだ」と自分の信念や気持ちを入れていくと、それが絵に現われていきます。

よい年輪を重ねていくことは、精神的な深みや人間的な重厚さが増し、ひと回りもふた回りも大きな強い人間になっていくことなのです。

3 「人の支え」がある人

◎恩師の「一喝」

私が欠かさず実行していることがあります。

毎朝、六時に起床し、鎌倉時代のものといわれる古い小さな仏壇に線香をあげ、手を合わせる。

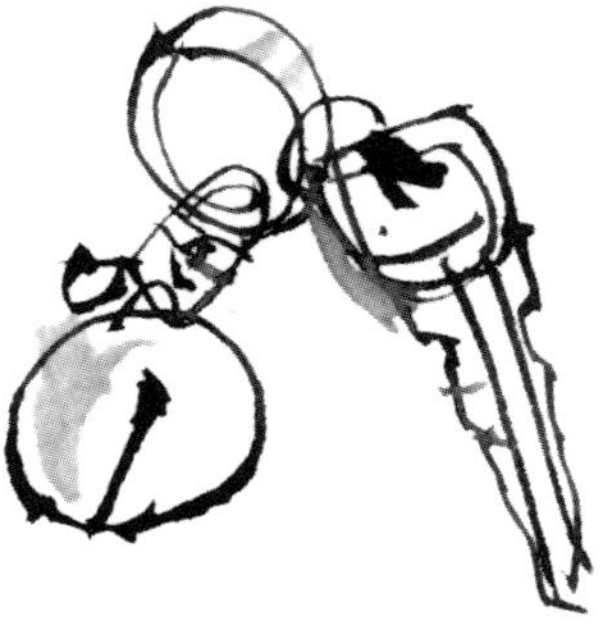

両親や恩師、亡くなった友人たちに向かって、「今日もこれから仕事に取りかかります」と語りかけるのです。

このとき、一人ひとりの名前をフルネームで呼びます。私がこうやって仕事をしているのも、これらの人々の力を借りているおかげだと思っているからです。

感謝の意を込めながら全員の名を読み上げるのに、二〇分くらいはかかります。

なかでも、美術学校の学生時代に主任教授として、私の卒業制作をはじめ、指導を受けて以来、公私ともにお世話になったのが前田青邨《せいそん》先生です。

あまり口数の多くない先生でしたが、その一挙手一投足からたくさんのことを学びました。

特に印象に残っているのが、先生が八八歳のときのことです。

高松塚古墳の壁画模写という歴史的な仕事の総監修を青邨先生が務めることになり、私たちは模写作業を先生の画室で行なっていました。

このとき、七カ月にもおよぶ長期の作業で、当時、体調を悪くされていたにもかかわらず、先生は毎日のように仕事場に顔を出す。そして、どうしても本物の壁画を見たいと、奈良・明日香《あすか》村の現地に足を運ばれた。

高松塚古墳の石室は狭い上に、保存のために常に薬剤をまくなどして空気もよくありません。

現地の係官は高齢で体調のすぐれない青郁先生の万一のことを考えて、石室内に入ることはやめていただけないか、と先生に頼みました。けれども先生は、「実際に実物を見ないことには、総監修などできない」と、石室の中に入ったばかりか、五分、六分たってもなかなか出てきません。

係官がたまりかねて、外から「危険ですから早く出てください」と何度も叫ぶと、先生は「うるさい！」と一喝し、じっと壁画を見続けるのです。

自分の仕事を命がけでまっとうされようとする先生の姿は、その後の私自身の生き方に大きな力となっています。

◎自分の中の「甘え」を断ち切る

また、こういうこともありました。

美術学校卒業後に副手《ふくしゅ》（授業を補佐する無給の助手）として学校に残った私は、青邨先生のすすめもあり、初めて院展（日本美術院展覧会）に出品することにしました。対外的に絵を発表するのは初めてのことだったので、夏休みに帰郷して写生に励んだのですが、いま一つ気の迷いが抜けません。

そうこうしているうちに休みもあけ、中途半端な気持ちのまま学校に戻ったのですが、戻れば戻ったで今度は学校の仕事で忙しく、なかなか創作の時間がない。その上、私のアパートの部屋は裸電球一個なので、夜、帰ってから描くことができません。必然的に学校での仕事の合間をぬっての創作となり、遅々として進まず、期日は迫るばかり。気持ちだけが焦り、結局、不完全燃焼のまま出品してしまいました。

けれども、心のどこかでは、「青邨先生が審査員を務めているのだから何とかなるかもしれない」という甘い気持ちがあったことは確かでした。

また、こんな多忙な中で仕上げたのだからしかたがない、と自分に言い訳もしていたのです。

しかし、現実はやはりそんな甘いものではなかった。見事に落選です。

画家として本格的にやっていこうと思っていた矢先、第一ラウンドでいきなりKOされたようなもので、すっかり打ちのめされました。

気落ちして、まさしくよろよろと青邨先生に報告に行くと、

「おれも初めてのときには、人の手伝いに忙しくて落ちたんだよ。『何でおれが』と思ったけれども、あとで思えばそのときの経験が非常に大きな勉強になった」

と、さらりと言われる。

そして、急に、

「おい、出かけるぞ」

と私を天ぷら屋に連れ出した。そのときはそれ以上何も話しませんでしたが、「うまいものでも食って元気を出せ」「頭を冷やして、ゆっくり描いてみろ」という激励だったのだと思います。

その帰り際、先生は厳しくも重要なことをつけ加えました。

「院展の初日に行って、どの絵が最高賞を取ったのか見てきなさい。どうして自分が落ちたのかがわかる。『これなら自分のほうがうまい』と思って悔しがっているうちは、まだまだだ」

現実を直視し、優れたものから学べ、ということです。

先生の言う通りに院展の初日に行って見てみると、最高賞の絵と私の絵では、力の差は歴然としていた。クヨクヨなどしている場合ではなかったのです。

私は実力の差を知ってがぜん奮起した。出品した『家路』という作品を半年かけて、もう一度描き直しました。

そして、この描き直した『家路』が翌年春の院展に初入選したのです。

描き直した絵を見て、青郁先生は、

「初めからこういうふうに描けば、入選したのになあ」

と言われた。先生は、最初の絵を描いているときの私に、緊張感や集中力が欠けていたことをお見通しだったのです。

どんな状況だろうと甘えず、いつも真剣勝負であること。そして決して油断しないこと、という戒《いまし》めがこのときの経験で、心の奥底に刻み込まれました。

青郁先生はその後も私の心に喝を入れ続けてくれました。

日々がどんなに忙しくても、絵の勉強をおろそかにすることを許してはくれません。

私が学校の事務に走りまわっていると、

「君、そうやって、ただ便利なだけの人間になるなよ」

と言われる。つまり、学校のために働くことは当然のこととして、しかし、その上で創作がすべてだ、ということです。

また、私が学生を連れて、野外にデッサンに行ったときなど、学生の世話を

しながら私もスケッチをするので、十分な時間がとれない。そんなときでも、学校に戻ると青邨先生は、

「写生に行ったんだろう。君のスケッチ帳を見せてみろ」

と言う。先生に差し出すと案の定、

「なんだ、これだけか。少ないぞ」

とくるのです。

青邨先生は九二歳で亡くなられましたが、私にとっては創作上の師であることはもちろん、人生の師でもありました。

先生は毎年、院展に出品した際には、常に次のテーマが頭にあり、

「来年はこういう絵を描くぞ」

といつもおっしゃっていました。

最晩年の頃には私がシルクロードのスケッチを持ってうかがうと、床に臥《ふ》せながら遠いまなざしで、「うらやましいなあ、おれも行きたいなあ」と話していたことも忘れられません。

そのような一言ひとことから「芸術家魂」とはこうなのか、生涯現役とはこういうことなのか、とつくづく感じ入りました。そして、私自身、年齢を重ねるに従って、青郁先生のように生涯現役を貫きたいと強く思うようになったのです。

◎「自分から鐘を鳴らす人」の強さ

青郁先生には、実は、私の妻とのことでも大変なお世話になっています。

私の妻は美術学校の同級生で友人であり、よきライバルでもありました。そして学生時代は、実は彼女のほうが私よりも絵がうまかった。彼女は卒業制作で首席を獲得し、そのとき私は二席だったのです。

そして卒業後、ともに学校に残って副手となり、初めての院展で私が落選したときは彼女も落選し、翌年初入選したときは彼女も初入選と、ずっと同じような道を歩んできた。

お互いに励まし合い、精進《しょうじん》してきたことがきっかけとなって、結婚することになったのです。

絵の実力はもちろんですが、彼女は学生のときから自立心旺盛で、何事もテキパキと物事を進める女性でした。

私が一年半の無給の副手生活を終え、薄給とはいえ給料をもらう助手の身となったこともあり、青邨先生に仲人《なこうど》をお願いしに行きました。

すると先生は、「そうか、そうか」と大変喜び、仲人を快諾してくれました。

そのとき、こうひとこと加えられたのです。

「一家に二人の画家がいるというのは、うまくいかなくなることが多いんだよ。結局は共倒れになる。本当は、二人三脚で一人が総力をあげてやるのが理想的だがね」と。

先生のこの言葉を聞いた彼女は、結婚を境に自分から筆を折ると言い出した。本当は絵を続けたかったはずなのに、私のバックアップにまわるため、さっそく女子高の美術教師の職を見つけて働き始めました。

このような決断力と行動力のある人と結婚したおかげで、私は生活にも一本背骨が通りました。

独身時代は酒の度が過ぎて、酒屋に米屋にと借金があったりしたのですが、結婚と同時に、彼女はそんな私の身辺を大掃除し、すべてきっちりと直した。全力で創作に打ち込む環境を整えてくれたのです。

今でもそれは変わりません。シルクロードなどへ取材に行く際にも、出発ぎりぎりまでアトリエにこもっていて準備をする時間のない私に対して、彼女は現地の資料や必要な本などを用意してくれる。そしていざ飛行機に乗ると、「これだけは目を通しておくといいですよ」と手渡すのです。

また、絵は「最後の一カ月」が非常に大切で、一筆足りなくてもいけないし、一筆多くてもいけない。その見極めが非常に難しいのですが、「よし、これで完成」と思って私が一服していると、お茶を持ってきてくれた彼女が、何気なく、

「あら、終わったんですか?」

とひとこと言ったりする。

彼女がこういう表現をするときは、絵に何かが欠けているときで、改めて見直してみると、やはり手を加える必要があったりする。

こういうときも、人は生かされて生きている、と感じます。しかし、それもこれも、こちら側に「求める気持ち」がなければ何もわからない。じっと待っているだけでは、欠点を正すことも、作品をより高いレベルで仕上げることもできないのです。

自分から食らいついていく意欲。それが人を進歩させ、自分自身を高めてくれる。田舎から東京の美術学校に出てくるときに聞いた、大伯父《おおおじ》の言葉を思い出します。

「先生というのは梵鐘《ぼんしょう》みたいなものだ。たたけばいい音が出るが、たたかなければ鳴らない。だから自分から求めていって、どんどん鐘を鳴らすんだぞ」

自分からどんどん鐘を鳴らしていくことで、道は開けてくるのです。

4 肝心なときに「助け」になるもの

◎「年号」にくわしい人、「歴史」が語れる人

最近は、テレビはもちろん、インターネットなどを通して、知識があふれるばかりに入ってきます。

「情報過多」の時代と言われますが、今やそれは「知識過多」といっても過言ではない。テレビのクイズ番組に出たら、私などまったくお手上げでしょう。

でも、ちょっと考えてみてください。手に入れたさまざまな知識は、では一体、何の役に立っているのか。というより、そのようなことをいっぱい覚えてどうしようというのか、と。

自分自身を確立し、自分をみがくのに、どういう役割を果たしているのか。もちろん、知らないより多くのことを知っているほうがいいに違いありません。無知なることが、一番怖いことですから。そして、いろいろなことを知っていれば、仲間との話題にも困らないし、仕事のつき合いの潤滑油にもなるでしょう。

しかし、あえて聞きましょう。あなたは「もの知り博士」になりたいのか、あるいはそうではなく「教養のある大人」になりたいのか、と。

私が大事だと思うことは、「知識」と「教養」とは違うということです。

テレビそのほかの影響もあって、「もの知り」と「教養」とを一緒くたにしている人がいるかもしれませんが、それは違います。

「あの人は博識だ」と言うのは、モノをよく知っているという意味では賞賛の言葉ですが、その人が人物として優れているかどうかはまた別の話です。

これに対して、「あの人には教養がある」と言う場合には、知識があるだけではなく、その知識を生かしたプラスアルファを持っている評価が込められているのです。

わかりやすくするために、ちょっと単純化してみますが、たとえば「日本に仏教が伝来したのは五三八年」と知っているのは「知識」です。あるいは「六四五年は大化の改新」という年号をすらすら言えるのも知識でしょう。

受験勉強で、仏教の伝来は「仏《ほとけ》の前にゴミは（五三八）なし」、大化の改新は「蒸《む》しご（六四五）はん、つくって願う大化の改新」などと一所懸命暗記した。

だけど、仏教が日本に来たことについていえば、仏教がどのように生まれて東進してきたのか――インドから起こってパキスタン、中央アジア、敦煌《とんこう》、朝鮮半島、そして日本と渡ってきた、大きな流れの中でとらえることができるのが「教養」だと思います。あるいはそこに、仏教美術の変遷までもふまえて話すことができる――それが教養人なのだと思います。

こう言うと、そこまでいくと専門分野の話じゃないのか、と思うかもしれない。でも、専門分野とは本来、もっと深く一つのことを探究するものでしょう。かつて大学の教養学科というのは、この専門分野に進む前の一般教養を身につけるためのものでした。

たとえば、歴史書には「どうやると物事は発展し、何をやるとダメになり、滅びてしまうのか」が書かれています。そのような事例を単なる知識として記憶するのではなく、お手本として学びながら自分の行動原理をつくり上げていく。

ですから、本来ならば、教養を身につけることは人間形成において非常に重要な部分を占めるはずのものです。ところが残念なことに学生たちはこの教養課程を、ただ進級、卒業のための単位としか考えていない。

高校の延長程度の認識で、講義よりもアルバイトに忙しい学生もいるくらいです。特に頭が柔軟な若いときにこそ、教養の蓄積ができるのに、なんとももったいないとしか思えません。

ひとことではちょっと言い表わしにくいのですが、知識の広がりとでもいうのか、一つの知識から派生するさまざまなことをも知っていて、それを自分自身の中で生かしている人、それが教養人だと私は考えています。

◎「新しいもの」を生み出す力

教養が何より重要だということを、私は大伯父から教わりました。

私の大伯父は清水南山《しみずなんざん》といって、東京美術学校の先生をしていた、当時、美術工芸家の第一人者とも言われた人です。

その大伯父が平素から話していたことは、

「美術学校に必要なのは、一般の大学へも入学できるような学力だ」

ということでした。大伯父は美術学校で教えた経験から、そう結論づけたのです。

というのも、美術学校に入ってくる、「絵は上手だけれども、ほかの勉強は嫌いだ」というような学生たちは、技術的には確かに優れていても、そこから先へは進めなくなることが多かったからです。

本当の創作家となっていくためには、小手先の技術だけではどうしても頭打ちになってしまう。技術の上に創造性や独自性といった、まったく別のものを生み出していく力を持たなければ、本当の芸術家にはなれない、ということに大伯父は気がついたというのです。

技術だけがうまくても、それは専門バカにすぎない、と。そして私に「技術だけがいかに優れていても、そこに教養が伴わなければ、真の画家にはなれない。自分で考えるだけの教養がなければ、ものは生み出せないからだ」と教えてくれたのです。

しかし、大伯父のいう「教養」が本当にそれほど重要なものなのか、当時一〇代の私には理解できませんでした。

でも、私は素直に大伯父の話を受け入れ、わからないなりに、教養を身につけようと努力しました。

そして実際、それから人生のさまざまな場面でこの努力がムダではなかったこと、大伯父の言葉が本当に正しかったことを実感したのです。

これは、どんなジャンルのことにも当てはまると思いますが、誰でもどこかで壁にぶち当たります。特に若い時代、修行中の時代には、どうやってもうまく行かないことが多々出てくる。乗り越えなければならないとわかっていても、やればやるほど逆戻りしたりするものです。一歩手前まで来ているとわかっていても、その壁を破ることができない。焦りや不安で、夜も眠れなかったりするときもあるでしょう。

後々、人生を通観したときに、そこが分岐点だったという場合もある。こういう人生の岐路において最も役立つのが、実は「教養」なのです。

まだ人生の発展途上の人には、ピンと来ないかもしれません。

それはそうでしょう。人生でこんな問題が起こったら、こういう教養が役立ち、別な問題のときには、こっちのものが役立つ、といったように受験勉強のようなわけにはいかないから。

でも、私の大伯父も、そして私も、長い人生の中で実感として教養の重要性を感じた。この事実は大きいと思います。

新しいものを生み出す力、それが教養なのです。そしてここが重要なポイントなのでくり返しますが、この教養を身につけるのは若くて頭がまだ柔軟なときが最適だということです。

◎まず、「オーソドックス」を自分のものに

美術学校に合格し、私がいよいよ広島から東京へ出発しようというとき、大伯父が「郁夫よ、これだけは忘れるな」と話してくれた三つの心構えがありま

す。

そのうちの一つが、「古典を学べ」ということでした。

「古典を学ぶというのは、ただ単に日本のことだけを考えるのではなく、さらにその文化の源流まで学びなさい。また、東西のいろいろな古典に学び、とりわけ東洋のものをよく勉強しなさい」

また、

「古典の勉強と同時に、自然をよく見ることも大切だ。写生をどんどんして自然から学びなさい」

とも加えました。

私は美術学校へ入ってからも、この教えを守りました。朝は早く起きて読書、昼間は学校へ行って実技や講義。そして、夜はまた四～五時間、本を読むという毎日でした。

あとで学生時代のお酒にまつわる話もしますが、全般を見れば自分でも非常に真面目な学生生活を送ったと思っています。

その原動力は、とにかく自分に足りないものを早く埋めようという必死の思いでした。それというのも、今はもうそのような制度はありませんが、私の時代には旧制中学校から旧制高校や美術学校への「飛び級進学」というのがあったのです。

そして、私は運良く、この飛び級で普通の人よりも一年早く美術学校へ入れた。

当然、クラスでは最年少です。当時一六歳の私には、周囲の同級生がまるで大人に見える。事実、戦後の混乱期でもあり、戦時中に学校へ行けなかった人や外地から引き揚げてきた人など、二〇代も後半の同級生もたくさんいたのです。

そんな同級生たちが知っている基本的なことさえ私には身についていないことを、まざまざと見せつけられる毎日だったのです。

地方から東京へ出てきたばかりでもあり、私は同級生との差をつくづく感じた。

そこで、その差を何とか埋めなければ、と一所懸命だったのです。東大の学生だった兄と同じ下宿に住んでいたので、手始めに兄の本を借りて読み出しました。大伯父の教えを思い出し、古典や世界文学、歴史の本と読み進めていったのです。

なぜ、大伯父は私に「古典を読め」と言ったのでしょうか。

それは、私たちが描く各々の作品には、それを描いた人の人生が表われるからです。

これはもちろん絵のことだけではありません。どんな仕事をしていても、その人が描き出す人生はその人生観によって支えられている、といったほうがいいでしょう。

そして、自分という作品を一過性のもので終わらせるのではなく、時代を超えて人々に愛されるためには、やはり、その人生観が新旧をも越えたオーソドックスなものでなければなりません。

古典というのは、そういう普遍性を持ったものなのです。だからこそ今なお輝いているのであり、その輝き続ける理由を学ばなければならないのです。
絵の世界で言えば、水墨画の雪舟《せっしゅう》も、『風神雷神図』で有名な俵屋宗達《たわらやそうたつ》も、当時の時代を反映する様式ではあっても、彼らの人生観、主張はまったく古さを感じさせません。

この二人は確かに先人から多くのものを学んだ。
けれども、先人の枠にはまるのではなく、そこから探究に探究を重ねて、自分のスタイルをつくり上げたのです。これに対して後代の画家の多くは型にとらわれて、結局はそこから一歩出ることができず、新しいものを生み出すことができなかった。

その違いは、先人たちの多くのものを教養として学んだのか、模倣するにすぎなかったのか、だと思います。

雪舟や宗達は古典を教養として学んだから、「ぶれない自分」をつくれたのです。

◎右も知り、左も知るから「真ん中」がわかる

教養とはこのように、あらゆる要素をオーソドックスに把握することから始まります。

「右」も知り「左」も知るので、「真ん中」もわかる。その全体から見て「自分はどうなのだ」と考えられる。

だからこそ、自分のことがよくわかり、「何事にもぶれない強さ」が備わるのだと思います。

「古典を学ぶ」というのは、単に様式やスタイルを学ぶのではなく、先達の主張を学ぶこと、別な言葉で言えば、彼らの精神を受け継ぐことだと思います。

もちろん、受け継ぐといっても、私たちは現代に生きているわけなので、受け継いで、ハイおしまい、というわけにはいかない。受け継ぎながら、そこに

自分たちの生きる時代をも視野に入れなければなりません。

古典を学んでいると、そのアンテナが広がってくるのです。自分たちの時代をどう反映させるのか、自分をどう表現していけばいいのかがアンテナを通じて伝わってくる。これが、その人の個性を生む。

といっても、私がそのようなことがわかってきたのは、世の中に認められて大分経ってからのことで、若いときには訳もわからず、ただひたすら本を読むだけでした。

けれども後年、自分のテーマを絞り込んでいく過程で、このときに得た歴史や仏教に関する知識が非常に役立ったことは事実です。

ムダかな、と思うような勉強も、長い目で見れば決してムダにはならないものなのです。

当時、私たち学生の間では、日本画科に属していながら伝統的な日本画の世界を否定する仲間が多くいました。何しろ戦争で負けたため、日本文化そのものまで否定されたように感じる風潮があったのです。そのような中で、逆に私は黙々と日本画の優れた古典の模写に力を入れていました。仲間たちからはいつも、「時代遅れだな」とか、「今どき流行《はや》らないぞ」などと笑われたものです。

けれども、一つの旅行が私に確固たる自信を持たせてくれました。学校の古美術研究旅行で、初めて大和路《やまとじ》を巡ったときのことです。

法隆寺、東大寺、薬師寺、唐招提寺《とうしょうだいじ》などの建築はもちろん、仏像や工芸品を見てまわりました。そして、本物だけが持つ迫力と激しさ、厳しさに圧倒され、強く胸を打たれたのです。日本の文化は決して西洋に負けるものではない、という確信を持ちました。

そして同時に、自分のやっている道は、正しい方向に向かっているという勇気を得たのです。それ以来、日本の古典を学ぶことに迷いはなくなりました。仲間の言葉もまったく気にならなくなった。むしろ、日本画の伝統を否定するだけでは、かえって考え方が狭くなる、と考えるようになりました。

大伯父が口グセのように言っていた、「狭い世界で固まるな。自分の考え方をしっかり持て」の意味がわかってきたのです。それは、私の世界でいえば、古典の勉強とデッサンの重視という、きわめて単純で身近な方法だったのです。

修行の時代には、「今、流行っていること」にただ追随してはいけません。流行はすぐにすたれ、また次の流行が現われたときには亜流にすぎなくなってしまいます。

他人から流行遅れだと言われようが、何と言われようが、学んでいる時期はまずオーソドックスな方法を自分のものにすることを、まずは考えるべきです。この基礎ができ上がって初めて、自分だけの勉強の方向が見えてくるのですから。

5 「二流」に手を染めない

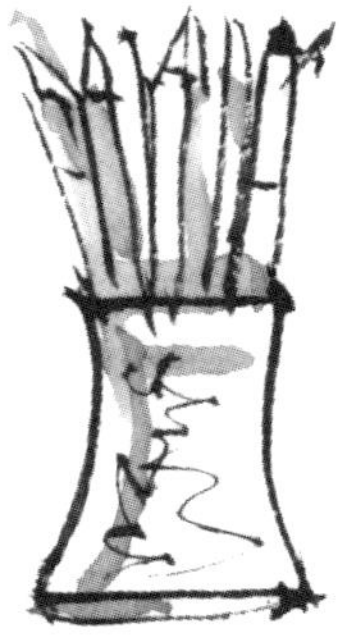

◎「いざ本番」で手が震えない法

「本番になるとあがってしまって実力が発揮できない」という悩みをよく聞きます。

「練習ではうまくできたのに……」「十二分に準備をしたつもりなのに……」

うまくいかない。どうやったら重要な場面でもグラつかずに自分の力を発揮できるのでしょうか。スポーツの世界では、よく「トレーニングを本番と思え」と言うそうです。本番だと思って、常々練習していれば、いざ試合というときに、緊張せずリラックスして臨《のぞ》めるというわけです。

スポーツに限らず、それは何事についても同じだと思います。特に絵を描く場合には、「これで決めなければ」という場面がしばしば出てくる。「この一本の線で決める」というとき、緊張して手がブルブル震えたり、迷いが出てしまってはどうしようもありません。

以前、インドへ行ったときのことです。

街角でスケッチをしていると、いつの間にか大勢の人に囲まれてしまったことがあります。

こんなとき、雑念が入ると手が動かなくなる。彼らが邪魔だと思ったり、周囲のザワザワが気になると、それだけで手先だけの作業になってしまいます。

けれども、無心になって描いていると、外国だからといって臆することもなく「ちょっとどいてくれ」とやって、描き続けることができる。

何でもそうでしょうが、『一道万里に通ず』というところがあると思います。坐禅の気持ち、無心というところに自分を持っていけば、何が立ちはだかろうが怖くない。そして、この気持ちが気迫となって相手にも伝わるのです。

野球で言えば『一球入魂』ということでしょうか。これができれば、どれだけ大観衆が騒ごうが、どんなピンチであろうが、ピッチャーは自分の思った通りのボールを投げ、バッターを抑えることができる。

「無心で投げろ」というのは、その一球に全身全霊、すべての経験を凝縮させて投げろということなのです。

◎「私は学校で何も学びませんでした」と言った学生に

最近では、イメージトレーニングが重視されているようですが、これも同じことでしょう。

練習でうまくいったときのことをずっとイメージし続ける。そうすれば本番でも「平常心」で臨むことができる、というわけです。

ただ、いくら「平常心」だといっても、常日頃から多くのトレーニングを重ね、いい結果を出していなければ意味がない。

勉強も同じ。ちょっと厳しいですが、勉強がよくできないのは「できない」のではなくて、「やらない」からできないのです。

よく「私は頭が悪いから」と言う人がいますが、それは違うと思います。勉強しなければ、初めからできるわけがない。よく見てみると、できない人ほど遊んでいるはずです。学ぶ気がなければ、何事もできないのは当たり前のことでしょう。

以前、大学の卒業謝恩会の席でこのようなことがありました。

ある学生が私に、「私は大学で何も教わりませんでした」と言うのです。

ひょっとすると、この学生だけではなく、ほかにもこう考えている学生がいるのかもしれません。もしそうだとすると、大変に不幸なことです。その責任の一端は、私たち教える側にもある。毎年変わらない講義を、ルーティンのごとくくり返すだけの教師も確かにいます。このことに関しては、教授陣も反省しなければならないでしょう。

しかし、それだけなのか。

学ぶ側にも原因があるのではないでしょうか。「学ぼう」という強い意欲があったのかどうか、「努力しよう」と頑張ってみたのかどうか、と。あるいはまた、手取り足取り教えてもらうことばかりを考えていたのではないだろうか、と。

もしもそうだとしたら、学校へ通ってもこの学生のように失望するばかりです。乱暴な言い方をすれば、ある意味で学校というところは何も教えてくれないからです。けれども、「学ぼう」という意志さえ持っていれば、いくらでも学ぶところがあるのも、また学校なのです。『自ら助くる者を助く』とはこのことでしょう。

だから、私はこの学生に、「『何も教わらなかったことを教わった』というのは、大変なことなのだよ」と話しました。

「教わろう」という意欲さえあれば、何にもないところからも学ぶことができる。もしも彼が、私の言わんとしていることがわかったら、彼の新しい人生はそのときから始まるはずです。

◎「本物」と「偽物」の見分けがつかない恐しさ

先に、私が美術学校に入学していよいよ東京へ行くというとき、大伯父に言われた心構えが三つあったと書きました。

そのうちの一つは「古典を学べ」ということでしたが、二つ目は「一流に接しろ」ということでした。

美術はもちろんですが、芝居、バレエ、オーケストラなどジャンルは問わず、とにかく一流のものを観、一流のものを聴け、と。たとえお金はかかっても、それが自己投資だと思って、機会があればなるべく一流に接しろ、二流は観るな。そして、この一流のものをまだ若く、真っ新《さら》な状態のときに頭の中にたたき込みなさい、と教えてくれました。

一流のものに接していると、いつの間にか鑑賞眼が養われていきます。そして、それを基本としてものを見るようになる。そうすると、「本物」と「偽物」との区別がつくようになります。

このことが大切なのです。

若いとき、最初から二流、三流のものにしか接していないと、以降、自分もそこから脱することができなくなってしまいます。進歩・発展がなく、二流、三流で終わってしまう。

また、大伯父はこのことに付随して、「絵を描く材料も最高のものを使え」と言うのです。練習だからといって粗末な材料を使うと、その程度の心構えややり方がその人の土台となってしまうというわけです。

幕末、水戸藩の儒学者・藤田東湖《ふじたとうこ》は、書を練習するときにも、安物の紙ではなく最高級の絹に書いたといわれています。それは、練習中から緊張感や集中力を養い、作品の質を高めようとしたからでしょう。

いつも安物の紙を相手にしていては、書に臨むときの迫力や気迫は、やはり欠けてしまいます。それでは本番で一気に作品を仕上げなければならないときの心構えにスキが生じてしまう。

だから練習中といえどもおろそかにすることなく、いい道具といい材料を使う。先にも述べた「練習即実践」の気持ちが、大切なのです。

とはいえ、学生の身分で一流のものを観、一流の材料を使うというのは、経済的にはやはり大変です。ずっとやり続けるのは、ほとんど困難だといってもいいでしょう。

だけれど、大伯父は「そのくらいの気持ちを持たなければ、世には認められないものだ」と。

そして、「ずっとやり続けることはない。一度、一流を味わい、その感触をつかんだら、その後は普通に戻ってもかまわない。本物の味をしっかり頭にインプットすることが重要なのだ」と教えてくれたのです。

私はこの教えを忠実に守った。『弘法は筆を選ばず』ではなく、「弘法は筆を選ぶ」の精神で道具も本物を求めました。

しかし、絵を描くために使う刷毛《はけ》で一番いいものを買うと、一カ月の下宿代より高くなる。当時下宿代が月一五〇〇円くらいで、いい刷毛は一本二〇〇円もした。絵の具にしても、いいものを一つ買うと食事代があっという間に消えてしまいました。

けれども、歌舞伎座にも行ったし、オペラも観に行った。もちろん学生の分際なので、いい席で観ることはできません。たとえば、歌舞伎なら天井桟敷《てんじょうさじき》でもかまわない。とにかくそういう一流に接してみることを心がけたのです。

当時は、お金に四苦八苦して大変でしたが、思い返してみると、一流のものだけが持つ「品」や「質」に接することは教養ともなり、その後の私自身の形成におおいに役立っていったと思っています。

◎「手っ取り早く稼ぐ」の罠《わな》

大伯父の三つ目の教えは、「向こう一〇年間は絵でお金を取るな」ということでした。

修行中の生半可《なまはんか》な腕で描いた絵でお金を稼ぐことを覚えると、それ以上に勉強しようという姿勢がおろそかになる。学んでいる間は、ただそれだけを純粋に追求するのが重要だという理由です。

このことは、大伯父自身の体験から来たものでした。

「同級生の中に、描いた絵が売れたのでちょっとお金が入り、遊ぶようになったためにダメになった者が多かった。人間、お金を持つと、やはり心にスキができる。勉強をしている時間に手っ取り早くお金を稼ぐことをやりたいと考えるようになるものだ。しかし、学生時代というのは『ムダなこと』が大切な時期なんだよ」

大伯父の言う通りで、アルバイトに精を出すと、どうしても勉強がおろそかになりがちです。

そして、場合によっては本末が転倒することにもなりかねない。もしも、どうしてもやらなければならないのなら、本業に差し支えないように最小限にとどめなければなりません。私も学生時代、学ぶため、食べるためにアルバイトをしましたが、それは絵とは関係のない肉体労働でした。

アルバイトは、あくまでも「その場しのぎ」であることを肝《きも》に銘じておいたほうがいいでしょう。

一芸に秀でることは大変なことです。志を曲げずに、脇道にそれないためには、自ら誘惑に近づかないことも必要なのです。

6 「がんばり力」を蓄える

◎「腹をくくった」とき、面白いことが起きる

「自信」はどこから生まれてくるのでしょうか。

それは、がんばったことが自分の血肉になっていき、自分の力となる実感をたくさん重ねていくことからだと思います。

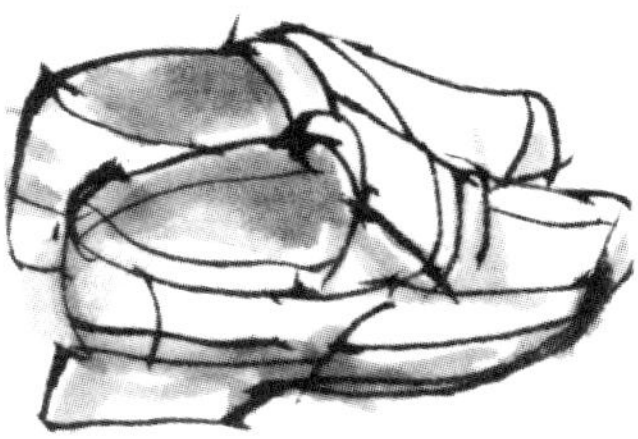

学ぶことも同じです。うまく表現できませんが、勉強することが、イコール自分自身になる。勉強と自分とが一体化するような感じになればいいと思うのです。

幸いなことに私は、小学生のときにそんな経験をしました。

私が生まれたのは、広島県尾道の近くの生口島《いくちじま》という瀬戸内海の島です。家の裏木戸を開けると、道一本をへだてて、そこはもう海。そういう環境だったので、泳ぎは得意でした。

小学五年生のときには、中国地方の少年少女水泳大会の選手に選ばれ、広島の大会に出ることになりました。かなりの自信を持って臨んだのですが、それまでの島内の大会とは違い、広い地域から選ばれた選手が集まります。生まれて初めてプールで泳ぐというハンディに加え、しかも、予選から決勝まで立て続けに何レースもやるので消耗戦となり、かなりの体力がないと持ちません。

私は背泳のレースに出たのですが、決勝戦では後半に足が棒のようになり、最後の数メートルというところで体が浮き、失速してしまいました。残念ながらこのときは、鼻の差で二位に終わってしまったのです。

勝つためには、持久力をつけるしかありません。そこで翌年の大会に向けて猛練習が始まりました。

今、思い起こしても、その訓練はすさまじいものでした。練習場は海です。準備運動をしたあと、バタ足だけで何百メートル、次に手をかくだけで何百メートル。そしていよいよ長距離練習です。やっと終わったと思ったら、試合と同じ距離でタイムを取るのです。

それまでのように、海で勝手気ままに遊びで泳いでいたのとはわけが違います。怖い先生は、私たちに基礎を徹底的に反復練習させたのです。

それまで、ただ泳ぐことが好きで楽しかった水泳が、私にとってはだんだんつらくなってきました。

「もう、やめたいな」と何度思ったか。しかし、厳しい先生なのでやめさせてくれるわけがない。

あるときなど、いよいよグロッキーになって、近くに浮いていた丸太にしが

「先生、もうやめさせてください。死にそうです」

と泣いて訴えました。そんな私に先生は、

「何言ってるんだ！　続けて泳いでこい！」

と、手に持った棒を振り上げてゴツンと私の手をたたく。今ではありえないスパルタ教育です。

ところが面白いもので、逃がれられないと観念して腹をくくると、「何とかしよう」と自分で工夫するようになりました。

たとえば、バタ足一つでも、しぶきが上がると見た目は豪快でもスピードが上がるわけではない。できるだけ抵抗の少ない泳ぎ方を自分からマスターしていったのです。

たとえばクロールや平泳ぎのスタートで飛び込むときは、足の親指にぐっと力を入れてその反動で飛ぶ。これでわずかでもタイムを縮めることができる。水泳はほんのタッチの差で勝負が決まることが多いので、細かい、本当に小さな技術的な差が勝負の分かれ目になるのです。

たぶん、今のままでは体がもたない、というところからくる動物としての防御本能のようなものだったのでしょう。厳しい練習に耐えられる合理的なフォームで、かつ自分なりにペース配分をして、最後にスパートするための余力を残す方法を体得していった。体が自然にそれを身につけていったのです。

この「達成感」を知ったら百人力！

そして、その成果を試合当日に発揮できるかどうかも問題です。

練習に練習を重ねて大丈夫だ、と自信を持って試合に臨んでも、その瞬間に緊張してしまうと実力が発揮できません。腕や足が思うように動かなかったりする。練習ではうまくいくことも試合ではできない、ということはよくあることなのです。

いくら「平常心」だと自分に言い聞かせても、常日頃から多くのトレーニングを重ね、いい結果を出していなければ空念仏《からねんぶつ》です。私の場合もわずか五〇メートル、その中でも数秒間の勝負どころのために何カ月もかけてトレーニングをした。

試合では二番手で進むと、トップの人の波のあおりを食うから不利になる。練習を重ねるとこういうこともわかってくるので、とにかく先行したほうが有利だ、と自分なりに作戦も考えるようになるわけです。

こうした技術的な努力と精神的な努力との積み重ねが、勝利につながっていくのだと思います。

そして一年後。六年生の大会で見事に優勝したのでした。記録はその年の公式記録の全国ベスト何位かに入り、新聞に私の名前が載りました。

このときの一年間の猛練習は、精神的にも私を大きく成長させてくれました。「並の練習ではとても一流にはなれない。人が五時間やるのなら、自分は七時間やらなければならない」

そして、

「やった分は必ず自分に返ってくる」

ということを学びました。「達成感はこのようにしてつかむものだ」ということを、実感として知ったのです。

このときの経験は、絵を勉強するようになってからも、ずっと私を支え続けてくれたのです。

その後も学生時代は、ちょっとむしゃくしゃしたりすると無性に泳ぎたくなって、豊島園のプールなどによく出かけました。

美術学校にはプールがなかったので、隣の上野高校の水泳部員に頼んで泳がせてもらったりもしました。すると、私が泳いでいる姿を見て、

「本当に美術学校の人ですか?」

とその水泳部員に驚かれたこともあります。

今でも私はスポーツを見るのが好きですが、スポーツをする集中力や緊張感は、画家だけでなく、どんな仕事にも相通じると思うのです。

◎「絵を買う人」と「絵を描く人」の決定的な違い

遊んでいるときの子どもは無心です。ご飯を食べることも忘れて没頭します。そして、子どもたちはこの遊びを通して、人間としての「基礎体力」をつくっていく。彼らが無心で遊ぶのは、知らず知らずのうちに自然を知り、体力をつくり、友だちとの関係から社会性をつくっていくことに役立っている。意識せずとも、大人たちの言う「努力」をしているわけです。

野球やサッカーをやるのもそうでしょう。俊敏さが必要なことを学ぶ。あるいは、ただボールを蹴飛ばせばいいのではなく、友だちとどう連係して攻めるか、といった知恵を学んでいく。また、自分勝手なことは社会では通用しないことがわかってくるのです。

そして、このようなことがわかればわかるほど、興味が湧いてくる。失敗しても失敗してても面白くてしかたがないから、また挑戦していく。それに伴って、技術的なことも向上してくる。すると、もう放っておいても自分からどんどんやるようになっていく。

子どもたちのこの姿は、自分の才能をみがいていく上で、大人にとってもとても参考になると思います。何事でもそうですが、一番に秀でるための特効薬はありません。「一本注射をうったら、ぐっとよくなる」ということは、絶対にない。興味がわき、面白くなるまで無心に打ち込む「がんばり力」で基礎的な力をつけることが一番の近道です。

そして、無心に基礎力をつけているうちに、いろいろなことが見えてくる。

私はよくこのことを「稽古《けいこ》（練習）量がモノをいう」と言っています。

相撲の社会では『三年後の稽古をしろ』と言うそうですが、どこの世界でも同じことでしょう。今やっていることが、三年後、五年後、十年後に自分に返ってくる。才能の芽は、そこから大きく伸びていくのです。

しかし、この「無心」に対しては、さまざまな敵が現われます。

たとえば、描いた絵にちょっと人気が出て金銭的に余裕ができると、強い志を持っていないと浮ついてくる。するとたちまち絵の品格を失ってしまいます。「絵を買う人」が銀座の高級クラブで飲むのは、これは勝手です。けれども、「絵を描く人」、つまり、創造する者は常に節制を心がけなければならない、と私は考えています。「自分は絶対にこうなってやる」といった「志」がすぐにグラつくようでは、結局は自分自身が失速し、活力を失います。

最近は「ほどほど」というスケールの目標しか抱かない人が多いような気がします。そんなときだからこそ、自分だけは一人踏みとどまって「何かやってやろう」という志を立てれば、かえってチャンスが生まれてくるはずです。

変なたとえ方かもしれませんが、志を実現していくのは戦争の準備と同じだと思います。食糧や武器、弾薬といった兵站《へいたん》をきっちりと確保し、戦略・戦術を練り、また、体を鍛えて戦闘に備える。何が起こっても動揺しない強い心をつくる。

こういうことさえできれば、志を実現するチャンスはいくらでもあるのです。

7 「オリジナリティ」の強み

◎私の根幹をつくった一八冊の絵日記帳

自分は何をすれば力を一番発揮できるか。自分の才能はどこにあるか。何を目指すにしても「方針」がなければ迷走してしまいます。だけれども、努力に関する限りは、やらないよりはやることがすべてで、とにかく、いろいろなことの積み重ねがその人の人間性を形づくっていく。そして、この積み重ねはすでに、子どものころから始まっているのです。

私が画家になれたのは、たぶん無意識だったとは思うのですが、母がそう仕向けてくれたことが大きいと思います。

私がものごころついたときには、兄や姉はもう小学校へ通っていました。私にはそれがとてもうらやましかった。それで姉が学校から帰ってきて、ランドセルを置いて遊びに行ってしまうと、こっそりと姉のランドセルから勉強道具を取り出し、ノートにエンピツでいたずら描きを始めるのでした。

何かを描こうとしたわけでなくても、とにかく線を引いていると、だんだんと形ができ上がってくる。それが楽しくて仕方がない。

そのうち、いたずら描きが見つかって姉に追いまわされるのですが、それでも懲《こ》りずに何度もやっていると、あるとき、姉が座って「じゃあ、何か描いてみて」と言ってくれた。

それで、円とか四角とか三角とかいろいろと描いてみた。すると、「チビちゃんでも、ちゃんと描けるんだ」と感心されて、その話が母の耳にも入ったのです。

するとと母は、「それほど好きなら」と私専用のエンピツやクレヨン、画用紙を買ってくれました。まだ五歳のころだったと思います。そして絵本などを見ながら、もう夢中になって絵を描くようになったのです。

小学校に入って夏休みになると、母は私に「絵日記帳」をつくってくれました。そして「朝起きたら、昨日あったことを書きなさい」と言うのです。

絵を描くことが大好きな私ですが、夏休みともなれば別です。早く海に行って泳ぎたい。

気もそぞろに「朝、歯をみがいて……」などといい加減なことを書いたり、適当な絵を描いたりすると、母は「意味不明！」とピシャリと言ってやり直しです。

「昨日、一番面白かったこと、印象に残ったことを書きなさい」

と言って、描き終わるまでは外に遊びに出られません。

「お客さんが来た」とか、「線香花火をした」「将棋をやった」などと、前の日の出来事を思い出し、ノートを一所懸命に埋めていきました。

描いたものを母は点検します。よし、となれば、晴れて泳ぎに行けるのです。

そうこうしているうちに、これが毎日の習慣となると、一日過ごしながら「明日はこれを書こう」だとか、「このときのことを絵にするといいな」などと考えるようになりました。無意識のうちに「絵になる構図」を探したり、「描き取る瞬間」を見極めたりすることができるようになっていったのです。

一日を絵にして文章化することがだんだん面白くなってきました。こうしてとうとう、この絵日記を小学校の六年間、夏と冬、春の休みにつけ通したのです。

小学三年からは、ノートの表紙に自分で「夏期休暇絵日記帳」と題名をつけていたことを思い出します。

この一八冊の絵日記帳は、絵を描く上での私の「基礎体力」になっただけではありません。遊びたい盛りでも、午前中の一、二時間という間、飛び出したい気持ちを抑えて、きちんと机に向っていく集中力を、母は私の体に覚えさせてくれたのです。

ちなみに、これは学校の宿題でも何でもなく、ごく個人的な勉強の一つとしてやったものにすぎません。

そのおかげか、小学二年のとき、地元の中国新聞主催の児童絵画大会に、学年代表として出品し、二等賞（銀賞）をもらいました。

校長先生から朝礼で賞状と賞品のすずりをみんなの前で渡された感激は、その後の私の進む道のきっかけになったのです。

今から考えると、絵が好きだという意識を見つけてくれ、その後、この受賞によって「絵なら人に負けない」という自信をつけてくれたのは、母だったと思います。

夢中になれることや好きなことを見つけるのは、勉強を持続させていく上での非常に大きな力となるのです。

◎「自分の花」を長く咲かし続けるコツ

自分の中にある才能を大きく花開かせるためには何が必要でしょうか。それはその人独自の「個性」の力です。

優れた技術や感性があっても才能が開花しないのは、前提となる個性が希薄なままだから。才能を大成させるには、個性を形づくる理念や人間性、人格が必要なのです。そして、これらは短兵急《たんぺいきゅう》に身につくものではありません。反復し、持続することによって、やっと身についていく。

百回でできないことは二百回やる。それでもダメなら千回やってみる、というように物事を執拗《しつよう》に追いかけて、初めて見えてくるものがある。反復している間に、いろいろな経験をする。予期しない答えが出てきたりする。

それらが積み重なって、人格という骨格ができ上がっていく。

何をやっても飽きっぽかったり、すぐあきらめてしまったり、あるいは、終わってもいないのに目移りがして、次のことに手を出すような人は、残念ながら何も身につきません。

みながやめてしまっても、コツコツとやり続ければ、一度開花し始めた後の「花が咲き続ける期間」がどんどん長くなる。大きな収穫が得られるのです。

「あんな勉強は嫌いだ」、「こんな勉強は役に立たない」などと好き嫌いをせずにいろいろなことを学び、いろいろな人生があることを知る。

たとえば、自分の専門の知識はもちろんのこと、技術的なことも習得し、世界や日本の現代も過去もよく知る。これが才能を開花させ、個性をみがく基礎になる。だからこそ、学校での勉強は、しっかりと身につけなければならないのです。

これが実社会に出たときに直面する、教科書通りに進まない応用問題を解く力になる。このときに、しっかり基礎を学んできたかどうかが問われるのです。

学んでいなければ、初めての出来事に動揺し、参考にするものも思いつかず、手先でごまかしてみたり、横道に外れた解決法を選んでしまう。

しっかりした基礎から自らの新しい価値観が生まれ、その価値観を確立したところから、個性は育っていくのです。個性というと「あいつはちょっと変わったヤツだ」というような、他人と違った面について言う場合もあります。また、単なる「クセ」を自分の個性だと勘違いしている人もいる。

しかし、本当の個性というのは、先にも述べたように揺るぎない価値観を持つこと、自分の哲学を持つことだと私は思います。それは、一風変わった考え方や、何かに偏《かたよ》った考え方にすぐさま飛びつくことではありません。

多感な頃は、その場で気に入ったものにすぐに飛びつき、これこそが自分が求めていたものだ、と思いがち。けれども、それらの多くは若気の至りだったことが多いものなのです。

国家の理念にしてもそうでしょう。目新しく、素晴らしく思えた思想に飛びついて、にっちもさっちも行かなくなっている国もあるくらいです。

そんな「早とちり」をしないために必要なのが教養です。

「自分はこれから何をやるべきか、何を価値観として打ち立てるべきか」という命題は、まず高いレベルの教養を身につけてから打ち出すべきものです。

生半可な状態のままで「これが自分の個性だ」と無理して立てても、あとあと苦しくなってしまいがちです。なぜなら、「何をやるべきか」ということは、「自分をいかに表現していくのか」ということにかかわっているからです。

表現するものが希薄ならば、たちまちボロが出てしまう。個性がそんな浅はかなものだったら困るでしょう。何が来ようが、誰に何と言われようが、「私はこれだ!」というのが本当の個性だからです。

外圧によって、あっちへふらふら、こっちへふらふらと動くようでは仕方がない。あるいは、流行や一時のファッションに流されているのでも困ります。

揺るぎない自分を形づくるためには、あせってはいけません。個性は一朝一夕にできるものではない、と思い定めて、自分をみがいていくことに専心する時期が必要なのです。

8 「地に足が着いた人」の力

◎人生にも「仕入れのとき」がある

学生時代から一〇年、私は都内・板橋の「睦荘《むつみ》」というアパートで生活をしていました。美術学校を卒業したあと、副手から助手となり、一九五五年には結婚して所帯を持ちましたが、非常勤公務員という立場ゆえ一人が食べるのが

やっと、という暮らし。子どもも生まれて、生活は火の車です。家内も高校の美術の先生をやって家計を助けてくれました。

先に述べたように、体も生活も仕事も大変なこの時期を切り抜けたという経験は、私にとって大きな力となりました。どんな状況になってもへこたれない「がんばり力」が養えたからです。

今とは時代が違うじゃないか、と言うかもしれません。確かに、私の若い頃と比べれば、格段に裕福になった。けれども、精神は変わらないでしょう。

人間には、その人生に一度「仕入れの時代」とでもいうものがあったほうがいい。この「仕入れの時代」を乗り越えれば、人間は強くなり、大きく翔び出していけるのです。

仕事の面においても、また精神的な面においても、へこたれずにぐんと伸びていく。ぬるま湯に浸《つ》かったままで悩んでいたのでは、その成長のスケールが違ってくるのです。

また、「仕入れの時代」を経験すると、人間的な深みも出てきます。自分たちを支えてくれている人たち、あるいは、苦労してがんばっているのに、なかなか芽が出てこない人たちの気持ちもよくわかるようになる。

『苦労は買ってでもしろ』と言われることは、まさにその通りだと思います。

手塚治虫さんたちマンガ家が集《つど》っていた「トキワ荘」は有名ですが、私が住んでいたアパート「睦荘」もそれに負けません。

当時ですでに老朽化がひどく、二階建ての木造で三〇世帯くらいあったのでしょうか。六畳一間で共同トイレが一階、二階に一つずつ。共同の炊事場で井戸水をくみ上げて炊事をしていました。隣が風呂屋だったのでその点は助かりましたが、とにかくいろいろな人が住んでいました。

けれども、彼らはみんな心温かい人たちだった。

結婚前、一つ年下で中央大学に学ぶ従兄弟《いとこ》と二人で住んでいたとき、実家からの仕送りが遅れていよいよお金がなくなったときがあった。従兄弟と「隣からお金を借りるしかない」という話をしていて、私と従兄弟とどっちが借りに行くかとやり合っていたら、話はお隣りにみんな筒抜け。

従兄弟がお隣りの部屋の扉を叩くと、「いくらいるんですか」と向こうから聞かれる始末でした。

仕事がうまくいかなかったり、さまざまな事情でお金に困っているような人たちが入居しているアパートでしたが、このような人たちがまわりにいたからがんばれた面がありました。

自分が苦労しないと、人の温かみはわからない。人生の勉強とは、こういうことをいうのでしょう。お金とモノだけを追いかけるような生活からは、心の通った人間は生まれてこないと思います。

砂漠に行ったら「見てくる」のではなく「砂嵐」を浴びる

人間にとって大切なことは、自然と接したり、人間と交わって、さまざまなことを多面的に感じることです。それによって、人間の感性はみがかれ、器が大きくなっていく。

パソコンやインターネットだけでは、決して大きく、豊かにはなれません。今や、何かというとすぐにパソコンに向かう人がいます。確かに便利なのでしょうが、便利さは人間の感性を育てるものではありません。

たとえば、同じ砂漠を描くのでも、写真を見て描くのと実際に現場へ行って描くのとでは、雲泥《うんでい》の差が出る。これは絵を描かない人でもわかることだと思います。

私などは砂漠へ行って砂嵐に遭《あ》わなければ、砂漠のことはわからないと思っています。シルクロードに来た観光客にとっては、「風景としての砂漠」は見てみたいけれども、あのすさまじい砂嵐などは味わいたくないでしょう。

けれども私は、砂嵐が巻き起こるとまさに千載一遇、よくぞ吹いてくれたと文字どおり欣喜雀躍《きんきじやくやく》する。

目も開けていられないし、立ってもいられない。じっとうずくまっていなければ吹き飛ばされてしまう。そういったすさまじい砂嵐に出遭うと、もう、うれしくてしかたがない。その幸運に感謝したい気持ちにさえなるのです。

なぜかというと、このすさまじさを実際に体験していないと、静かで穏やかな砂漠も描けないからです。たとえ静かな砂漠を描いても、厚みのある生き生きとした絵にはなりません。

同じことは、いろいろな写真や画像を見ながら絵を描くことについてもいえます。机上で、いくら想像力をはたらかせて描いたとしても限界があります。絵そのものに個性が出てきません。それどころか、テーマの持続性も弱くなり、絵が痩《や》せていく。これはどういうことかというと、机上にばかりいては、どうしても現場での感覚が薄くなってしまうということです。アンテナの感度が悪くなることは、絵を描くことに限らず怖いことです。

大切なのは、感じること。わずかな変化を感じ取って、自分の中でキャッチするためには、われわれ自身が「純粋」でなければなりません。

人間も含めて、もともと自然そのものが純粋なものです。そこに、雑音や雑念というフィルターをかけて見ては、自然の本当の姿は見えてこない。こちら側が純粋であることが不可欠なのです。

だから、特に若いときには、純粋であればあるほどいい。知ったつもりになって斜めから見たりせず、真正面から純粋にいろいろと吸収する期間を長くすることが大切です。それが感性を豊かにするからです。

テクニックとしては上手でも、人を感動させることができない絵があります。人の心を打つことができないのは、技術だけが浮ついてしまって「純粋さ」を見失っているからだと思うのです。

◎「連続パンチ」をくり出せ

「器用貧乏」とはよく言われることです。

初期にやったことでそこそこの評価を得ると、それで満足してしまい、次の新しいことに手を出してしまう。

器用な人はそれぞれにそこそこの成果は上げられる。けれども、そういった器用さは、大成につながることはあまりありません。

技術的な器用さが、自分自身の信念や自分が主張したい哲学、気持ちといったものよりも優先されると、作品自体が軽くなってしまうからです。

こういうことは実は、人間そのものについてもいえることでしょう。

どこか調子がいい、いい人だけれども軽い、と思える人がいるものです。この「人間としての軽さ」は、信念や哲学の裏づけがないから出てしまうのだと思います。器用さがあれば、確かにある程度のところまではいけるでしょう。

しかも、ほかの人よりも一時は先行することもできる。けれども、そこから先へ伸びていくことが、かえって難しくなる場合が多いのです。

それは、「軽さ」のせいです。迫力がないためにグッと伸びていかない。「自分を押し上げていく力」が不足しているからです。

絵でいえば「自分はどういうモチーフで、何を一生かけて訴えていくか」という芸術理念を持つことが必要です。これを確立するためには、本当に命がけで求めるような気持ちの強さがなければなりません。

みんな同じように苦しみ、闘っているのです。ちょっとやそっとの努力では、結局は亜流で終わってしまいます。血のにじむような試練に耐えてこそ「これは盲点だった」というような、わずかな光が見えてくる。

それはまるで、真っ暗闇の中を手探りで、方向も行き先もわからぬまま進んでいるようなものだと思います。でも、じっとしていては、そこからは絶対に抜け出せない。真っ暗で何も見えないといって、じっと動かずに不安や不満を言い立てる人は落第です。真っ先に脱落してしまう。もちろん自分の不幸を他人のせいにするようでは問題外です。

真っ暗闇を、手探りでもいいから自分の力で切り裂いていく。独力で自分の道を切り開いていく。それが仕事というものです。

そして、「自分はこの仕事で世の中へ打って出るんだ」という決意で進む。それがプロというもの。だからこそ厳しい。

絵の場合は、一つの作品を仕上げていくのは、ボクシングのタイトルマッチに似たところがあると思います。ボクサーは試合のために何カ月も準備を重ね、試合当日にはトップコンディションに持っていかなければなりません。

そのためにハードなトレーニングをし、日々節制につとめる。そしてチャンピオンになるという夢を持ち、夢に向けてワンランク上がったら次のランクへと、ハングリー精神で立ち向かっていく。

真っ暗闇をさまようようなハードトレーニングの中から、自分の必殺の武器を見つけていく。ほんのちょっとの、本当に針の先ほどの光さえ見つかれば、そこを突破口に思い切って打って出られるのです。

けれども、この「ちょっと」がなかなか出ないもの。「出ない」というより、「わからない」と言ったほうがいいかもしれません。何かを出したと思っても、一回や二回では、すぐに消えてしまうからです。

では、どうすればいいのか。これもボクシングを見習えばいいのではないか、と私は考えています。

ボクシングの試合では、よほどのことがない限り、一発のパンチでＫＯできるわけではありません。強いパンチを「ワン・ツー」とくり返し出していく。

そうして相手にダメージを与え、ここぞ、というときに連打を浴びせてノックアウトするわけです。このボクシングの「ワン・ツー」を連続して出すのと同じことが、人生のある時期には必要だと思います。一発ＫＯではなくても、相当に打ち込んでいる、という実感です。

そして、この相当に打ち込んでいる、という実感はトレーニング、つまり勉強以外からは得ることができません。勉強に勉強を重ねて相当な持ち駒を蓄えておかないと、「ワン・ツー」が出せなかったり、出せたとしてもせいぜい一、二回で終わってしまうのです。ここぞというとき、わずかのチャンスでも見つけたとき、それこそ機関銃のごとくにパンチをくり出す。そのための力を日頃の勉強で養っておくのです。そうすれば、活路が開けてくる。
一、二回「ワン・ツー」が当たったまぐれでいい気になって油断していたり、勉強を怠っていると、たちまち息切れしたり、ＫＯされてしまうのです。

9 何があってもへこたれない「復元力」

◎目標へ間違いなく到達するための「力わざ」

絵を描くときには、発想が決まると直感的にイメージが湧いてきます。極端なことを言えば、絵は描き出す前にもう九割くらいはでき上がっている、といってもいいくらいなのです。

数学でいえば、答えが先に出てくるようなものでしょうか。高等数学などは、そのようなものなのだそうです。計算をくり返して答えを出すのではなく、先に結論が出ていて、それを証明していく。絵もそれに似ているところがあるような気がします。

けれども、いざ描き始めると、こうやったらもっとよくなるのではないかと、こっちのほうがいいかもしれないと考えて、方向を変えていく場合がある。これは一見、よいことのように思えるかもしれませんが、実は、そうではありません。なぜなら、最初にひらめいたイメージを薄めることになるからです。「迷い」というのは、このことなのです。こうしたらよいのでは、こっちがよいのでは、という考えが出るときが「迷い」なのです。

特に若いうちは道が見えていないと迷ってコロコロと変わる。こっちを二割やって、今度はそっちを一割やってみようか、という具合です。こんなことをしていると、結局何をやっているのか、自分でもわからなくなる。

せっかく描き始めた絵を途中でやめて、「今度はあっちを描こうか」という具合です。

このような迷いは、結局は何も自分のものになりません。「これだ」と思うものは、そのような迷いの中から生まれてくるものではないのです。

私自身、いろいろと試行錯誤してわかったことは、迷ったときこそあれこれ方向性を変えるのではなく、教養を積むべきだということです。

自分の生い立ちという「タテ糸」と、教養として身につけた「ヨコ糸」が交じり合ったとき、ひらめきが生まれてくる。啓示のようなものが現われてくる。

特に大きな作品を描く場合には、あれを試し、これも変えて、というようなことをやっていたのではいつまで経っても完成しません。

たとえて言えば、ちょうどロケットを月に向けて発射するようなものだと思います。途中での「軌道修正」は必要に応じてもちろんやらなければならない。けれどもそれは、真っ直ぐ月へ到達するためのもので、途中で月へ向かうという目標を変えるわけではないでしょう。

風向きが変わったからといって、途中でどこかに寄り道しよう、というのではダメ。目標が決まったら意地でもまっしぐらに目指す。

その「力わざ」があってこそ、目標へと到達できるのです。もしもほかのことをやりたいと思ったり、ほかに目が行くようなら、それは次回にまわせばいい。今の目標を見失わないことが大切なのです。

◎「長丁場」でも迷うことなく進む私の方法

大きな仕事をする場合には、もちろん時間がかかる。薬師寺の大壁画のような大作ともなると何年もかけて描き続けていきます。これをきちんと仕上げていくためには、それなりのやり方があります。

まず、長距離を走る前のように、時間をかけてじっくりと土台づくりをします。きちっとした土台をつくり、いろいろな変化に対応できる力を蓄えていくわけです。

そして、いざ走り始めたら、このときにはもう迷いがあっては何も進みません。ただ一直線に進むだけ。

といって、時間のかかる大きな仕事は、一〇〇メートル走のような全力疾走をしていては続けることができません。長距離走、短距離走の走り方を織り交ぜ、インターバルをくり返してゴールを目指していく。

つまり、長期的なスパンの仕事をこなしていくためには、一時的な瞬発力や情熱に加えて、静かなエネルギーをふつふつと燃やし続ける「持久力」も求められます。

持久力と瞬発力という相反する力を持つためには、万全の体調を維持することがどうしても必要になります。よい体調の中で最高潮に気持ちを高めていくと、日頃積み重ねてきたものが無意識のうちに出てくるのです。

うまく描こうなどと思うと、かえって自由に手が動きません。

よく、「絵を描いているときは、考えながら描いているのですか」と聞かれますが、ここまで話してきたように、考えながら描いているようでは、すでに手遅れでダメ。発想の段階でほぼでき上がっていなければ何も描けません。だから、描くときには何も考えず無心な状態です。

これは何事についても同じだと思います。野球においてもそうでしょう。投手が投げたボールを打てるかどうかは、打者のそれまでのトレーニングに裏づけられた瞬時の判断力と集中力にかかっています。考えながら打とうとしては、ボールは目の前を通り過ぎていくだけです。

ましてや、迷っていたりしたら、絶対といっていいくらい打てるものではないでしょう。どんな大打者でも迷いがあれば打てない。無心でバッターボックスに立ってこそ、ホームランが打てるのだと思います。

大打者になれるかどうかは、この差ではないかと私は思います。「迷い」をいかに「無心」に変えられるか。あるいは、迷いと無心をどうコントロールできるか、です。この力を備えているからこそ、大打者といわれるほどの記録を積み重ねてきた人は、迷いがあっても、スランプに陥っても、すぐに立ち直る「復元力」がある。

そしてこの復元力は、多くの逆境を乗り越えてきたからこそ持ち得る力。

だから、人生においても、また、自分の仕事や家庭、友人のことについても「悪いときが勉強になるのだ」と考えられるのです。

そして、よくなってきたらそれまでを振り返り、自分が打てなかったのはなぜだったのか、自分の迷いは何であったのかを徹底的に考える。この努力さえ怠らなければ、それからも次々と起こるピンチにも対応していけます。

けれども、ここで努力と研究を忘れると、すぐに復元力は衰え、それまでの自分が勉強してきた財産も使い果たして、後には何も残らないことになってしまうのです。

つべこべ言わずに一度「終点」まで行ってみる

目標に向かって真剣に取り組んでいるとき、「どうやっていいのかわからない」というときが必ずある。私もそうでした。

何をやっても時間ばかりがかかって、なかなか思い通りにいかなかった。

人生においても同じだと思う。いろいろな計画を立てて、「ここまで行こう」とやっていても、走りまわり、労力ばかり費やし、自分がどこにいるのかわからなくなったりする。力はあるのに、行くべきポイントを見失ってしまうのです。

こういうときには、つべこべ言わずに、あれこれ考えずに、とにかく最初に計画した最終地点、つまり目的地まで行ってみることが大切です。そこで、どうも考えていたのとは違うというのなら、もう一度、新たにターゲットを設定すればいい。

けれども、いつもゴールまで行ってみることもせずに途中で方針を変えてばかりいると、それが習い性となり、一度も完走したという充足感を味わうことができません。

一度決めたことは、最後まで貫く。このことが、夢や目標を実現するために重要なことなのです。

趣味でやるのなら別ですが、プロとして仕事としてやっていこうと思うのなら、ある時期は死ぬ思いでやらなければ大成はしない。

私の場合には画家なので、スケッチ一つにしても、指にタコができてつぶれてしまうくらいまでやらないと上達しない。知らない間にエンピツダコがつぶれて痛くなり、指に布を巻いて描いている時期もありました。

スケッチはそのときの感情で一分のときもあれば、二時間かけるときもある。こうして、何千枚、いや一万枚以上も描いたと思います。この基礎があってこそ、今の自分がある。

先行きのことなど考えず、一直線に突き進む時期には「何が何でもやってやろう」という気持ちが必要です。

これがあれば少々のことで吹っ飛ばされても、また復活できるし、飛ばされても飛ばされても這《は》い上がっていれば、きっとどこかで誰かがその姿を見て引き上げてくれると思います。

それともう一つ。

意外と大切なのが「切り替え」です。私は小さい頃から、今に至るまでずっと創作の仕事をし続けています。創作の仕事には精神集中が必要です。けれども、芸大に勤めていた時代には、学校へ行かなければならない、講演や取材もある、と非常に多忙な時期もありました。

そんなときでも私は、学校での仕事が終わり、一歩校門を出ると、それらのことはすべてパッと忘れ、家に帰って絵に取り組むようにしました。人によっては雑事に時間を取られて仕事が進まないと悩んでいる人もいましたが、私はみんなと「さよなら」と言った途端にスパッと切り替えた。

このことが、いざというときの集中力とエネルギーの爆発力を生んだのだと思います。

10

判断基準は「美しさ」

◎「行動基準」も「人を見る目」も――これで間違いない

毎日を生きていく上で、さまざまな選択肢が目の前に現われます。誘惑だってあるでしょう。そんなとき、何を基準に物事を判断し、自分の行動を決めたらいいか。

私は一つの基準を持っています。それは、「美しいかどうか」です。絵の世界だから「美」と言っているわけではなく、人生すべてにおいて、この基準に当てはめて考えるとほぼ間違いないと思うのです。

私たち人間は、美しさを追求しながら生きています。好きな音楽を聴いているとき、その美しいメロディーや歌詞に聞きほれて無心になるでしょう。音楽に限らず、好きな絵や彫刻に接したり、あるいは好きな小説を読んでいるときも、美を追求する心が私たちの精神を高めてくれるのです。

このことは、実は大きな意味を持っています。

一つはレベルの問題です。いくら好きだとはいえ、いつも低いレベルのものに接していれば、自分を高めることはできません。同じ音楽を聴くのでも、いい音楽を聴くほうがいいというのは、このことに関係があるからです。いい音楽に聴きほれているときは、雑念が入りません。

よりいいもの、より美しいものが積み重なって、品格もでき上がっていきます。そうではなく、ただ楽しいというだけのレベルに終始していると、なかなか品格が備わるというところまでは行けません。こうして品位に差が出てくるのではないでしょうか。

その差は、日常生活のちょっとしたところにも現われます。

部屋の中の調度品にしても、一つひとつは大変高価なもの、よいものを備えていても、なぜか部屋全体から受ける印象がバラバラで、いかにも趣味が悪い、と感じるときがありませんか。

お金を持つことは悪いことではありませんが、「お金が第一」とする考え方、「高いお金を出して買うものが一番いいものだ」といった考え方がそういう空気をかもし出すのだと思います。

これはきっと、「美しいもの」に接する機会を積み重ねてこなかったという証拠ではないでしょうか。

品を身につけた人は、さりげなくいいものを配置したり、部屋の飾りにしても高価なものではなく何気ないもので、落ち着いた雰囲気や、くつろげる空間を演出します。

そして、それに気づく人と、気づかない人という差も出てくるのです。

このような違いは、常日頃から「美しいことが、即、生きることに通じる」と意識して生活しているかどうかにかかっていると思います。

これは何も音楽や絵や小説などの世界ばかりではありません。

私たちのまわりには、木や花や草といった自然が常に存在しています。そして、これら森羅万象はすべて、美しいバランス・調和を保って生きている。

もちろん、地震や台風、洪水といった災害で、一時的にはそのバランスが崩れることもある。けれども、時間が経てば、また見事に復活するわけです。そして、この復活、再生が、またそれまでとは異なった美しさをもたらしてくれる。

このような、本当に身近にある自然から美しさを感じ取れるかどうか。美意識を感じる感受性を自分の中に育てられるかどうかが問題なのです。

もちろん、人生は人それぞれです。けれども、同じく生きるのならば、私は美しく生きたほうがいいと思う。

日常生活はもちろん、人間関係も、また服装までも含めた自分自身のことについて「美しくあるべし」と。

実際に、美しくないものは、たとえ一時的に目を奪われたとしても、長い目で見れば輝き続けることができません。そういう危うい感じを抱いたら、近づかないことが大事です。

そして、それが一番自然なことなのです。美しさの中にはさまざまな真実も隠されている。

「弱い者をいじめてはいけない」とか「お年寄りは大切にしよう」「暴力はいけない」といった、人間のあるべき行動、人間としての美しさもここにある。

そう思い定めれば、美しさから学ぶことはいっぱいあります。美しいものを探したくなる。そして、その一つひとつが品位や品格となって積み重なっていくだけでなく、自分を救う武器にもなる。品位や品格は、美しく生きること、そしてそこから生まれてくる力だったのです。

◎「武士道」に当てはめて考える

日本人が感じる美しさには、もう一つ、精神的な美しさがあります。

その典型的な例が「武士道」だと私は思います。

昔の武士は、生き方はもちろん、生活態度のすみずみに至るまで、背筋がシャキッと伸びて美しかった。まさに「品格」を備えていました。そして、この武士たちの品格を醸成していたもの、それが武士道だったのです。

武士道の基本の一つは、責任を自ら背負うことです。どんな場合でも、どんなときにも、言い訳したり、ごまかしたりせず、一切の責任を自分が負う。その潔《いさぎよ》い姿が日本人の心を打ち、そこに人間としての美しさを、品位を感じたのです。

特に、リーダーにはこのような武士道が求められました。

その見事な実例が、豊臣秀吉の備中《びっちゅう》高松城攻めのときに現われています。秀吉は、高松城を水攻めしているときに、本能寺の変を知ります。秀吉はすぐさま毛利氏との講和を考え、落城寸前だった高松城城主、清水宗治《むねはる》の割腹を要求したのです。宗治は、ここはもう、万《ばん》やむを得ずということで秀吉の要求を受け入れ、その代わり、部下全員の助命を嘆願した。

秀吉は、城主が責任を取るのならそれでよし、として部下全員は許し、逆に自分の陣営に編入したのでした。

私は、二人の武将、秀吉と宗治のそれぞれに、違った形の武士道を見る思いです。その一つは、宗治の責任の取り方。

部下の命を救うためには、自らの命を断ってでも責任を取るという武士道です。たぶん部下の中には、徹底抗戦を主張する者もいたはずです。いや、むしろ、そのほうが多かったのかもしれません。

しかし宗治は、「みんな妻子もある身。命を大切にせよ。このようになったのは、大将である自分の責任だ。自分が腹を切ればすむことだ。案ずるな」とでも言ったのではないか。トップたる者の見本だと思います。

もう一つの武士道は、秀吉の対処の仕方です。宗治が腹を切ったのに対し、「大将だけが責任を取ればそれでよし。部下は全員許す」としたことです。

この「許す」という発想こそが、日本人の日本人たる所以《ゆえん》だと私は思います。それは、「お互いを認める」というところからきているのでしょう。

武士道では、戦った相手を「敵ながらあっぱれ」と認めます。敗者を決して侮蔑《ぶべつ》しない。死力を尽して戦ったのだから、それはお互いに認め合おうということです。

だからこそ、戦いが終わったら、どんなに激しく挑んできた相手をも「許す」のです。世界広しといえども、このような美しく、平和的な考え方はないでしょう。お互いの精神性を認めること、それが武士道なのです。

日露戦争のときの乃木希典《のぎまれすけ》大将がそうでした。

乃木大将は第三軍司令官として、戦争の趨勢《すうせい》を左右するポイントである旅順《りよじゆん》攻撃にあたった。けれどもなかなか攻略できず、二〇三高地では多大な犠牲を出し、ようやくのことで勝利することができた。

このような場合、負けたほうは軍剣、ロシア軍の場合はサーベルですが、このサーベルを外して軍門に降《くだ》っていくのが当時の常道です。しかし、乃木大将はロシア軍の将軍には佩刀《はいとう》を許し、対等な形で応じたのです。記念撮影においても、ロシアの将校たちはサーベルを持ち、日露同等という形で写真を撮っている。

これが武士道というものなのです。いかに激しく戦い合っても、ひとたび両手を上げて軍門に降った者には絶対に危害を加えない。それどころか互いの健闘をたたえ合って「許す」。

日露戦争当時の軍人たちは、美しい日本の武士道をきちんと持っていたのです。

乃木大将は、その後、明治天皇が亡くなったとき、日露戦争において多くの兵士たちを死なせたなどの責任を取って、妻ともども殉死します。

人の上に立つ者のあり方を、私は乃木大将に見る思いです。「人を許す」という寛容な精神と、責任を一身に背負うという使命感。これがあったからこそ、日本人は美しかったし、明治の軍人たちには「品格」が備わっていたのです。

ところが、その後、これら武士道は忘れられ、第二次大戦においては、非戦闘員まで巻き込んだ、めちゃくちゃな戦いをやってしまいました。日本のよき精神性や美しさが踏みにじられてしまったのです。

再びそういうことを起こさないためにも、日本人がずっと持ち続けてきた武士道という精神性は残し、将来に伝えていくべきだと思います。

日本の美しい心を、いつどんなときも頭に置き、実行すること。それが品位や品格となって現われるのです。

11

〝画《が》品《ひん》をみがく〟ように

◎石にしがみついてでも花を咲かせる「雑草魂」

どんな雑草でも、自分たちの生命をずっと伝えていこうというたくましい生命力を持っています。

石垣の間のわずかなすき間でもしがみついて、小さな花を咲かせようとする。

それは、生きとし生けるもの、命あるものに共通する力強い息吹《いぶき》です。それが進化を生んでいく。

人間だって同じです。私たちは、縁あってこの世に生まれてきた。進化していく生命力を与えられたわけです。なのに、それを無為に過ごすとは何ともったいないことか、と私は思います。

しがみついてでも花を咲かせようとする、あの雑草ほどの向上心さえあればいいのです。それさえ持ち続けることができれば、いつかは開花していく。

自分を鍛える、自分をみがくということは、誰か他人がやってくれるわけではありません。自分から率先してやらなければ、何も始まらない。

そして、しっかりした仕事をしていくためには、まず、きちんとした生活を心がけなければなりません。いくつになっても「自分をみがいていかなければダメだ」と心にとめておけば、何年でも「自分のためになる」と、自分を律していけるのです。

それを「自分はいったいどうなるのだろう」、「そのうちどうにかなるだろう」と、いつまでも不安や甘い気持ちでいると、どうしても生活がゆるみ、不規則になる。無為な時間を送るようになってしまいます。

また、「優雅に生きよう」などと考えることも、自分をダメにする。自分を律し、鍛えていこうとする気持ちが薄れてしまうからです。

損得勘定で物事を推し量り、「これをやるのは損だ」とか、あるいは、人を押しのけてでも上昇しようとして、「あいつが邪魔だ」などと考えていると、結局は、自分の道を見失ってしまいます。

若い時分には、なかなか気づかないものですが、このような無為な日々やねじ曲がった気持ちは、あとあと、そのツケが確実に自分にまわってきます。

いよいよ本格的に仕事をしなければならない年代になって、あるいは、そろそろ結果がほしい、と思うようになったとき、途方に暮れてしまいます。気持ちだけが焦っても、自分だけではどうにもならない状況に陥ってしまうのです。

美術学校の入学式で聞いた校長先生のお話が今も耳に残っています。

「ここにいる新入生のみなさんは、誰もが芸術家になろうと思ってきているわけだけれども、現実には宝石というものは一粒しかない。そのたった一粒を見つけるために、試験である程度見当をつけてみなさんを集めた。けれども、そのうち宝石はたった一粒です。宝石になれないほかのものはみんな石にすぎない、ということをよく覚えておいてください」

と。

石をみがくのと同じ気持ちで、「より美しく」という純粋な気持ちを持って自分をみがく。

するとそれが、自分の心や体にどんどん好影響を与えてくる。そして、それらが自分の持ち駒になって、「自分はこうだ」という主張が見えてきます。これを表現すればいいのです。

誰の中にも、みがき甲斐《がい》のあるポイントはいっぱいある。いっぱいある中の一つでもいいから、それを取り上げ、きわめていくことです。

そうすれば、知識も理解も深まっていく。知っているだけ、理解するだけでは、何も生みません。何かで表現したり、主張したりといった「実行」に移せるかどうか。実行に移してこそ、初めて自分のものだといえるのです。

本を読んだり、一流に触れるなどの勉強をして自分をみがいていく。けれども、これらは単なる知識として詰め込んだり、あるいは「どこかで役立てよう」と功利的な目的で行なうのではない、ということです。

それでは教養人にはなれません。それらの書物や一流の例から、ものの感じ方や歴史の見方、あるいは幅広い表現の可能性を探っていく。こうして次第次第に「自分を立ち上げていくこと」が大切だ、と私は考えているのです。

◎描かれた線を一本見れば、その絵の「品」がわかる

東洋画、日本画の世界では、絵の品格＝「画品《がひん》」ということを非常に重んじます。それは「絵は人なり」と考えるからです。『文は人なり』といいますが、それと同じで芸術は人格の表現そのものなのです。

絵に品があるかないかは、一本の線を見ればわかります。どんなに技術的に優れた線を描いても、また、複雑な色合いの線を引いても、そこに中身がないと品がなく、いやらしく見える。

人格がしっかりしていなければ、それは絵として出てしまう。下品な人間には「品のない絵」しか描けない、ということが起こってしまうのです。

そして、この画品はいくら技術をみがいても、身につくものではない。画材にいくら凝っても生まれてくるものではありません。筆づかいが上手いとか稚《ち》拙《せつ》だということではないのです。あるいはまた、数値で計れるような、基準があるわけでもありません。

それでも、どこか品位を感じるという絵はあるものです。そしてこのことは、絵そのものに、その人の人格のすべて、人生のすべてが投影されたからこそ起こるのだと思います。

絵に限らず、人格は生活のあらゆる場面に否応《いやおう》もなく出てしまいます。

話し方にしてもそうでしょう。話が上手い人は世の中にいっぱいいます。それらの人たちがみな、品位があるかというと決してそうではない。

どんなに話が滑らかで、饒舌《じょうぜつ》でも、そこに誠意やその人なりの人格が感じられなければ、「話し上手だけれども、どこか信じられない」という具合になってしまいます。

逆に、それほど話は上手くなくても、訥々《とつとつ》とした話し方に誠実さや温かみ、何かを一所懸命訴えかけようとする熱意が感じられれば、どことなく品格を感じたりするものなのではないでしょうか。

要は、その人自身の中身の問題なのです。中身が充実していれば、その表現の仕方は絵だろうが、しゃべり方だろうが関係ない。品位や品格というのは、無理やりひねり出すものではなく、自然とにじみ出てくるものだと思います。にじみ出るものが何もなかったり、希薄だったりすれば、どんなに技術的なことで取り繕《つくろ》っても、いつかは馬脚《ばきゃく》をあらわしてしまいます。

何事についても、人間的な修行が大切だというのは、にじみ出る中身、品格を充実させるためなのです。

インドでスケッチをしていたときのことです。

朝、一本の大樹の下に一人の老人が座っていた。東から昇った太陽でできた西側の陰のところに西のほうを向いて座っているのです。

一日のスケッチを終え、夕方になってそこを通りがかると、今度は太陽が西に傾いているので、その老人は東側の陰に東を向いて座っていた。

この老人の一日といえば、木の陰とともに一八〇度少しずつ座り直すだけ。何かを考えているのか、何も考えていないのか、時を超えて超然としている。忙しく走りまわっている私と比べてどちらが幸福なのでしょうか。

この老人から、私は人間の品格ということを深く考えさせられたのです。

12

「自分の色」を打ち出していく

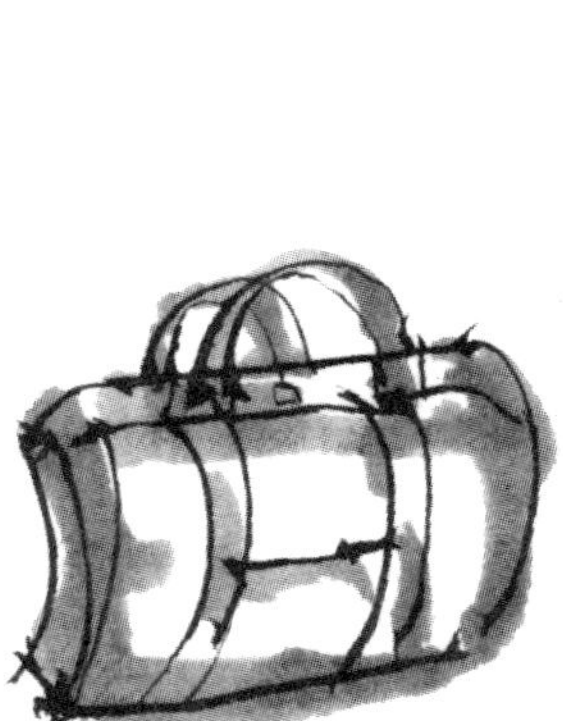

◎「躍動感」の秘密

自然界には、さまざまな色があります。ひと口に「木の葉の緑」といっても、一つではありません。

同じ緑でも、薄緑があったり、黄味がかった緑もある。葉っぱによっては、赤が混じっていたりします。新芽のときの柔らかい草色は、やがて薄緑となり、それがだんだん濃くなって秋には枯れて茶色になっていく。春夏秋冬、緑は変化する。

また、時間帯や太陽光線のあり方によっても一種類の色ではなく、どんどん変化し、複雑で微妙になっていきます。「木の葉は緑だ」というように決めつけられるものではないのです。

空の青さにしてもそうでしょう。天気のいい日の真っ青な空、雲の具合で白っぽくなった空。

その空の様子によって、海の色も変わる。青くなったり、濃紺になったり、ちょっと緑色になったりと、時々刻々変わります。

絵はその一瞬の変化、その感動を永遠化するものです。

美しい色の花は盛んに生きている証拠です。その美しさに虫たちも吸い寄せられてくる。黄色の花びらは、補色の紫色でより目立って映え、青色と赤色の組み合わせは鮮烈さを表現します。

命あるものは、みな色彩を得て輝き、その生気がだんだんなくなると枯れて、色を失う。そして、灰色から黒、暗闇へと移り変わり、動かない死の世界に還っていくのです。

平安時代の洗練された雅《みやび》な色と、灼熱の赤道直下の花の毒々しい色は対照的です。色はその質や環境、つまり気温や湿気によっても変わってきます。

その色を表現するのでも、私のように瀬戸内で生まれ、育った者は「光」を自然に描き出しますが、雪国育ちの人は違うでしょう。

このように、生活環境によっても感じ方は千差万別です。アメリカでは木の板をベタッとペンキで塗りつぶしたりするでしょう。合理的かもしれませんが、反自然的とも言えます。日本のように木目の美しさを味わったりしません。日本の場合は自然に逆らうのではなく、自然に合わせていくのです。

騎馬民族が価値を置くのは、金属や宝石など素材の材質そのものですが、日本人は割れてしまえばただの土である茶碗などに歴史的な価値を求めます。

このように、風土が違えば、感性も文化も違ってくる。

そして、この感性が感動を生んでくれるのです。

物事を成し遂げるのは、絵を完成させることと似ているところがあると思います。絵を描くときには、限られた時間の中でひたすら絵筆を動かしていきます。まさに、集中して虚心に手を動かすしかありません。

けれども、それだけではいい絵を描けない。「絵は体全体を使って」描かなければならないからです。

たとえば、大きなグラウンドに竹ぼうきで人の顔を描け、と言われたとしましょう。

このとき、手先だけで描いたのでは小さなものしか描けません。大きく、躍動した顔を描くには、体全体を動かし、走りまわらなければならない。そうでなければ、生き生きとしたものは描けません。

このように、体全体を使って虚心に描いてはじめて、躍動感のある絵が描けるのです。

◎百のうち九九を消してつくり出す「余白」

何事に対するにも、私心を捨て、体全体で虚心に取り組む。学ぶことも同じです。

その場しのぎの一夜漬けや、試験のために仕方なくやるといったことでは、いつまで経っても何も身につかない。一過性で終わってしまって積み上げがきかず、真の実力となっていきません。

誰でも、嫌なことは早く済ませたいもの。そして、ついつい終わらせることだけが目的となり、途中のことなどどうでもいいとばかりに、楽な方向に流してしまうのです。

逆に、好きなことなら、いつになったら終わるか、などとは考えないでしょう。やっている途中でいろいろな疑問が出てきたり、新しいことを発見したりしてどんどん楽しくなる。

意欲的に取り組むとはこういうことです。楽しいから、どれだけ回数を重ねても苦にならない。いろいろな興味や知識が連動して歯車がかみ合うように、一歩、また一歩と進んでいく。

この蓄積があってはじめて、発展もする。絶え間のない積み重ねが人生を確固たるものにしていくのです。

絵の例でもう一つあげれば、自分の中に確固としたものを築くと、不思議なことに余裕が生まれてくる。たとえば、絵の中に「余白」をつくることができるようになってきます。

少し専門的な話になりますが、「余白」とは、単に絵の中にある空間のことをいうわけではありません。余白には「余白をつくることでほかの部分を引き立てる」という意図がある。そのためには、描く前に省略すべきものがわかっていなければならない。

そして、省略の価値を理解できる世界観と、大胆に省略するこころの余裕も必要となるのです。

百ある要素のうち九九の要素を消して、たった一つの残った部分に集中して表現する。そして消した部分に余韻を残す。

こうして自分に自信と余裕があるからこそ、はじめて自分の作品に深みが出てくるのです。

◎自分の「偏《かたよ》り」を正す法

誰にでも得意、不得意があります。だからといって、得意なもの、好きなものばかりをやると偏りが出てしまいます。

狭い領域を専門的にやれば、確かにその分野においての完成度は高くなるでしょう。けれども、偏りがあっては幅や広がりが出てこない。いわゆる「専門バカ」というもので、これでは人間的に欠落した部分がどこかに出てきてしまいます。

技術的なことや教養、そして精神性、このバランスをとるのは、非常に難しいことです。専門的になりすぎるからといって、なんでも総合的にやればいいか、というとそうでもない。平均的にいいけれども優れた面がない、面白みやその人独自の個性が消えてしまう、という身もふたもないことになりかねないわけです。

ある意味でそれは、食事と似ているかもしれません。

人間が成長していくためには、いろいろな栄養素が必要です。肉が好きだからといって肉ばかり食べていたのでは、体のバランスが崩れてしまう。若い元気なうちはそれでも何とかなるかもしれないが、そのうちいつか体調を壊してしまいます。

一度や二度の偏食では異常は出なくても、これが積もり積もって、何年、何十年後に悪い結果が現実のものとなってくるというわけです。

私から見ていて一つ間違いなく言えることは、結果が悪くなる人は「逆の努力」をしている場合が多いことです。自分から悪くなるよう、悪くなるように仕向けているように見える。

自分にとって一番の援護射撃は、自分自身の力。毒をのむか、薬をのむかでプラスマイナスの差は二倍です。毒ばかりのんでいてはよくなりようがない。そうならないためには、自分の今までの枠の中に閉じこもらず、時に自分を一度解放してみることです。自由に能力を伸ばしてみることです。

学生たちを見ていると、国際的なボランティア活動などに参加してくると、背筋がシャキッとして帰ってくる。

今の日本のような衣食住に不自由しない環境から、そうではない世界に行く実体験をしてくると、大きな視野で物事を見られるようになります。生きていく上でも仕事をしていくにあたっても直截的《ちょくせつ》にではなくとも、精神的な支えとなっていく。

「こういう人ならきっといい仕事ができるだろうな」と思わせる人になっていくのです。

私も初めてヨーロッパに半年間留学したときには、率直に言って圧倒され、打ち負かされそうになりました。

三二歳のとき、ユネスコの第一回フェローシップに選ばれ、スイス・チューリッヒの空港に降りた瞬間のこと。日本とはこれだけ違うのか、と五感で感じました。空気に透明感があり、遠くまで鮮明に見える。においも異なり、色彩の輝きも違って見えました。

そして、初めて目のあたりにしたルネサンスのすごい力。村の小さな教会に描かれた名もない壁画一つにも、ものすごい迫力を感じたのです。「これは日本画の力ではとてもかなわない」と落ち込みました。

けれども私はそこで考え方を切り換えた。簡単にいえば、「日本対ルネサンス」、「日本文化対ヨーロッパ文化」で比較するのをやめたのです。

「東洋文化対西洋文化」で考えるとどうだろうか。東洋文化には中国があり、インドがある。そして、それとともに日本文化がある。そう考えると、元気が湧いてきました。

この考えに到達したのも、それまで美術史だけでなく、東洋や西洋の哲学などを幅広く読み、学んでいたおかげでしょう。

私はこの視点の切り換えによって、新たな発想を獲得することができた。全アジアを視野におさめて、自分自身を確立しようとした結果、後年、シルクロードへ向かうことができたのです。

自分の色を確立するためには、学ぶことも含め、多くの経験を積むことです。東京芸大の学長時代、入学式でよく話したことがあります。それは、「志を高く持って、くり返しチャレンジせよ」ということ。

目標が高ければ、簡単にそこに達することはできません。必ずといっていいほど失敗する。一度や二度ではなく、何回も失敗することでしょう。

そのときは、その失敗を師として次に新しい工夫をすればいい。工夫をすればするほど、新しい知恵が湧いてくる。

こうしたチャレンジを継続することによって、自分が鍛えられていくのです。そして、あんなに遠いと思っていた目標に、いつの間にか近づいていることに気がつく。頂上が見えれば、やる気も倍増して一気に登りつめることができるのです。

私はこの、失敗しても失敗してもくじけずに努力する姿が「生《せい》」そのものだと思う。そこに人間としての美しさがあり、美しさは必ず相手に伝わる。

仏画を描くためには、仏教を学ぶ必要があるのはもちろんですが、キリスト教も勉強しなければなりません。そうして生まれる「自分はこう考える」という主張があってはじめて、個性が発揮できるのです。

13 いつも「キラリ」と光らせる

◎「型に入る」、しかし「型にとらわれない」

「ぶれない自分」を持ち、自信を持って物事に取り組んでいきたい。自分の「型」を確立させたい。誰もがそんな思いを持ちますが、画家も同じです。

一流と言われる画家は、それぞれの「型」を築き上げています。

ゴッホはゴッホの型があり、ゴーギャンにはゴーギャンの、ピカソにはピカソ独特の「型」がある。

しかし、これらそれぞれの型は、一朝一夕にでき上がったものではなく、先人たちの「型」を学び、それを超えようとしてつくり上げてきたものです。『型に入り、型を破る』と昔から言われますが、このことを言っているのだと思います。

「いや、天才は人の型などにとらわれない」と言うかもしれません。しかし、残念ながら、私はそのような人にはお目にかかったことがない。たぶん、「誰にも影響されることなく、まったく独自の型をつくり出した」と言うのは、その人だけのうぬぼれで、結局は飽きられて名を残していない、ということなのではないでしょうか。

どんな天才も、一度は「型に入る」時期があるのです。先人の「型」に学ばなければ、自分の独自性も打ち出せない。破るべき「型」を知らなければ、先へは進めないということです。

先人の「型」を知ることが、自己形成の第一歩になる。そして、多くを学べば学ぶほど、自分の基礎や土台がしっかりしてきます。

前に、ピラミッドを例にとって、底辺を広げれば高さが出る、という話をしましたが、それはまさにこのことを言っているのです。

先人に学べば学ぶほど、自分をより高みへと高めることができる。

このことは、何も絵の世界に限ったことではありません。会社での仕事にも当てはまると思います。最近では、独立独歩で我を通し、自由に仕事をするのをよしとする風潮があるようですが、現実の会社では、そのようなものではないでしょう。

先輩社員や上司のやり方、手順をアタマから無視して、仕事がうまく運ぶはずはありません。

自分の独自性や特徴を生かすつもりなのかもしれませんが、それは、かえって自分のためにもならないし、会社のためにもならない。社会に対しては無垢《むく》な状態であることを認め、まずは素直に学ぶことから始める。

「型に入る」、つまり先輩や上司のやり方を見習うこと。ひょっとすると、そこには「ムダだな」と思えることや「どうしてこんなことを」と疑問に思うことがあるかもしれない。

けれども、それを身につけることが、とりも直さず仕事を上達させていく土台となることは確かなのです。その上で、そこに自分自身の創意工夫や改善を加えていく。新たな自分独自のやり方を見つけ出していく。

そうすれば、その独自性が「型」となって、周囲からも認められるようになると思います。

大切なのは、自分の「型」を持つにあたって、先輩たちの「型」を無視してはいけないということです。それは、自分の土台や底辺を広げるのに役立つと考え、無心に学ぶ。

とはいえ、言うは易《やす》し、行なうは難《かた》し。この「型」を学ぶというのが、なかなか難しいことなのです。

というのは、学んでいるうちに、先達の「型」にとらわれて、結局はそこから抜け出ることができなくなってしまうことも多いからです。

たとえば、ゴッホが好きだとしましょう。そこで、ゴッホの絵を徹底的に模写し、その色の具合や構図、筆使いなどを徹底的に身につけ、彼の人生観やものの考え方などもすべて勉強する。

すると、勉強すればするほど、すべてのものを「ゴッホの目」で見るようになってきます。

空を見ても、木を見ても、花を見ても、「ゴッホならこう描くだろう」、「このような色にするだろう」と思う。何を見ても、ゴッホ、ゴッホとなってしまうのです。

ここまでくると、これは「型」を学ぶというよりは、ゴッホにとらわれて、そこから抜け出せなくなった状態としかいいようがない。勉強すればするほど、このような状態に陥りやすいのです。

ある一流の歌手が好きで、その人独特のこぶしをマネして、たとえそっくりに唄えるようになったとしても、それはその歌手のコピー、モノマネにすぎないのと同じです。

亜流は亜流にしかすぎません。そこから脱して、本物の自分流をつくらなければならない。

もちろん、ゴッホや一流の歌手をマネするために努力することは、決してムダではありません。けれども、それら先達たちのよさはしっかりと身につけながらも、今度はそれを越えて自分をつくりあげていくこと、それが「生きること」だと私は思っています。

そしてこのような亜流に陥らないために必要なもの、モノマネだけに終わらないために、どうしても必要なもの、それが「教養」なのです。

教養が広ければ広いほど、行き詰まったときのヒントを広く求めることができるからです。そして、そこから自分なりの価値観や考え方を明確にしていく。

こうして初めて、「自分の型」が見えてくるのだと思います。私が口を酸《す》っぱくして、教養、教養と言っているのは、こういう理由からなのです。

「大器晩成」の人が必ず見せている片鱗《へんりん》

絵を描くときに一番重要なことは、「何をどう表現するか」です。

そして、これを決めるとき「自分はこの方向で行く」、「こういう価値観の下に表現する」という自分独自の方向性が求められます。他人のモノマネではなく、新しい価値観です。

これがなければ、先へ進めません。そして、この自分の方向性を見出していく際に、教養がものをいうのです。

とはいえ、そこまでに至る道は、やはりそう簡単なものではありません。私の場合もまったく同じでした。まわりには同じように努力している人がいっぱいいます。彼らを見ていると、みな、自分より一歩も二歩も先に行っているような気がしてくる。

自分だけは何か画期的なことを、と思っていても、その気持ちはほかの人も変わらないわけです。

しかも、気持ちは何かを求めていても、それが何なのか、いまだにはっきりしないという、もどかしさばかりが募る。

平和への願いを描こうとして、瀬戸内に暮らすのんびりしたおじさんやミカン畑の農家の人、あるいは漁師のおじさん、おばさんなども描いてみました。のどかで平和な風景には違いないのですが、それらはごく当たり前の題材で通俗的に思える。

そういうものとは違う「何か」が欲しい。

あちこちにころがっている部品がバッとまとまってくるような、そして「こっちのほうへ向かえ」と指し示してくれるような何か……それを求めて二〇代の私は苦しんでいたのです。

今、私は、こういった「自分の方向性」は、二〇代後半までに決まればいいと思っています。そんなに早く決める必要もないし、また、早ければいいというものでもない。

世に出る画家の場合、私の知っている限りでも、やはりだいたいの人が二七～二九歳くらいで将来を決める作品をつくっています。

「強い個性」という大きなエネルギーを生み出すためには、満を持して自分の独自性を打ち出さなければなりません。あまりに早く個性が花開くと、かえって線香花火みたいに終わってしまうことにもなりかねません。

どんなに遅れようとも、学んできた教養や技術は無意味になることはありません。必ずや土台となる。たとえ今、芽が出ないとしても、それに対して「自分は大器晩成だから」などと言い訳してはいけない、ということです。

「大器晩成」の人は確かにいます。しかし、そういう人たちをよく見ていると、世に認められるのがたまたま遅くなっただけで、それまでの活動を振り返れば、ちゃんとそれなりの時期にその片鱗を見せているものなのです。

「世に出るのが早いか遅いか」というだけであって、その人としての「きらめき」は必ずどこかで見せているのです。

私の絵が認められたのは三〇歳前でした。それまでは苦しみと悩みの連続で不安だらけだったことは、先に少し話した通りです。その不安を解消してくれたのは、不思議なことに、一見「ムダなこと」に見える、自分の目的とは直接関係がなさそうなことを、とにかく貪欲に勉強しようとしたことでした。

いろいろな勉強をしてきたからこそ、ある時点で、それらが「自分」の元へ集約されてきた。これまでの生きざまや教養、またそれまでの問題点がワッと集まって、それが大きなエネルギーになったのです。

何も勉強していなければ、こういった凝固もあり得ないわけですから、エネルギーにもならない。

たとえ勉強していても手抜きをしていると、チャンスが目の前に来ているのにそれが見えない。不良品の部品が一つ二つ混じっていては、いい製品はできないでしょう。

それは何も画家だけのことではないと思います。ニュートンの「万有引力の法則の発見」のことを考えればすぐわかる。ニュートンも「求める気持ち」を常々持ち続けていたからこそ、法則を発見できたわけでしょう。

リンゴが木から落ちることなど、何も珍しいことではありません。世界中、それこそ数え切れない人たちが何ら不思議もなく目にしていました。

その中で、なぜニュートンだけが万有引力の法則を発見できたのか。それは、一にも二にも「求める気持ち」でリンゴを見ることができたからだと思う。

リンゴが目の前を落ちていくほんの数秒のことなので、「あの情報を足して」、「このデータを当てはめて」、といった足し算をしてイメージしたわけではありません。ほんの一瞬の間に、パッと世界が展開した。

それまでの彼の経験や勉強が一点に凝縮されて、パッとひらめいたということでしょう。だから、これだとニュートンが思ったときには、七〜八割は頭の中で「法則の絵」ができ上がっていたのではないかと思います。

確かな土台に支えられていたものこそが大きく花開き、長続きできるものなのです。

14　「底力」をつけてくれる本たち

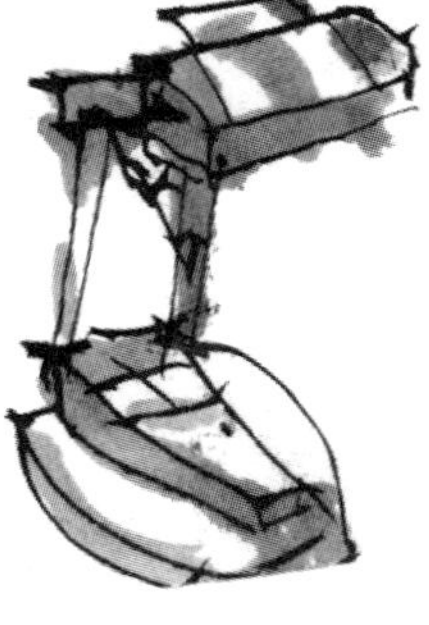

◎早朝一時間の「黄金の時間」の活かし方

今、自分の人生を振り返ってみると、がむしゃらにやる時期が一度はあったほうがいい、とつくづく思います。

学生時代につけていた「読書録」が今も手元に残っています。それを見ると、ひと月に一〇冊平均、五年間で六〇〇〇冊以上の本を読破しています。

専門の絵を勉強し、美学や芸術学を学びながら、それとは違う世界文学や日本文学、歴史書、思想書を読みあさりました。

通学する電車の中はもちろん、ちょっとでも時間があれば本を開く。思想的な本はやはり難しいので、これは朝早く起きて一時間ぐらい時間を取る。昼の休みにはスケッチをし、夜はまた読書という具合です。そして読んだ本を記録していくのです。

そうすると、一つは「これだけ読んだのか」という満足感が継続の意識を生み、二つ目は読んだジャンルの偏りを防ぐという効果を生んでくれます。

今でも印象に残っているのは、戦後まもなく読んだフランスの大河小説『チボー家の人々』や実存主義哲学者・サルトルの著作、そして西田幾多郎《きたろう》の『善の研究』などですが、難しい内容のものはそのときはよく意味がわからなくても、とにかく読破することを目標に読んでいました。

そして、これらの読書が教養となって、そのあと芽生えていくのです。

どことなく迂遠《うえん》そうで、また、どんくさく思えるかもしれませんが、スピードと結果ばかりを気にするのではなく、一度くらいは地道なことをやってみてもいいでしょう。

私にとってはこうやって得た知識が、後年、自分の絵のテーマを絞り込んでいくときに、非常に役立ったのです。

根気よく長く続けたことが、結局は果実として大きく実っていった。どんな勉強も長い目で見れば、決してムダにはならないものなのです。

私のそんな読書習慣は、幼い頃からの下地によるものだと思います。

のどかで平和な島でしたが、古い家の奥にはさまざまな本が並んでいました。たぶん、幕末のころのものであろう和綴《と》じの『源氏物語』や『吾妻鏡《あづまかがみ》』などの古典、『経済学原論』などといった専門的な本、そして、日本文学や世界文学。

書架にあるこれらの本は、子どもにはとても読めないものでしたが、何か興味をひかれるものでした。

そして、父は広島まで出かけたりしたとき、私にも本を買ってきてくれました。野口英世や東郷平八郎の偉人伝、『プルターク英雄伝』などを読んだことを覚えています。

小学四、五年生くらいだったある日、父は私に吉川英治の『宮本武蔵』を買ってきて、「ここを読んでみろ」と言いました。武蔵と吉岡一門の決闘の話です。

吉岡伝七郎を斬った武蔵は、遊女にかくまってもらっています。外には武蔵の命を狙う者たちが血まなこになって武蔵を捜している。

そんな緊迫した状況で、一分のすきも見せずにかまえている武蔵に、遊女は「あなたの面《おもて》には死相が満ちている」「そんなことで人に勝てるものでございましょうか」と問いかけるのです。

こんなことを言われて気色ばむ武蔵に、遊女は、やおら良い音色を奏でる琵《び》琶《わ》を手元に引き寄せ、ナタでその琵琶を縦に裂き、その中を見せた。

そして、「あの強い調子を生む胴の中には、こうした横木のゆるみとしまりとが、ほどよく加減されている。張り詰めた絃《げん》に無理にバチを当てると切れてしまうように、人間の心構えもそのようなものではないか」と告げるという話でした。

その『宮本武蔵』を読んでしばらく経ってからだと思います。父と歩いていると、

「お前は絵を描くとき、どんな気持ちで描いているのか」

と聞くのです。

私は、

「馬を描いていて馬の感じが出ないときは、自分が四つんばいになって馬の気持ちになって描いています」

と答えました。

そのとき父は「ああ、そうか」と言ったきりでしたが、あとになって考えると、父は口には出しませんでしたが、吉川文学から暗黙のうちに「無心」の重要性を私に学ばせようとしていたと思うのです。

◎「次」のための蓄えをつくる

人生は直線コースではなく、川の流れのように蛇行して流れています。途中には、大きな岩や滝が待ちかまえている。あるいは、淀《よど》んで流れが悪くなる箇所もあるでしょう。

そのようなとき、がむしゃらにやってきたことの中の何かが、道を打開するヒントになってくれる。

絵を描き続けることも同じです。「一枚描き終えてそれで終わり」というわけにはいきません。次も、またその次も描いていかなければならない。やがて、自分の頭の中に蓄えがなくなり、絵のテーマが貧困になってくる。それではプロの画家としては成り立ちません。

そうならないための蓄積が必要なのはもちろんのこと、新しいものを求める姿勢も大切になってきます。豊富な知識と新しいものを察知する感性と技術。それさえみがいていれば、井戸や泉のように、汲《く》んでも汲んでも描きたいテーマは湧き出してくるのです。

がむしゃらに求めていくエネルギーは、もう一つ、大きな効用を持っています。それは、劣等感や不安といった「気持ちの揺れ」を防止してくれるのに役立つこと。弱気を追い払ってくれるのです。

私の場合がそうでした。

私は運よく、美術学校に入学することができました。それはそれでよかったのですが、世の中そう甘くはありません。同級生たちはみな、私より年上で、技術的にも知識の上でも、また社会的な経験においてもずっと進んでいたのです。

前にも述べましたが、私は同級生の中でまるで一人だけ子どもといった感じでした。同級生と比べるだけでもすべての点で差があると気づいたとき、私は愕然《がくぜん》とした。このときの劣等感で精神的に落ち込んでしまう可能性は十分にあったし、画家の道をあきらめてしまうことすらあったかもしれません。

けれども、私はそうならずにすんだ。それは落ち込む前に、自分にいろいろな課題を課して、あれこれ考え込む暇を無理やりなくしてしまったからです。疑問を持ったり、思いわずらう時間を自分に与えない。そのためには、がむしゃらに徹底的に何かにのめり込むのが一番の早道だと思います。

要は、落ち込んでいるときが勉強するチャンスだということです。落ち込むと、いろいろとマイナスなことを考えがちになる。マイナスは次のマイナスを生み、そこから抜け出せなくなってしまう。

これでは貴重な人生の時間を本当にムダに過ごすことになってしまいます。そうではなく、人間、困ったときに一番の発見がある、と考えることです。同級生との差に気づいたときの私が、そのいい例だと思います。

人生が順調に流れているとき、豊かな暮らしをしているときというのは、それまで培《つちか》ってきたもの、今あるものをなし崩し的に使っているだけだと考えればば間違いない。「目減り」をしているのだと思うと、とても順調さを喜んでばかりいられないでしょう。

万事が順調なときこそ危険信号です。不幸なときを生かせるかどうか、不幸を逆手に取れるかどうか。

本当の勉強は逆境のときにある、ということです。逆境につぶされたら、また興《おこ》せばいい。そうするうちに、どんどんたくましくなる。このことに気づいた者が勝ちです。

タンポポのタネは石垣のわずかなすき間に着地して、小さな芽を出します。風に吹かれると吹き飛ばされそうなところにも、しっかりと根づいて健気《けなげ》に花を咲かせている。そういう姿を見ると、私は本当の美しさと強さを感じます。

15 人間としての「幅」

◎「すぐに役に立たないこと」のすすめ

自分の目標を持ち、それに向かって進んでいても、その道中はうまくいくことばかりではありません。

逆に恐ろしいことは、小手先のテクニックで最初からうまくいってしまうこ

とです。ムダなく効率よく物事が進んでいくと、誰しも「そこでよし」としてしまう落とし穴に陥りやすい。当初はそれでもいいのですが、それでは「人間的な幅」が育っていきません。

細かい技術的なことや知識は、必要に応じて努力すれば、それなりに身につきます。そこで安心して止まるのが恐ろしい。それよりも、もっと大きな目的や人生の意義を視野に入れたほうが、その先の「伸びしろ」が大きいと思うのです。

大きな方向性を持ったり、自分の価値観を築くことは、ちょうど家をつくるときに大黒柱を立てるようなものです。

大黒柱をしっかりさせた上で、ほかの柱や梁《はり》、屋根をつけていく。大黒柱が細ければ家はグラつき、ちょっとした風や地震でもひっくり返ってしまう。そうなっては困ります。「学ぶ」ということは、この大黒柱を立て、しかも太く頑丈なものにするためなのです。

一見、ムダにも思える勉強や経験でもたくさんやるべきだ、ということは健

康づくりのために いろいろ努力することと似ています。

体を強くするためには、栄養の面からも、あるいは運動の面からも、そして精神的な面も鍛えることと、さまざまなことをやるでしょう。

その一つひとつが、すぐに役立つわけではありません。何だかムダに思えることもある。けれども、一つひとつをずっとやり続けていると、そのうち効果を発揮してくるのです。三日坊主でやめたのでは、結局は何の役にも立たない。根気よく、バランスよくいろいろなことをやり続けるのが、健康で強い体づくりにつながるというわけです。

人間的な修養も同じです。

精神的な面を学んだり、教養をつけて知性をみがいたり、あるいは感性を育てたりと、さまざまなことをやりながら自分を高め、「知・情・意のバランス」をうまく取るようにしていく。これが「基礎」なのです。

じりじりと這《は》いながら断崖をよじ登るように、一メートル、二メートル、三メートルと進んでいく。一生かけて登っていくことです。

私がくり返し言っている基礎づくりとは、この一生をかけて登る「芽」を持つということです。この芽をしっかり持つことが、遠回りのようでいて、やはり一番の秘訣だと思います。

志さえあれば、誰にでもこの「芽」を育てる要素や才能がある。この世に生を受けている人全員に、自分のものを築き上げていく資格や才能がある。私はそう考えています。あとは、実行に移すか、何もやらずに放っておくかだけ。「できない」のは、やる努力を重ねないからということだけなのです。

◎どんな困難が降りかかってきても

湯川秀樹博士は中間子を発見して、一九四九年に日本人で初のノーベル物理学賞を受賞しました。

欧米人は、この中間子という発想は西洋的な一元論、一神教的な原理主義からは生まれなかっただろうと言います。やおよろずの神々の中で生きる日本人的価値観が生んだ素晴らしい考え方だったというわけです。

湯川さんは確かに物理学一辺倒に偏ることなく、短歌を詠《よ》まれたり、平和運動への長期にわたる献身的な努力のほか、また、思想的な面においても、さまざまな発言をされました。いわゆる「専門バカ」に終わるのではなく、人間的な幅を広げていったのです。

物理学者として実験だけをやっているわけではありません。専門分野を乗り越えた、確固とした考え方で行動していく。その点で、教養人なのです。研究室の中ばかりにいたのでは、このような思想や教養は生まれません。

このように、教養を身につけることは、その人に「人間としての幅」を生み、それが人格の形成におおいに役立っていく。文化をも視野に入れた、大きな個性をつくっていきます。

この人間としての幅が大きければ大きいほど、何が起ころうが立ち向かっていける。「ぶれない自分」を形づくることができるのです。なぜなら、身に降りかかるさまざまなことを、この幅が吸収してくれるからです。

欧米の教養人と話をすると、シェークスピアの戯曲のセリフがすぐ口をついて出てくることに驚きます。それは文学を研究している人だけでなく、文系、理系問わず、多くの人がそういった教養を身につけている。

それが国際社会でのいわば常識です。と同時に、ただ知っているだけでなく、シェークスピアから人生についてのさまざまな教訓を学んでいる。それが自分自身を強くし、ぶれない自分の根幹になっているのです。

彼らはこのように何を学ぶにしても、世界史的な視野の元に学んでいます。たとえば、ギリシアの文化はローマに受け継がれている。そこで地中海の文化やゲルマンの文化を受け入れ、全ヨーロッパ的な文化を形づくっていく。領土が拡大化していくにつれ、軍事力でおさえつけるのではなく、文化の力で自主的に大ローマ帝国の傘下に入れていく。

こうして、その地域、その民族の多様性を認め合う社会ができ上がっていったのです。

歴史を学んでいくと、このように多様性を認めることの強さがわかってくる。一つの原理に固執してほかを排斥《はいせき》していたのでは、いつまでも戦乱が絶えません。ローマ帝国の歴史がこのことを教えてくれるのです。

ひるがえって日本でも、平安朝の『源氏物語』の雅《みやび》な世界を知ることも同じでしょう。

『源氏物語絵巻』などを模写していると、よほど技術的に優れていないと、そこに表わされている洗練された雅な色や姿は表現できないことがよくわかります。すると、「なるほど、これはやはりすごいものだ」とわかる。そして、「今を生きる自分も負けていられない」と猛烈に闘志が湧いてくるわけです。

このように、いろいろな勉強をして、自分独自の世界を見つけていく。

そうしているうちに、ある時、どこからかひらめきが生まれる。準備を整えておくことで、その千載一遇のチャンスを手に入れる可能性がより高くなるということなのです。

16 周囲に流されないために

◎「自分を見失った」とき、不平不満が生まれる

今の自分が何だか面白くなかったり、何かにつけ、不安・不満があったりすると、誰でも気持ちは晴れません。「給料が上がらない」とか、「同期なのに、あいつだけが出世した」というようなことは世の常です。

しかし、だからといって、ヤケ酒を飲んで、周囲に当たり散らしても、うまくいくわけではない。

自分の心は顔に出るものです。不満な顔をして仕事をしていたのでは、出世どころか、余計にダメになってしまうのがオチでしょう。それどころか、こんなことが積み重なると、人相まで悪くなってしまいます。

人を妬《ねた》んだり、不平・不満だらけで世の中が面白くないのはなぜでしょうか。それは「自分のことを忘れているから」です。自分がよくなりたいのなら、よくなるような手を自ら打つことが必要です。周囲ばかりを見て、自分を見失っていては損。他人の出世は、あなたとはまったく関係がないのですから。

今、不遇な時代のまっただ中にいると思うのなら、そんなときの最も効果的な対応法は、不平や不満を言うこととはまったく逆のところにあります。

成果を上げていない下積みのことでも、一所懸命にやり続けること。それは誰かがちゃんと見ているものなのです。そうすれば、誰かがあなたを認め、「なかなか見どころのあるヤツじゃないか。人の痛みもわかるし、人望もある。

引き上げてやろうか」と言ってくれる人が現われるものなのです。

私が「教養が必要だ」と言っているのは、人をこのような気持ちにさせることをいうのです。教養は知識の使い捨てなどではなく、活かしていくものです。だからこそ、顔や態度に出る。

自分のやったことは、いつか自分にはね返ってきます。いい教養を積めば「いい顔」として。逆に、不平タラタラでは、誰も協力してくれないのでますます気分が荒れ、貧乏神のような形相《ぎょうそう》になり、結局は自分をダメにしてしまいます。

そうならないためには、気持ちを落とさないことです。最近は「キレる」と言うそうですが、何が起ころうが落ち込むことはありません。

過去がどうであろうと、今、どんなポジションにいようと、気持ちをしっかり持ち、常に毅然とした態度で誠意を持って仕事に取り組む。そうしていれば、いつかは必ず認められます。

あなたの人生に「大きな意味」を持つ人

会社であれ学校であれ、一つの組織に属していると、息苦しくなって抜け出したくなるときもあるでしょう。人によっては、本当に飛び出してしまうこともある。けれども、本当に飛び出してしまっていいのか、といえば、必ずしもそうではないと思います。

画家といえば、いわば一匹狼的な職業の代表のように思われがちですが、実際にはそうでもありません。そして実は、「組織に属している」というのは、非常にメリットのあることでもある。

画家の私の例は特殊かもしれませんが、実は私は、まったくのフリーの画家だったことはありません。美術学校卒業後に副手となって勤め始めて以来、ずっと二足のワラジをはき続けてきました。

片方は「画家としての平山郁夫」であり、もう一方では、美術学校から東京芸術大学に変わった組織の一員、いわば「サラリーマンの平山郁夫」です。

組織に属することは何ものにも代えがたい大きなメリットがあると思うのです。

一つは、唯我独尊に陥らないこと。ひとりよがりの裸の王様になることはありません。ものの見方、考え方を複眼的にできるのです。

それは、常にさまざまな人と接するからでしょう。人当たりのいい人もいれば皮肉屋もいる。そういった人たちと接するうちに、柔軟性が身につき、それを持ち続けていけるのです。

そして、こういった中では、否も応もなく社会や世間に対して、アンテナを広げていかなければなりません。すると、動物的な鋭い嗅覚が育っていく。それは人間としての「感度」につながるのです。

また、人の話を聞く機会はさまざまな勉強の場でもある。副手だったころ私は教授たちが雑談しているそばに行って、話を聞いていました。それも自分自身にとって勉強になったのです。

「自分の型」や「自分の世界」を築き上げるきっかけも、周囲の人がつくってくれることが多いものです。私の場合もそうでした。

被爆の後遺症に悩まされ、死の恐怖と闘いながら、必死の思いで描いた『仏教伝来』という絵。無心に近い状態で仕上げたこの作品を、私は院展に出しました。この院展で評価を受けることは絵を描く者にとって一番の栄誉です。

しかし、入選はしたものの、期待していたような賞を得ることはできませんでした。

がっくり気落ちしていた数日後の朝、妻が新聞を持ってきました。

「面白いものが載っているわ」

「何だい」

「自分で見てみたら」

妻から受け取った新聞を見ると、美術評論家の河北倫明《かわきたみちあき》先生による「美術展評」が載っています。出展されたさまざまな作品について評された記事の最後の最後の行にドキッとしました。

「平山郁夫『仏教伝来』という絵もおもしろい味がある」

たったひと言でしたが、当時まったく無名の私の作品をほめてくださった。苦境のまっただ中だったので、このひとことは本当に神の言葉のように私には思えた。絶望の淵から救われたようにも感じたのです。

さらに、翌年正月に届いた歴史画の大家、安田靫彦《ゆきひこ》先生からの年賀状には、

「『仏教伝来』はとても良いと思います」

と書かれていたのです。

私はもう飛び上がらんばかりに感激しました。うれしさのあまり、年賀状を押し戴きながら、何度も何度も妻に読み聞かせたものでした。

偉大な二人にほめてもらい、「私はこの表現方法でいこう」と意を強くしました。まさに、創作上の大きな転機をもらったのです。

人にほめてもらうということは、その人の人生にとって大きな意味を持つと思います。「自分の世界」を築いていく上での自信につながる。

また、そういう人がきっと周囲にいるということを忘れてはいけないと思う。誰かがちゃんと見てくれていて、励ましてくれたり、ほめてくれたりする。それをステップにして、自分を打ち出していけばいいのです。

人にほめられた経験のある人は、そのありがたさをよく知っています。それが人を伸ばしていく上で、どんなに大きな力になるかを身にしみて味わっている。

だから、私はそうしてきました。学生と接するとき、良い点を見つけてそれをほめる。「ここはいいぞ」と言ってやると、本人は「あ、こういうふうにやればいいのか」と気づくのです。

そうすると不思議なことに、自分の欠点にも気づいていく。自覚していくことが大切なのです。

17 人を「納得させる」もの

◎「組織を沈没させない大将」の器

戦国の武将たちは、戦場でも茶をたてました。これは、生命をかけた出陣の前に一瞬の静けさを味わう、というもので、点前《てまえ》の瞬間には非常な集中力が求められました。

少しでも死を前にして動じる気持ちがあれば、戦いには負けてしまう。茶を通して、瞬間の静けさと安寧《あんねい》を求め、動じる気持ちをなくす。一種の精神修養の場でもあったのです。

こうした静かで何物にも動じない不動の精神を、戦いの場では一気に激しく燃焼させていく。静から動へと、生命の限りをつくして戦い抜くわけです。武士としては、最高の境地といえるでしょう。

死がさし迫っている状況でも慌《あわ》てず脅《おび》えず、勝ち負けを超えて冷静な境地に立てるかどうか、雑念を払って澄んだ心境に己を置けるかどうか。

それが指揮官としての武将に求められたことだったのです。いわば、リーダーのあるべき姿ということだと思います。

指揮官の人間性、その人がどういう人物なのか、ということは、部下たちはよくわかっているものです。自分の指揮官が戦いの前に弱腰でオドオドしているようでは、彼らは一緒に戦うことに躊躇《ちゅうちょ》してしまいます。

これでは勝てない。たとえ死を前にしても冷静で動じなければ、この人なら大丈夫だ、と命を預けて戦ってくれるわけです。

戦国武将の器量は、「生命を預ける気にさせるかどうか」にかかっている。そのための茶の湯だったのです。

何かと多忙な現代は、社会にも人間にも余裕がなくなっています。みんな自分のことで精いっぱいで、優れた戦国武将のような器量が見られません。

今は戦国時代のように命が取られるわけでもないのに、ちょっと問題が起きると、「大変だ、大変だ」とリーダーが深刻になっていたのでは、部下全員が浮き足立ち、いい結果が出るわけがありません。大変になればなるほど、「心配するな。何とかする」と、ゆったり明るく構えてやれば、部下も不安がらずに頑張ることができるのだと思います。

こんなことがありました。

東京芸術大学の二度目の学長を務めているとき、キャンパスを新しくするというプロジェクトが進んでいました。国立大学なので予算がおり、いざ入札というところまできた。ところが、そのときになって、バブルの影響で建築費が高騰し、お金が足りずにストップしてしまったのです。

大学の事務方は、お役所や業者をはじめ、各所との折衝《せっしょう》で大わらわ。おろおろするばかりの担当者に私が、

「そんなことでオタオタするな。いくら足りないんだ？」

と聞くと、

「〇億です……」

と言うので、

「たいした金額ではない。業者にこう言ってほしい。『いままでの長年のつき合いをこの一件でパーにしていいのか。これから学内をどんどん新しくしていく一環でやっているのだ。足りなかったら私が出す』と」

私自身、内心は「いやあ、大変だなあ」と思いながらも、大将が一緒になって困っていたら、組織は沈没です。

こんな私の話が伝わると、

「金額の話はいい。会社として東京芸大の新しいプロジェクトを手がけたとい

う名誉がほしい」

と言う企業が現われ、無事にプロジェクトは進み始めたのです。

悪い状況においてこそ「明るい顔」が大事です。何においてもそうですが、現実から逃げようとすると、かえってやられてしまう。

いつでも責任は取る、と自分を押し出していけば、なぜか危険のほうがよけて通っていくものです。逃げ腰になっていると弾が向こうから飛んできますが、向かっていけば、弾も飛んでこなくなる——世の中とは、そういうものだと思います。

◎「実力はあるのに惜しい人」は何が不足しているか

礼儀正しく、他人のこともよく理解しようとする人には自然に人望が集まります。人に責任を転嫁したり、威張り散らすような人は、たとえ地位があり、お金があったとしても、人望は得られない。

私がいた芸大といえども、ほかの組織と同じく、地位や名誉を欲しがる人がいた。けれども、本人がいくら欲しがって学内の選挙などに出馬しても、人望がなければ誰も投票してくれません。

周囲はみんな、常日頃その人がどのような態度で人と接しているのか、ちゃんと責任を取っているか、下の者の面倒を見ているかどうかといった、きわめて日常的なところを見ているもの。

選挙戦に入ってからうまいことを言っても、人は振り向きません。

そういう意味では、日常性というのは非常に大切で、人望はこの日常性によって決まると言っても過言ではないでしょう。

普段は口に出したり、態度に表わさなくても、「あの人と一緒に働きたいな」とか「あの人が上司になるといいな」と、心の中ではみんな考えている。

逆に、自分の意見ばかり通そうと、わがままを言ってみたり、自分のことしか考えていないような人は、どんなに優秀でもいけません。

私自身、学長をやってみてよくわかりますが、何事も「私心《ししん》」が入るとダメなのです。

私心を一切持たずに、自分は犠牲になってもかまわないというつもりで人と対すると、反対意見の人も耳を傾けてくれる。

そういう点では、芸大というところは面白いところで、一見、みんなひとクセありそうな芸術家でいて、実はそうでもないところがあります。

だから、こちらが公平な立場からきちんと、「これでどうですか」とやると、みなが認めてくれて決まってしまったりする。当時は面白いことだと思ったものです。

私が学長職を務め上げてから六年後、芸大も一連の大学改革によって独立行政法人化されることになりました。

そのとき、「独立して運営できるようになるところまででいいから頼む」と私に再び学長に就くようにという話が持ち上がった。

国立大学、一三〇年くらいの歴史の中で、一度退任している人の再登板というのはかつてありません。しかも、法人化という新しい試みを実現するには、いろいろな風圧が来て大変な仕事になることは明白です。

でも、私は「責任を持ってやる」ということで引き受けました。

それもこれも「自分のため」ではなく、「自分を捨てて人のためにやる」という姿勢を貫いたからこそ、できたことだと思う。

どんな組織にしろ、どんな立場にしろ、自らを捨てる気でぶつければ馬力が出て、一気にたたみ込むという迫力も生まれてくる。人もついてくる。ただそれには、馬力だけではなく、周囲を説得するだけの先見性や教養も必要です。

自分を見失って糸の切れたタコの糸のように一人舞い上がっても、誰も言うことは聞いてくれません。みんなを納得させるには、きちんと現実の場に立ちながら、大局を見据えて考える。そして、「自分はこういう道を進む」「こうあるべきだ」と打ち出すわけです。そうすれば、人は聞く耳を持つ。

そのために、いろいろなことの勉強が必要なのです。勉強の裏づけもなく、ただ何となくこう思う、というだけでは、人はついてきてくれません。

大学で学長などの役職につくと忙しくなり、自分の創作活動の時間がなくなります。

私はそれが嫌で、学長を引き受けても自分の創作活動は絶対に中断しない、と心に決めました。そう決めて周囲を見まわしてみると、私などよりもずっと行政的な手腕、経営的な才能に優れた人が学内にはいっぱいいる。

そこで私は、最後の責任は学長としての私が取るという覚悟を決めた上で、そういう人たちにかなりの仕事を任せることにした。そして、学内の活性化のためには広い視野が必要だと考え、自ら国内外を問わずどんどん外へ出ることにしました。ほかの人たちにも、海外の大学などの実情を見て来てくれるようにとすすめたのです。

机の前にいるだけではなく、視野を広げることで人間性も形づくられていくからです。

学生時代、「岸田劉生《りゅうせい》がなぜ国際的な洋画家になれなかったか」を論じられた美術史の講義を聞きました。

岸田劉生は娘の麗子をモデルとした絵で有名な大正時代の洋画家です。その美術史の先生はパリに滞在しているとき、知り合いの劉生に「ぜひパリに来るように」とすすめたのだそうです。

パリでいろいろな人を紹介したり、劉生自身に異文化に触れる機会を持ってもらいたいという思いから誘ったのですが、結局、劉生は来なかった。

「外に遊びに出たりして多くの人と触れ合うことも人間性を育てる上で大切だ。それが足りなかったがために、劉生は国内では評価を受けても、国際的には認められるまでにならなかった」という教えでした。

芸術家だけでなく、何事においても、技術のあるなしに関係なく、一番必要なのは世界観や理念でしょう。これをみがいてこそ人は大きくなり、みんなが納得してついてくるような「ぶれない人間」になるのだと思います。

18 「すごい前進力」を生み出す法

◎自分の弱い部分は「徐々に」ではなく、「一気に直す」

「平山先生にとって、一番大事なものは何ですか」とよく聞かれます。

私は「今が大事です」と答えることにしています。これは「少しでも、今の自分を生かしていきたい」といつも考えているからです。そう考えると、絶対に怠《なま》けてなどいられない。

「ちょっとでも、前進しておこう」という気になります。アトリエに入るときはいつもそういう心構えで入っていきます。それは、正月であろうが日曜であろうが変わらない。

私に「休み」はありません。絵が描けなくなるまでは休みなし、と考えています。

まるでそれは、何万ラウンドも休みなしで続くボクシングのようなもの。ゴングが鳴れば、すぐにリングに立たなければならないのです。

となると、なるべく長くリングの上で闘いたいと考えれば、さまざまな工夫をしなければならない。健康管理はもちろんのこと、自分自身の行動をチェックしてみることも重要になってきます。

たとえば、私の場合の問題は、学生時代に覚えた「酒」でした。

実は、若い頃の酒にまつわる失敗談は数限りなくある。仲間や上級生と無理して飲んでしまい、後で悪酔いしてひっくり返ったりしたものです。

なにせ、今とは学校自体の雰囲気がまったく違う。今ではありえない話ですが、新入生のとき、昼休みになると上級生が教室にどやどやと入ってきて、学生歌やその踊り方を指導します。それだけでなく「よかちん節」などという怪しいものまで踊ってみせる。

そして、次は「お前たちもやれ」という番。私たち新入生は一列に並んで、身振り手振りをマネして「一つ、よかちん、二つ、よかちん」と踊りました。少しでも気を抜くと「しっかりやれ」と叱咤《しった》されるのでもう必死です。そして、不思議なことに、だんだん慣れてくるとまるで踊る宗教のように恍惚《こうこつ》の状態に陥り、お腹の空くのも忘れて踊り続けたものでした。

そんな無頼ともいえるような学生時代だったので、酒もかなり怪しげなものまで飲んでいたような気がします。

歌って飲んでいる間にぶっ倒れ、気がついたときは、板の上に寝かされて仲間に担がれていくところだったりしました。

酒は好きで、強いほうでもあり「いくら飲んでも醜態は見せない」などとおだてられ、その後も一週間に一度は午前様です。教師として学生たちと飲む立場になっても、また、大学紛争や会議のあとなど、さまざまな場面でかなりの量を飲み続けていました。

ある夜、家まであと百メートルというところまで帰ってきたときなど、目の前の坂道がまるで船が波間にもまれているように揺れ始めました。思わず近くにあった電信柱にしがみつく。そして、よろよろと次の電信柱まで進む、といったざまです。

暗闇でのそんな姿を近所の人に見つかり、

「平山さん、どうしましたか」

と驚かれたことなど、今考えれば顔から火が出る思いです。

そんな酒飲みの私でしたが、次第に酒を飲んでいる時間がもったいなく感じるようになってきました。

飲んでいるときは楽しいけれども、夜、仕事ができません。「一枚でも多くの絵を残したい」という気持ちがどんどん大きくなり、酒をやめることに決めた。もう一生分飲んだ、という思いもありました。

一九八六年二月二四日。五五歳のこのとき以来、一滴も酒を口にしていません。

酒を断ってからは、それまでよりも多くの作品を残すことができるようになりました。

「これが自分の弱いところだ」と気がついたら、気がついた時点でやめるか、あるいは修正すべきです。

私の場合は「酒」でした。「弱点だからしかたがない」といつまでも引きずっていたのでは、前進する速度に影響が出てしまう。弱点は必ずどこかで自分の足を引っ張るものなのです。

けれども、弱点や自分の悪いところというのは、実はなかなか見つけられない、という難点があります。私が酒をやめられたのは、「もっと作品を描きたい」という強い気持ちがあったからです。それを妨げるものの一つが酒であることに気がついた。そして、酒を断つ一時の苦しさを取るか、目標達成を優先させるかの選択をしたわけです。

それ以来、どうしても断れない宴席には出ても、途中で「車が待っているから」と言って失礼させてもらい、帰ってアトリエに入ります。

時間は自分でつくるもの。早朝だろうと真夜中だろうと、時間は時間です。その時間の使い途《みち》を限定する必要はまったくありません。一日二四時間すべてが自分のための時間、と考えればいいのです。

◎「九〇歳になったときの自分」のために今、何をすべきか

私は七〇代も後半になりましたが、今も一日八時間か九時間は仕事をします。旅に出ているとき以外は、アトリエに一歩も入らないという日はありません。

作品を仕上げ、いろいろなことを勉強するためには自分を鍛える必要がある。体力と集中力を高める必要があるのです。

そのため、毎朝一〇分から一五分の柔軟体操は欠かせません。不思議なことに、何も運動せずにいきなりアトリエで描き始めると、早く疲れてしまうのです。

そして、掃除。

アトリエの掃除は人に頼まず、すべて私の領域です。広いアトリエに掃除機をかけ、板張りの床のから拭きをします。

掃除機は週に一、二回ですが、から拭きは毎日。隅々までみがくと三〇分ほどかかり、うっすら汗ばむほどに筋肉を使います。掃除をやっていると一瞬、無心になれるので、集中力を高めるのに役立つのです。

これで心と体の準備を整え、一度アトリエに入ると三時間は集中し、それを一日に三回行なうのが日課です。集中しているときは、この三時間が三〇分くらいに感じるものです。

体を鍛えるということでいえば、できるだけ粗衣粗食も心がけています。うまいものばかり食べていては、かえってダメになってしまう。栄養剤や薬などに頼っても、これは一過性のものであり、続けると依存症になって差しさわりが出てくると思うのです。

医者に言われて、一日二四時間、血圧計をつけて測ったことがあります。結果は絵を描いている時間帯が一番血圧が安定していたくらい、仕事中にトップコンディションに持っていくことに留意しているのです。

こうやって日々鍛えている私でも、これからは若いときのような体力、集中力、腕力で勝負するわけにはいかなくなってくるでしょう。経験不足を若さでカバーするような「力わざ」に頼ることはできなくなってきます。

まだまだ衰えていないと思っている私ですが、「九〇歳になったらどうだろうか」と考えます。

今のように時間をかけて一枚の絵を仕上げていくことは、もうできなくなっているのかもしれません。ならば、若い時分から今までは長い棒を振りまわしていた状態だとしたら、九〇歳のときは居合い抜きのように、一刀両断で描き上げるようにしなければならない。

そうでなければ、集中力と持続力が持たないでしょう。そう考えて、私は今までの描き方とは異なる「一刀両断で一気に決めていくような技術」を習得するため、今からあれこれ訓練しています。

まだまだ技術的にもやりたいこと、やらなければならないことはたくさんあるのです。

◎「この世で最高の満足」を毎日味わうために

自分が前に進むときの障壁を取り除き、体力、気力、技術力を鍛える。仕事に邁進《まいしん》するためのエネルギーは、これらのこと以外にもつくり出すことができます。

それは、いい意味で自分にプレッシャーをかけ続けること。

私はシルクロードの研究所を設け、美術館もつくりました。そこでは、若い人も、また定年でリタイアした人も集まって、みんなで仕事をやっています。
絵は一人で描きますが、このような事業は一人ではできません。企画したり、調査・研究したり、あるいは経営や営業、市場調査とさまざまな異なった仕事をやらなければならないからです。そして、いろいろな部門のスタッフが集まって、「どういうものが世の中にとって必要なのか」と意見を出し合ってやっていく。

これら美術館や研究所にしても、今後二〇年、三〇年くらいの間は、存続できるだけの物心《ぶっしん》両方の備えをしておかなくてはなりません。

こうなると、もはや自分だけのことではなく、いろいろな人の人生や生活がかかってくる――こう思うと、それなりのプレッシャーがかかってきます。

このほかにも国際的な文化財の保護運動である『文化財赤十字活動』もやっているので、責任も重い。オチオチ眠っていられないほどの緊張感とともに、「求められている」という充実感が起こってくる。「生きていることの喜び」を日々味わうことができるわけです。

自分一人はたとえ小さな人間でも、できることはいっぱいある。

あのトヨタでさえ、小さな部品が一つ届かなければ、それだけで生産ラインがストップしてしまうのです。そういう面からいえば、小さくともしっかりした技術や小さな才能を生かしていく場は必ずあると思います。

だからこそ、実力や年齢に関係なく「やるぞ」という気持ちは常に持っておく必要がある。たとえ今はダメでも、チャンスがあれば打って出る力をつけておく。

このように、自分にプレッシャーをかけるということは、常に若々しく活動していくための源泉になるだけでなく、生きている充足感を味わうことにもつながっていく。人生にハリが出るし、また、毎日がもっと面白くなるでしょう。

目標がないと、人間、鈍ってしまうもの。私だって同じです。毎日をただ惰性で生きていても仕方がない。幸い、私はいろいろと仕事を頼まれます。すると、どうせやるなら期待に応えないといけないと思い、全力で取りかかる。その結果、仕事に馬力がつき、いい仕事ができるのです。

［おわりに］

何があっても揺るがない「大きな夢」を生きて

●自分を「粗末」にするな

最近の日本社会のありように大きな危機感を抱いているのは、私だけではないでしょう。

後先を考えずに行動して自分の将来を粗末にするだけでなく、人の命まで粗末にする。これは人間的に何かが欠落しています。また、ある程度の分別があるはずの人でさえ、「倫理観」というものが欠如し、自分の身辺を律することすらできない。

日本全体が病んでいるというべきか、「これは何とかしないと」という思いは、多くの人に共通するでしょう。

日本人はこんなはずではなかった。私たちには、ずっと伝統的な良さがありました。女性であれば、「美しさ」を単に着飾ることではなく、女性としての恥じらいや礼節を重んじることに求める。男性の場合も、弱者をいたわり守る者としての自覚、心構えが行動に表われていたものです。

特に日本人は「自然」を敬ってきました。稲作農耕民族として、自然の恵みで生き、みなで協力して自然を守っていくことで栄えてきたのです。

たとえば、「鎮守の森」とは、その神社仏閣を守る背後の山を切り開いたりしてはいけない、という教えの表われでもありました。

一方、大陸では発想が違います。自然のままにまかせていると、川が氾濫《はんらん》したり、砂漠化してしまったり。日本のように、自然と共生するのでなく、自然と闘って生きてきたのです。

これからの時代は、日本人のこんなアイデンティティこそが世界で必要とされるのではないでしょうか。

歴史をひもといても、一六世紀に西洋からやってきた宣教師は日本人を見て、「一般庶民は貧しいけれども、非常に礼儀正しく、誰に対しても親切である。それと驚くべきことは、民家や町の辻々に立っている一般庶民の大勢が、難しい字を理解する」

と驚きの報告を本国へあげている。当時はヨーロッパでも、識字率は非常に低かったのです。日本でこのように多くの子どもたちが寺子屋制度などで勉強したのは、学者、僧侶、医者などへは、士農工商を超えて、実力で上がっていけたからです。何でも世襲だったのではなく、そこでは実力主義が取り入れられていた。商家でも、もし跡継ぎの出来があまりよくなかったら、優秀な番頭などを婿《むこ》養子として迎えたりしたのです。

明治になっても、下級武士にすぎなかった伊藤博文たちが勉学に励み、ケンブリッジなど欧州に留学し、憲法や議会など新しい国の根幹を短期間でつくり上げた。

それは現代でも同じです。会社の規模は大きくても、実力の伴わない世襲が行なわれたときに悲劇が起こる。大学でも、医学部の暗部をテーマにした『白い巨塔』ではないが、だんだん腐敗してくると、派閥がはびこり、崩れてくる。師匠を凌駕《りょうが》するだけの素質や研究心を持った優秀な人物が認められ、その後任となってリーダーシップをとるのが本来の姿なのです。

●どんな危機でも解決していく人の「底力」

このような歴史的視点から見ても、政治の世界だけでなく、こういう健全さを失いつつある日本が活力を失うのも当然に思えます。

活力といっても経済のことばかりではありません。「物心」の「心」のほうの問題を、今一度ここで考えないといけないのではないでしょうか。

どうすれば日本人が世界から尊敬されるようになるか——競争原理型の価値観をもう一度真摯《しんし》に考え直し、日本人の誇るべき特徴である、人間的なやさしさなり、豊かな感受性なり、物を大事にするといった「失われつつある美徳」を見直すべきときです。

そのためにも、「教養」が必要だと思うのです。

今は高等教育を受けた人でも、精神性、人間性といった教養の部分が欠落しています。これを幼いころから家庭で、また、初等教育から、何らかの方法でちゃんとしつけ、教えていく。

医療で言う「対症療法」で、一時的に痛みを止める程度では何も解決しません。幼いときから栄養のバランスを考え、運動機能を鍛えるといった「体づくり」と同様に、教養もつくり上げていく必要があるのです。

テレビの馬鹿なお笑い番組でゲラゲラするのでなく、たとえ一日数ページでもいいから本を読み、それに対して自分なりの考えを応答する。これが頭と心への栄養、教養です。そういうバランスがとれた人なら、たとえ大学や高等教育を受けていなくても、社会で実地に「どうあるべきか」がわかる。

「教養」とは、野球で言えば投手の「決め球」と同じです。打者を抑えるためには、投手としての「決め球」が必要になる。しかし、その決め球にいくら威力があったとしても、そればかり投げていれば、いつかは打たれてしまう。その「決め球」を活かすためにも、違う変化球を投げたり、タイミングを外したりして工夫しなければならない。

野球でなくても同じです。

物事を一面からだけでなく、教養をベースにしてさまざまな方向や角度から見ていく。それによって、表現の幅を広げていくのです。

表現されることは氷山の一角です。表に見える部分の下には、外からは見えない多くの教養が隠されている。言い換えれば、その積み重ねがどれだけあるかで、人の行動、生き方が決まってくるのです。

こういう考え方を素直に受け入れられる人は幸せです。中には、反抗を続ける人もいますが、では、そういう人が「自分だけの考えや力で、さまざまな問題を解決できるか」といえば、できないでしょう。

その点、二千数百年の人間の歴史をくぐり抜けてきた哲学やものの考え方は、やはり時空を超える真実です。だから、たとえ大変な危機に直面しても、教養がある人はそれを活かして解決法を見つけ出し、前に進んでいける。

しかし、これだけのいい材料がありながら、それを学ばない人は、自分が生きてきたわずかな時間で得た知恵だけで物事を判断するしかない。

それが短絡的な行動につながってしまったりするのです。そんな行動を起こさないまでも、ただ自分の不幸を嘆いたり、うまくいく人を妬ましく思ったりして、だんだん心がふさいでいってしまう。

さまざまな苦しい局面で、それを解決することができる「いい教え」がたくさんあっても、それに気づかなかったり、そんな考えに導いてくれる人もいない。では、誰が一番悪いのかといえば、厳しい言い方ですが、本人が悪いとしか言いようがありません。努力が不足し、人からの信用も失っているからうまくいかないのです。

これをプラス側に反転させるには、わずかでもいい、わかりやすいところからでもいい、「教養」という栄養を自分の中に取り入れていくことです。

仏教でも、人間として一番恥ずべきことは、「己を忘れて物欲やジェラシーへ走ることだ」と教えています。そんな方向へ行くと地獄へ堕ちると言っているのです。

己を知り、そして、自分の至らぬ姿をありのままに認め、何事に対しても感謝の気持ちを持つことです。たったこれだけで、顔つきから変わり、対人関係も好転してきます。そして大切なのは、この気持ちを常に忘れずに実行し、表わすこと。これも努力、修行です。たとえ、理屈、知識で知っていても、実際に実行できなければ、ゼロよりマイナスなのですから。

●「手が届きそうな夢」も、「もう一度生まれ変わらなくては不可能な夢」も

小さいときから絵が好きで、絵を描く道に行きたい、と考えていた二〇代の私は、描けども描けども自分が何を描けばいいのかが見えなかった。不安と焦燥の生き地獄の中にいたのです。

将来の展望も夢もない――そんな絶望の淵から私を救ってくれたのは、皮肉にも「死」を覚悟しなければならない発病でした。

「自分が生きた証《あかし》を残したい」。この思いが、私の最大の夢になり、目標になった。描くときの迷いは、このとき消えてなくなり、私の絵の人生が始まったのです。

迷いなく「これを一生狙っていく」というターゲットを定め、それに向かって自分のすべてのエネルギーを一点集中させる。

それによって、「ぶれない」ものができ上がっていく。

私の場合の夢は、ちょっと極端な形から生まれたものかもしれません。

ただ一つ言えるのは、将来こんなことをやりたい、もしできたらこんなことをしたい……そんな夢や目標があれば、人生にハリが出、それがその人を大きくするということです。

その目標が、「人間として何かの役に立ちたい」というものならば、どんなに時代や環境が変わっても揺るがない一番強いものになるでしょう。

夢はどんどん変わっていい。

「手が届きそうな夢」でもいいし、「もう一度生まれ変わらないと実現不可能な夢」でもいい。私にも、もう一回生まれないと描き切れないほど、描きたいことがたくさんあります。

そして、今の私の夢は、「自分を含め、誰が見ても『見事だ』という一生を終えたい」と言うこと。そのために、一切の責任を自分で持って今日一日を生きていくのです。


（了）

ぶれない

著　者——平山郁夫（ひらやま・いくお）

発行者——押鐘太陽

発行所——株式会社三笠書房

〒102-0072 東京都千代田区飯田橋3-3-1
電話：(03)5226-5734（営業部）
　　：(03)5226-5731（編集部）
http://www.mikasashobo.co.jp

印　刷——誠宏印刷

製　本——若林製本工場

ISBN978-4-8379-2287-2 C0030

落丁・乱丁本はお取替えいたします。
＊定価・発行日はカバーに表示してあります。

八日目の蟬
角田光代
中央公論新社

八日目の蟬

0章

ドアノブをつかむ。氷を握ったように冷たい。その冷たさが、もう後戻りできないと告げているみたいに思えた。

平日の午前八時十分ころから二十分ほど、この部屋のドアは鍵がかけられていないことを希和子は知っていた。なかに赤ん坊を残したまま、だれもいなくなることを知っていた。ついさっき、出かける妻と夫を希和子は自動販売機の陰から見送った。冷たいドアノブを、希和子は迷うことなくまわした。

ドアを開くと、焦げたパン、油、おしろい粉、柔軟剤、ニコチン、湿った雑巾、それらが入り交じったようなにおいが押し寄せ、おもての寒さが少しやわらいだ。希和子はするりとドアの内側に入り、部屋に上がった。何もかもはじめてなのに、自分の家のように自然に動けるのが不思議だった。それでも、落ち着き払っていたわけではなかった。体を内側から揺するように心臓が鳴り、手足が震え、頭の奥が鼓動に合わせて痛んだ。

玄関に突っ立ったまま、台所の奥、ぴたりと閉まった襖《ふすま》に希和子は目を向けた。色あせ、隅の黄ばんだ襖を凝視する。

何をしようってわけじゃない。ただ、見るだけだ。あの人の赤ん坊を見るだけ。これで終わり。すべて終わりにする。明日には、いや、今日の午後にでも、新しい家具を買って仕事をさがすんだ。今までのことはすっかり忘れて、新しい人生をはじめるんだ。希和子は何度も自分に言い聞かせ、靴を脱いだ。駆け寄って思いきり襖を開け放ちたい気持ちを抑え、希和子は目だけ動かして台所を見まわした。中央にちいさな丸テーブルがある。テーブルにはパン屑の残る皿、食パンの袋、吸い殻が山になった灰皿、マーガリン、蜜柑の皮がごちゃごちゃとのっている。流し台には、やかんやミルク缶やつぶれたビール缶などが並んでいる。生活の気配の、あまりの生々しさに希和子は呼吸を忘れそうになる。

そのとき襖の向こうから、そろそろと様子をうかがうように泣き声が聞こえてきて、希和子はびくりと体をこわばらせた。ふたたび襖に目が吸い寄せられる。ひんやりしたリノリウムの床を、希和子は一歩ずつ足を踏み出す。襖の前に立ち、一気に開けた。むっとする熱気があふれ出てくる。か細く続く赤ん坊の泣き声もいっしょにあふれ出てきた。

和室には乱れた布団が敷いたままになっていた。めくられた掛け布団、よじれてもりあがった毛布。二組の布団の向こうに、ベビーベッドがある。レースのカーテン越しにさしこむ陽を浴びて、ベビーベッドは白く輝いて見えた。その下で電気ストーブが赤い光を放っている。希和子は布団を踏みつけるようにしてベビーベッドに近づく。赤ん坊は手足をばたつかせて泣いている。

か細い声はだんだん大きくなる。赤ん坊の枕元におしゃぶりが落ちている。おしゃぶりの先端は唾液で湿り、つややかに光っていた。

希和子の頭のなかできいんと金属音が響く。赤ん坊の泣き声が高まると、金属音も同時に大きく響いた。それらは混じり合い、ぎゃわん、ぎゃわん、ぎゃわんと響く赤ん坊の声が、自分の内側から発しているように希和子は感じた。

平日の朝、妻は夫を、最寄り駅まで車で送っていく。赤ん坊を連れていることはなかった。きっと赤ん坊は眠っていて、短い時間だから寝かせたまま出かけてしまうんだろうと希和子は思っていた。実際妻は、十五分か二十分後には戻ってくる。だから希和子は、静かに眠る赤ん坊を見るつもりだった。一目見れば、それでいっさいのあきらめがつくだろうと思っていた。そして赤ん坊を起こさないよう、足音を忍ばせて部屋を出ていくつもりだった。

今、赤ん坊はベビーベッドのなかで顔を赤くして泣いている。希和子は爆発物に触れるかのごとく、おそるおそる手をのばした。タオル地の服を着た赤ん坊の、腹から背にてのひらを差し入れる。そのまま抱き上げようとした瞬間、赤ん坊は口をへの字に曲げ、希和子を見上げた。まったく濁りのない目で赤ん坊は希和子を見る。まつげが涙で濡れている。目にたまった涙がするりと耳の上に流れる。そうして、まだ目に涙をためているのに、赤ん坊は笑った。たしかに笑った。希和子は硬直したように動けなくなる。

私はこの子を知っている。そしてこの子も私を知っている。なぜか希和子はそう思った。

その澄んだ瞳に自分の姿が映るくらい顔を近づけると、赤ん坊はますます笑った。手脚をよじるように動かし、口の隅からよだれを流して。赤ん坊の足に絡まっていたベビー用の毛布が落ちる。驚くほどちいさな素足があらわになる。おもちゃのような爪、まだ土を踏んだこともないだろう白い足の裏。希和子は赤ん坊を胸に抱いた。ほわほわした頭髪に顔をうずめ、思いきり息を吸いこむ。

やわらかかった。あたたかかった。つぶれそうにやわらかいのに、何か、決してつぶれないごつりとしたかたさがあった。なんてもろい。なんて強い。ちいさな手が希和子の頬にぺたぺたと触れた。湿っていて、やっぱりあたたかかった。離しちゃいけない。希和子は思う。私だったら、絶対にこんなところにひとりきりにしない。私がまもる。すべてのくるしいこと、かなしいこと、さみしいこと、不安なこと、こわいこと、つらいことから、私があなたをまもる。希和子はもう何も考えられなかった。呪文のように希和子はつぶやき続けた。私がまもる。まもる。まもる。ずっと。

腕のなかで赤ん坊は、あいかわらず希和子に向かって笑いかけていた。茶化《ちゃか》すみたいに、なぐさめるみたいに、認めるみたいに、許すみたいに。

1章

一九八五年二月三日

コートのボタンを外し、赤ん坊をくるむようにして抱き、私はがむしゃらに走った。どこを走っているんだかまったくわからないくせに、駅に向かえばあの女と出くわす可能性があると頭の隅では冷静に考えていて、足は勝手に、駅とは反対の方向へと向かう。道路標識に甲州街道という文字が見え、白い矢印が指す方角へと足を急がせる。向こうからやってくるタクシーが空車であると読みとるやいなや、反射的に手を挙げていた。

後部座席に乗りこんでから、どこへいくあてもないことに気づく。フロントミラーに、こちらをうかがう運転手の目だけが映っている。

「小金井公園まで」

私は言った。タクシーは走り出す。振り向くと、見知らぬ町が静かに遠ざかっていく。コートをかぶせられた赤ん坊は、ちいさくぐずりだす。おおよしよし、いい子だね、ひとりでにそんな言葉が口をついて出て、そのことに驚く。おおよしよし、いい子だね。もう一度くり返し、そっと背中を撫でる。

道は混んでいて、タクシーはぴたりと停まって動かない。ふんふんと鼻を鳴らしむずかっていた赤ん坊は、親指をくわえうとうととまどろみはじめる。ふと我に返ったように目を開き、泣こうとするようにか細い声をあげるが、すぐさまとろんとした目が白目になる。いろんな考えが次々と浮かぶ。おむつを買わなきゃ。ミルクを買わなきゃ。今日眠る場所を決めなきゃ。それらは思い浮かぶだけで、考えがまとまらないうちに、次々と新しい考えにとってかわる。

何をすべきか。私は今、何をすべきか。必死に考えれば考えるほど、なぜか眠気が襲う。赤ん坊のようにうつらうつらとし、鼻先をくすぐるやわらかい感触にはっと目を見開き、乳のにおいのする赤ん坊を抱きしめるということを、幾度となくくりかえした。

「公園の入り口でいいの」

ぶっきらぼうな口調で訊かれ、外に目をやる。

「次の交差点を右折してください」

とっさに言葉が出る。こんな朝方、公園にいったらへんだと思われる。住宅街の適当な場所で降りたほうが賢明だろう。

「次の角、あそこの家の前で降ろしてください」まるでその家が目的地であったかのように私は言い、支払いを済ませる。釣りを受け取り、ありがとうございました、と、私は笑顔で車を降りる。笑顔を作れたことに自分で驚きながら。

タクシーが見えなくなるのを確認し、今タクシーで走った道へ戻る。街道沿いをそのまま歩き、開いている店がないかさがした。関野橋と書かれた交差点を曲がる。ぽつぽつと店はあるが、みなシャッターが閉まっている。しばらく歩いて、公園へと戻った。なぜ小金井公園なんて言葉が出てきたのかわからない。以前あの人といったことがあるからか。

朝の公園は、閑散としていた。トレーニングウェアで走っている人と、犬の散歩をしている女の人がいるきり。入り口近くのベンチに腰かけて、眠る赤ん坊を見る。薄く開いた口から、透明のよだれがゆっくりとしたたる。私はそれを、自分の指で拭《ぬぐ》う。

まずすべきこと。名前だ。そう、名前。

薫。真っ先に思い浮かぶ。かつてあの人と決めた名前。男でも女でも通用する、響きの美しい名前をいくつも挙げ、そのなかから選んだのだった。

「薫」と私は眠る赤ん坊に言ってみる。赤ん坊の片頬が、ぴくりと動く。自分が呼ばれているのが、わかったのだ。

「薫、薫ちゃん」うれしくなって私はくりかえす。

十時近くなったのを見計らって、公園を出る。さっき歩いた通りへ戻り、開いていた薬局に入る。紙おむつと、濡れティッシュ、それからミルクの棚を見る。ミルクも哺乳瓶も売っているが、ここで買ったとして、どうやってミルクを作ればいいのかがわからない。棚の前にしゃがみこんで、ミルク缶の説明書きを読んでいると、薫がもぞもぞと動きだし、ふえ、ふえ、と頼りない声で泣きはじめた。私はあわてて立ち上がり、薫を軽く揺する。背中をそっと叩き、撫で、顔をのぞきこんでちいさな声で話しかける。だいじょうぶ、だいじょうぶよ、薫ちゃん。薫は泣きやむどころか、泣き声はどんどん大きくなる。

「どうしたの、ミルク？」

声をかけられてふりむくと、エプロンをしめたおばさんが薫をのぞきこんでいる。

「友だちから預かってって頼まれたんだけれど、替えのおむつもミルクのことも、なんにも言わないで、彼女、出かけちゃって」

とっさに私は言った。おばさんは呆れたような顔で私を見、「どれにする、これでいい？」棚からミルク缶と哺乳瓶を取り出して、奥へいった。古びた薬屋で、埃をかぶった虫さされ薬を眺め、泣き続ける薫の背中を撫でる。やまない泣き声に、頭がぼうっとしてくる。私、何をしようとしていたんだっけ……。

「まったく今の若いひとときたら」おばさんはミルクの入った哺乳瓶を持って、奥から出てきた。「子どもより自分の楽しみを優先するんだもんね、こないだの新聞にも出てたじゃない、実の親が子どもを殴って死なせるなんて、私の時代にはあり得ないことだよ」独り言にしては大きな声で言いながら、私から奪うように赤ん坊を取り上げ、「おお、よちよち、よちよち、おなかちゅいたねえ」猫なで声を出しながら、薫の口に哺乳瓶をあてがう。泣いていた薫は、しばらくいやいやをするように首をふっていたが、やがて瓶の乳首をくわえて、目を見開き、真剣な表情でミルクを飲みはじめる。

「今日一日面倒みるの？　ミルクの分量はね、ここに書いてあるから、三、四時間おきに、そうね、一日四回くらいミルクをあげて、ちゃんとげっぷをさせて……やあだ、あなたまでおんなじ顔してる」

おばさんに笑われ、食い入るように薫を見つめていたことに気づき、あわてて笑った。代金を払い、礼を言って薬局を出る。品物の詰まったビニール袋をかけた腕で赤ん坊を抱き、何度も荷物を持ちなおしながら公園に戻る。公衆便所に向かったが、ベビーベッドがない。しかたなく、空いているベンチをさがし、薫を寝かせておむつをそっと外してみる。紙おむつはぐっしょりと濡れている。濡れティッシュでつるりとした性器をたんねんに拭き、新しいおむつをあてる。

授乳もおむつ替えも、幾度も幾度も頭のなかでくりかえしてきた。そこにいない空想上の薫におっぱいを飲ませ、おむつを替え、風呂に入れ、寝かしつけ、あやしてきた。

赤ん坊の世話をしたことは私にもある。学生時代からの友人だった仁川康枝が女の子を産んだとき、遊びにいっては世話をした。おむつを替え、ミルクを飲ませ、寝かしつけ、抱いてあやした。そのときの感触を思い出しながら、いつも空想の薫を扱ってきた。だから難なくやれるはずだったのに、ていねいにあてた紙おむつが、足の付け根のところでだぶついていて、テープをとめなおさなければならなかった。

康枝。

私は顔を上げる。雲ひとつなく晴れた冬の空が広がっている。そうだ、康枝。康枝がいる。

もちろんそんなことはないのだが、ものごとがいっぺんに解決されたような気になって、私は薫を抱き上げる。高く掲げると、薫はまた、かはは、とか細い声をあげて笑う。こすりあわせるようにしているちいさな足を、自分の顔につけてみる。ひんやりと冷たかった。

薫。私の薫。もうだいじょうぶよ、安心して。私は話しかける。私の言葉がわかるのか、薫は笑顔で私を見おろし、指をしゃぶる。

公園の前から中央線の駅までバスに乗り、新宿に向かう。新宿のデパートで抱っこホルダーとアフガン、カバーオールや肌着を買い、違うフロアにいってボストンバッグも買い、トイレにこもる。薫を着替えさせ、荷物をボストンバッグに移す。

デパート前の公衆電話から、康枝に電話をかけてみる。久しぶりじゃない！　と素っ頓狂な声を出す康枝に、これから遊びにいってもいいかと告げる。

「いいよ、おいでよ、今どこにいるの？」康枝は陽気な声で言う。

「それがね、ひとりじゃないの」私もできるだけ声の調子を高くして、言う。

「ええ？　ひとりじゃないって？」

「康枝、びっくりしないでね。私、今、ママなのよ。ママになったの」

「えぇっ？　本当っ？　いつ？　やだ、びっくりしちゃうじゃない。なんにも言ってくれないで……いつ、いつ産んだの、やだ、本当？」

「ごめん、十円玉ないの。あとで話すね、すぐ電車に乗るから」

甲高い声で質問をくりかえす康枝を遮り、私は受話器をフックに掛ける。

総武線に乗る。薫は機嫌がよく、隣に座った若い男性にしきりに笑いかけては手をのばす。男性は困った様子なので、その都度薫のふくふくした腕を握って止める。ちいさな五本の指で、しっかりと私の手を握り返し、薫はぽかんとした顔で私を見上げる。

本八幡《もとやわた》で降り、康枝のマンションに向かうあいだ、私は言うべきことを幾度も反芻《はんすう》する。だいじょうぶ、だいじょうぶ、と自分に言い聞かせる。康枝のマンションに最後にいったのは、仕事を辞める直前だったから、一年くらい前のことになる。駅から線路沿いに続く道は、記憶よりだいぶにぎやかになっている。薬屋、貸しレコード屋、花屋、ファミリーレストラン。

マンションの前で康枝が待っていた。私を見つけると手をふり、走り寄ってきて薫をのぞきこむ。うわあ、うわあ、かわいいわあ、あんたがママなんて！　甲高い声で言いながら、私よりはよほどしっかりした手つきで薫を抱き上げる。薫は泣こうかどうしようか迷っているように顔をゆがめる。ふえ、と口を開けたが、その表情のまま、澄んだ目でじっと康枝を見つめている。

「美紀ちゃんは？」

と訊くと、

「おばあちゃんち」と答える。横浜でひとり暮らしをしていた康枝の母親が、近所の建て売り住宅に引っ越してきたらしい。「ときどき預かってもらうの。頼まなくても、勝手に預かりにくるけどね」康枝は笑い、「おなまえ、なんですか？　女の子ちゃんよね？」薫をのぞきこむ。

「薫と言います、よろちくお願いちまちゅ」

わざとおどけて言うと、康枝は笑い、つられて薫もにっと笑った。気持ちが少し、ほぐれる。やっぱりここへきて正解だった。

八階建ての、五階にある康枝の部屋は、以前訪れたときよりものが増え、ごたついた感じになっていた。和室の襖には落書きがあり、絵本やドールハウスが散らかっている。

「買ったときは新築だったけど、もう五年だもの。あいつ、煙草やめてって言ってるのにやめないし。美紀は今じゃ天才壁画家だし」

私の気持ちを読んだように、スリッパを揃えながら康枝は笑った。

「あのね、康枝、助けてほしいの」ソファに座って、私は言った。

「助けるって何をー」台所でお茶の用意をしているらしい康枝は、のんきな声で訊く。

私はひとつ大きく息を吸い、そして口を開いた。

この子は私の子じゃないの。つきあっている人がいて……その人の連れ子なの。私とその人、同棲しているの。ううん、していたの、今まで。その人の奥さん、好きな人できてこの子置いて家を出ちゃって、それで彼、薫といっしょに私のところに転がりこんできたんだけど、奥さんとの離婚がまだ成立していなくて、それで、それがちゃんとしたら、私たち、結婚するつもりだったの。でもね、彼、この子に手をあげるの。なんだかお酒の量がずいぶん増えて、それで……それで私、逃げてきたの。逃げ続けるつもりなの。ねえ康枝。迷惑はかけない。だから私を助けて。

一気に言った。紅茶茶碗を手に台所から出てきた康枝は、それをソファテーブルに置くのも忘れて聞き入っている。静まり返ったリビングルームに、言葉にならない薫の声が響く。

「ねえキワちゃん、その相手って、もしかして、あの……」

康枝は思いだしたように紅茶をソファテーブルに置き、遠慮がちに言う。

「まさか。違うよ、あんな人、とっくに別れた」

私は思い出す。あの人とのことを、学生のときとおんなじように、私は逐一《ちくいち》康枝に話していたのだった。だんだん電話の内容が重くなり、話す時間が長引いた。思えばあのころ、美紀ちゃんは二歳だった。家事と育児で疲れているだろうに、康枝は私から電話を切るまできちんと相手をしてくれた。けれど最後は、「もうやめて」と康枝から言われた。「聞いていられない。その人のことを話すんだったら、もう電話をかけてこないで」と、おだやかな康枝にはめずらしく、強い口調で言った。もちろんそれは、彼女が疲れていたからではなく、私のことを思ってくれたからだったと、それからずっとあとになって気づいた。

「ああ、よかった。あの人、サイテーだったもんね。でも、逃げるってキワちゃん、そんなの無理よ。お酒飲まなきゃちゃんと話せるんでしょ？　話しあってなんとかできると思うけど」

私は康枝を見つめた。自分の考えをきちんと持ち、それをまっすぐに伝えようとする康枝。

「お酒飲んで手をあげるから逃げるんだってキワちゃんは言うけど、そのままキワちゃんはその子とおとうさんを引き離すつもり？　そのほうが薫ちゃんはかわいそうだよ」

学生のころ、煙草を吸いながら授業をする教授に、康枝が立ち上がって抗議したことを思い出す。康枝はいつも正しいことを言う。あの教授も、結局私たちのクラスでは喫煙するのをやめたのだ。

つかの間、時間が逆戻りしたような錯覚を抱いた。私たちの頬にはまだニキビがあり、目の前には難解なフランス語が書き残されたままの黒板があり、廊下から陽気なざわめきが聞こえ、窓の外にはみっしりと葉をつけたメタセコイアが陽を浴びている――気がついたら、泣いていた。私は腿に顔を押しつけるように背を丸め、泣いた。

ごめん、ごめん康枝。ごめん。本当にごめん。もう戻れない。康枝はあのころとまるで変わらないのに、私はあのころにもう二度と戻れない。

「ちょ、ちょっと。今帰れなんて言ってないよ。好きなだけいたっていい。だけど、逃げ続けたらだめ。落ち着いたら、帰ってちゃんと話しあって、ね、パパとママと薫ちゃんで家族になるのがいちばんいいんだから」

パパとママと薫ちゃんと。私は顔を上げることができない。吐き気のようにこみ上げる嗚咽《おえつ》を飲み下そうとすると、よけい激しく胸が波打ち、涙と鼻水があふれ出た。

「あ、美紀のちっちゃいころの遊び道具とか、洋服とか、友だちの子どもにあげちゃったりで、あんまり残ってないけど、少しはあるから、あとで押し入れから出してあげる。好きなだけ泊まってってっていいよ。うちのやつのことは気にしないで。ほら、これ、知ってる？　去年発売になったゲーム。去年のクリスマスに徹夜して並んで買ってんの、信じられないよね。帰ってくると、あいつ、これをずーっとやってんの。もう置物だよ、ただの。だから気なんか使わなくていいし、私も話し相手ができてうれしいよ、ほら、キワ、泣くなって」

康枝は、せわしない口調で私をなぐさめる。ありがとう、ごめん、絞り出すようにかろうじてそう言いながら、私は胸の内でかたく決意する。

この人に迷惑をかけたら絶対にいけない。私が引き受けるべきものをこの人に少しでも肩代わりさせたらいけない。だから、決して本当のことを言ってはいけない。どんなに苦しくても。

夜、康枝の夫の重春さんが、豆を買って帰ってくる。そういえば今日は節分だ。紙でできた鬼のお面をかぶり、重春さんが豆をまくと、薫は真っ赤になって泣いた。しまいには美紀ちゃんも泣いた。

重春さんは以前よりも少し太った。父と母と子どものいるごくふつうの暮らしは、こんなふうなのだと思う。康枝の言うとおり、重春さんは食事を終えると、ずっとテレビと向き合ってゲームをしていた。

二月四日

康枝に薫を預け、昼過ぎにマンションを出る。吉祥寺まで総武線でいき、井の頭線に乗り換える。昨日の朝たしかに歩いた道なのに、まったく違う町のように感じられる。奇妙に体が軽い。まるでだれか違う人間に生まれ変わってしまったようだ。何もかもがうまくいくに違いないという確信がある。

しかし昨日まで寝起きしていたアパートが近づくにつれ、鼓動がはやくなる。警察がアパートをぐるりと取り囲んでいる光景が、幾度も頭に浮かぶ。今朝、康枝の部屋で、朝刊を隅から隅まで読んだけれど、昨日のことは何も出ていなかった。だからだいじょうぶなはずだと、自然に浮かぶ光景を無理矢理消す。昨日、何ひとつ起こらなかったのだ。新聞に載るような事件は何ひとつ起きなかったのだと、自分に言い聞かせてアパートに足を早める。

鍵を開け、部屋に入る。四カ月前に借りたばかりのワンルームは、まだ見慣れない部屋のように私を迎える。備え付けの靴箱を開け、がらんとした棚の中程にまとめて置いてある書類を手に取る。玄関にしゃがみ、不動産屋の封筒を取り出して、部屋に上がる。床に投げ出された電話から受話器を持ち上げ、「あ」と声を出してみる。声が震えていないのを確認し、番号を押していく。

「スカイハイツ102号室の、野々宮希和子と申しますが」

だいじょうぶ。震えてもいないし、不自然でもない。あーあー、スカイハイツさん。野々宮さん。はいはい。男性の、愛想のいい声。

「すみません、じつは父が倒れまして、急遽《きゅうきょ》実家に戻らなくちゃいけなくなりまして……」同じ内容のことを、一年ほど前にも口にしたことを思い出す。あのときは嘘をついていないのに声が震えたことまで思い出す。不安と、怒りと、絶望とで。

「今引っ越しても、連絡してくれたのが今日だから、来月の家賃いただかないといけないけど、いいの」不動産屋が訊く。かまいません、と私は答える。「じゃあ、引っ越しの日が決まったら、うちにきてちょうだい。手続きあるから。そのとき鍵を持ってきてね」

「あの、郵送じゃいけないでしょうか。一刻も早く帰らなきゃいけないんで……」

「ええ、郵送じゃあちょっとねえ。でも事情が事情だしねえ。とりあえず、今日明日に引っ越しってわけじゃないでしょ、書類をそっちに郵送するから、それに目を通してさ」

敷金礼金無しのワンルームだったのに、けっこう面倒なのだとうんざりする。

「わかりました。引っ越しの日取りが決まりましたら連絡をして、そちらにうかがわせていただきます」そうするつもりもないのに私は言って、電話を切った。

流しの下からゴミ袋を取りだし、部屋のなかのものを片っ端から突っ込んでいく。タオル、洗面用具、スリッパ、炊飯器、カセットデッキ。大きな家具を揃えていなかったのが幸いだ。布団はゴミ袋には入らない。ロープで縛り上げる。ほとんど何も入っていない小型冷蔵庫の電源を切る。冷蔵庫と布団はどこに捨てたらいいだろう。アパートの前のゴミ集積場には、ゴミの日を守らない住人たちが何かしら捨てているから、あそこに放置していけばいいか。捨てるときに、人に見られないように気をつければいい。

私がここで送った生活の断片は、五つのゴミ袋に詰まった。ドアスコープからおもてを見、人の気配がないのを確認して、ひとつずつゴミを捨てていく。二階の住人が階段を下りてきて、あわてて部屋に戻り息を殺す。そうする必要はないのに、私は彼の気配が遠ざかるまで息をひそめていた。

ボストンバッグを提《さ》げて、吉祥寺のデパートの子ども用品売場を歩く。しかし何を買えばいいのかわからない。おむつはある、ミルクはある、体温計やめん棒もきっと買っておいたほうがいい。

気がつくと、淡い色で埋め尽くされた子ども服のコーナーを見ている。カバーオールを広げたり、ちいさなジーンズを畳んだり、大人ものののような値段のする洒落たセーターを眺めたり。二年前もこうしてこのフロアを歩いたことを、唐突に思い出す。それまで必ず立ち寄っていた婦人服売場など見向きもせず、私はまっすぐここへきて、人形のもののようにちいさな洋服を、広げたりかざしたりしていたのだ。口元に笑みを浮かべて。

思わず、ちいさな服の山に突っ伏して泣きたくなり、あのときの私を哀れむ必要はもうないんだと、自分自身に言い聞かせる。泣く必要なんかないのだ。薫は私の元に返ってきたのだから。

ボアつきのカバーオール、よだれかけや肌着、レトルトと瓶詰めの離乳食、タオル地のあひるを買う。計一万六千円。地下で、おみやげ用のケーキを買う。二千五百円。

銀行には、四千万近い預金がある。父が亡くなったときの保険金と、相続した父の預貯金に、働いていたときの自分の蓄え八十万円ほどを合計すればそれくらいになる。私にはとんでもなく大金だが、つい昨日まで、その金額にあまり意味はなかった。すぐに職さがしをしなくてもすむ、くらいの意味しかなかった。でも今は違う。私はそのお金で薫と生きていくのだ。そのためにきっと父は遺してくれたのだとさえ、思いそうになる。けれどいくらあったって、いつかはなくなるだろう。派手に使わず、節約するに越したことはない。買い物したもののレシートを財布に入れて、デパートを出る。


夜、薫を風呂に入れる。手伝うと言って、康枝が服のままいっしょに風呂場に入ってくる。私にははじめての経験だが、それを康枝に悟られてはならない。湯船のなかに落としてしまうのではないか、石鹼で手がすべってしまうのではないかと気が気ではなく、何をするにももたつく。

薫は勢いよく泣き出した。

「いつもそんなにていねいにやってるの？　夏はいいけど、冬場は風邪ひいちゃうわよ」母親のように言い、しまいに康枝が服をびしょ濡れにして、泣く薫にかまわず手早く頭を洗ってくれる。全身洗い終え、私は薫を抱いてそろそろと湯船に浸かる。「薫ちゃんを出すとき、声かけて。そこで待ってるから」康枝は言い、風呂場を出ていく。

裸んぼうの薫を見る。手も足もおなかも、湯船のなかでもろいほど白い。薫は泣きやみ、うっすらと笑う。「気持ちいい？　気持ちいいのね」ちいさく話しかける。薫は放心したように薄く口を開いて私を見ている。

洗面所で待っていた康枝に薫を渡し、大急ぎで自分の体と頭を洗った。「気持ちいいでちゅねえ」康枝の声が聞こえてくる。風呂から出ると、カバーオールを着せてもらった薫が康枝の腕のなかで笑っている。この子が笑うと周囲がぱっと明るくなる気がする。薫の笑顔は本当にかわいい。

二月五日

明け方四時ごろから薫が泣きはじめ、おむつを替えてもミルクをあげようとしても、いくらあやしても泣きやまない。静まり返ったマンションに薫の声が響く。途方に暮れて薫を見ていると、ざわざわと不安になってくる。こんなにちいさい体の、すべての力をふりしぼるように薫は泣く。ぎゃあああん、と声をふりしぼったあとで、ひきつるように息を吸いこむので、そのまま窒息してしまうのではないかと心配になる。なぜ泣きやまない。なぜ。薫を抱き、和室をうろうろと歩きまわる。こんな声が響いていたのでは、重春さんも美紀ちゃんも、康枝も眠れないだろう。少し外を歩いてこようか、と思いかけたとき、口を開けて泣いていた薫が、寝る前に飲んだミルクをごぼごぼと戻してしまう。私はあわてて、ウェットティッシュで薫の口元を拭い、汚れた畳を拭く。

具合が悪いんだとはじめて気がつく。病院。いや、病院へはいけない。だって保険証も母子手帳も持っていない。ならばどうする。薫は泣き続ける。頭がぼんやりとしてくる。

襖がそっと開き、寝間着姿の康枝が入ってくる。吐いちゃった？ と低く訊き、私から薫を抱き取る。服を脱がせ、ウェットティッシュで首のまわりを拭いている。私の手渡した肌着に手早く着替えさせ、キッチンへいき哺乳瓶に金色の液体を入れて戻ってくる。りんごジュースだと康枝は言った。薫は夢中でりんごジュースを飲む。

「私にできることなら力になるけど、できることは限られてる」寝起きのむくんだ顔で、康枝が言った。うん、と私はうなずいた。「連絡したの？ 彼に。どこにいるかぐらいは、伝えてあるんだよね？」

うん、と私は再度うなずいた。それきり康枝は黙り、薫を抱いてあやした。私は康枝を見ていた。

薫が泣き疲れて眠ったのが五時過ぎ。額に手をあててみるが熱はない。康枝は腫れぼったい目でおやすみと言い、和室を出ていった。マンションはまた静まり返る。私は眠れなくて、本棚に並ぶ本の背表紙を意味もなく眺める。数少ない本の背表紙はすぐに読み終わってしまう。目についた「育児事典」という分厚い本を手に取る。美紀ちゃんが生まれたときに両親から譲り受けたのか、古びて色あせた本だった。ページをめくると、なかに挟まっていた紙切れが落ちた。チラシのようだった。

「エンジェルホームにようこそ」と大きく書かれている。その下に、「手放すことによってのみ、私たちは解放される」とある。子どもが描いたような天使のイラストがあり、その下には、ピントのぼやけたような切り抜き写真と、彼らの声が載せられている。エンジェルホームと出会って、なんでもないことに喜びを感じられるようになりました。余命三カ月と診断された母が、エンジェルホームで暮らして三年になります。アトピーに苦しんでいた息子が、エンジェルウォーターのお風呂でつるつるの肌になりました。新興宗教か、あやしげなセールスらしい。どうして康枝がこんなものを持っているのか不思議だったが、とりあえずそれを元のページに戻し、育児事典をめくる。

病気の名前が一度に目に入る。ポリオ、はしか、水疱瘡《みずぼうそう》、突発性発疹……嘔吐と下痢が何回も続くときは……四十度以上の熱が三日以上続くときは……私は本から目を逸らし眠る薫を見る。今は静かに眠るこの子が、呼吸を止めたり発熱したり嘔吐をくりかえすこともあるんだと、急に気づく。そんなの当たり前のことなのに私にはわからなかった。私に向かって笑いかけたまま成長していくんだと思っていた。なんて馬鹿。薫はもう空想上の赤ん坊ではなくて、下痢もすれば嘔吐もする生身の人間だというのに。

みるみるうちに体じゅうに広がる不安を消し去りたくて、私は本を閉じる。こんな本を開くんじゃなかったと、不安の原因を本になすりつける。とにかく眠ろう。眠って、そして明日考えよう。私は明かりを落とし、布団に入る。眠ろうと思えば思うほど目がさえる。

二月六日

午前中、康枝に離乳食の作り方を習う。おもては晴れていて、リビングに陽がさしこんでいる。美紀ちゃんはアニメのビデオを見ている。薫はソファにはりつくようによりかかり、おしゃぶりをし、ときどき足をばたつかせている。美紀ちゃんはちらちらと薫をふりかえっては、にっと笑ってみせたり、足の指をつまんだりしている。薫はそのたび笑い、言葉にならない声をあげる。

「薫ちゃんは六カ月？　七カ月？」

蒸したかぼちゃをつぶしながら康枝に訊かれ、すぐに答えられないことをもどかしく思いながら、記憶をたどり、もうすぐ六カ月、と答えた。

私は薫の正確な誕生日を知らない。予定日は八月十二日だと聞いていた。あの女が薫を連れてあのアパートに帰ってきたのが八月二十五日だったから、薫が生まれたのは八月二十日か、十五日か。

私が薫と名づけた子どもは、七月三十日に生まれるはずだった。夏休みの最中だから、クラスメイトに誕生日プレゼントをもらえない、なんて、のんきにも私はそんなことを心配していた。

「七月三十日が誕生日だから、もう六カ月になったのね。早いなあ」

私は訂正した。そうだ。薫は私の赤ん坊なのだ。私が薫と名づけた子どもは、予定どおりその日に世界にあらわれたのだ。

「じゃあ、獅子座ね」

ほかのことを言いたいようだったけれど、康枝はそんなことを言って笑った。

昼、康枝と作った離乳食を、薫に食べさせる。茹でてつぶしたかぼちゃと人参と、ほうれん草のおじや。美紀ちゃんがじっと見ているので、「食べさせてあげようか」と言うと、「美紀、赤ちゃんじゃないもん！」と真剣な顔で言う。そう言いながら、薫が口を開けると自分も思わず口を開けるのがかわいらしい。

つい錯覚してしまう。

七月三十日に生まれた薫を連れて、こうして康枝のところに遊びにきているのだと。私にはなんの悩みも問題もなく、満ち足りていて、考えることといったら夕飯の献立だけ。自分の部屋に戻り、康枝に習った離乳食をひととおり作ることのできるような、そんな生活のなかに自分はいるのだと、思ってしまいそうになる。

いや、錯覚じゃないと私は思ってみる。錯覚じゃない。これが現実だ。そういう生活のなかに私はいるんだ。そういう生活を手に入れたんだ。午後の陽射し、アニメのビデオ、台所で作る昼食、笑い声。

「美紀ちゃん、アニメ終わってるよ」

テレビ画面が青く染まっていることに気がついて、康枝がビデオの電源を切った。画面はテレビに切り替わり、騒々しいコマーシャルが流れ出す。薫の口にスプーンを運ぶが、いくら口に入れても吐き出してしまう。最初のうちはこれくらいで大丈夫、と康枝が言うので、口のまわりをていねいに拭った。

乱暴に畳まれた新聞が、ソファの上に出ている。薫を抱いて、何気なくソファに移動し、テレビを見ながらページをめくる。おとといも、昨日も、新聞には何も出ていなかった。きっと今日もだいじょうぶだ、と思いながらも、いったい何がどうなっているのかと、不安でもある。あの人たちは薫をさがしていないのか。まさか。新聞にはのっていないだけ。だからこちら側には、いったい警察がどのように動いているのかは知りようがない。どこまで近づいているのか。彼らは私に、私と薫に、どの程度近づいてきているのか。

「どうかした？　何か気になるニュースがある？」

康枝の声に飛び上がる。食い入るように新聞を見つめていたことに気づき、あわてて顔を上げると、康枝はキッチンのカウンターからこちらを見ている。

「そういえば」声がかすれていた。咳払いをして、笑顔を作る。「そういえば、康枝さあ、エンジェルホームってなんなの」だいじょうぶ。うまく言えた。

「ああ、やだ、見たの？」康枝はバツが悪そうな顔をする。

「昨日、育児事典、見せてもらったから。そしたらなかに挟まってて、なんだろって」私は笑顔を作ってみる。

「美紀さあ、今はだいぶおさまってるけど、三歳のころアトピーがひどくてね、かゆがって泣いて、外いけばじろじろ見られるしで、私も悩んじゃってさあ。そんなときにね、本屋であのチラシ見つけて、電話したんだよー、もうすがるような気持ちで。そしたらさ、なーんかあやしい集団でね」話題が新聞から移ったことに安心し、私は熱心に相づちを打った。「自然食や漢方を通販してるのかと思ったら、違うのよ。なんか、山奥で、集団で暮らしてる人たちで、ものすごい勢いで勧誘されちゃって、なんかやばい感じだった。そういうの、今はやってるんじゃないの、ほら、谷さんっていたじゃない、フラ語に。あの人、なんかのセミナーにはまってるらしくてさあ」康枝は元クラスメイトの名前を出し、彼女の噂話をはじめる。

「今日の午後、私、美紀の幼稚園の見学会なんだけど、キワちゃんもいく？」

クラスメイトの噂話をひととおり終えると、のんびりと康枝は言った。ここにいる、と私は答えた。

康枝が出かけてから、じっとしていることができず、薫を連れてマンションを出た。美紀ちゃんのお古の帽子を薫にかぶせ、抱っこホルダーに座らせてアフガンですっぽりとくるむ。これで薫の顔はだれからも見られないはずだ。駅までの道でも、電車のなかでも、じろじろと見られている気がする。また泣き出したらどうしようかと思っていたが、薫はずっとご機嫌で、笑ったり、私の顔をじっと見たりしていた。

電車を乗り換えアパートに着く。あたりを見まわすが、見張っているような人の姿はない。ゴミ集積場に出した小型冷蔵庫と布団には、粗大ゴミの申し込みをするようにと貼り紙がしてあった。無視して通りすぎ、ポストを開ける。数枚のチラシとともに不動産屋からの封書が入っていた。それを鞄に押しこんで、私は急ぎ足で駅へと戻る。

そんなことはあるはずがないのに、康枝のマンションを警官が取り囲んでいる光景が浮かんで消えない。子どもっぽい想像だと思ってみても、消えない。

私はつかまるのだろうか。薫と引き離されるのだろうか。薫は私の胸に頬を押し当てて眠っている。右手で私のセーターをつかんでいる。つかまるわけにはいかない。薫を渡すわけにはいかない。早晩、康枝のところを出ていかなければ。出ていって、でも、どこへいけばいいんだろう。

康枝のマンションは警官に包囲されていなかった。陽のあたる集合玄関の前に、康枝と美紀ちゃんがぽつんと立っていた。私を見つけ、「どこいってたのよ、もう！　家主を締め出すなんて信じられない！」康枝が言い、「信じらんなーい」美紀ちゃんが真似をした。

二月七日

午後、薫を康枝に預け、不動産屋まで鍵を返しにいく。若い女性スタッフが処理する。粗大ゴミのことを何か言われるかと思ったが、とくに何も言われず、事務的に手続きは終わった。

吉祥寺まで出て、駅近くの美容院で髪を切る。しきりに話しかけてくる美容師に答えるのが面倒で、週刊誌や女性誌を読み耽った。

デザイナーズブランドの服がどのページにものっており、不思議な気持ちになる。ほんの二年ほど前は、目を皿のようにしてこういう雑誌を見、値段を確認し、コーディネートを考え、給料日を待ち焦がれていたのだ。そんな自分が、まるで別人のように思える。

今はどんなファッションを見ても、大音量で流れるシンディ・ローパーの歌と同じく、ただ騒々しく感じられる。

次に週刊誌をめくっていて、あるページで手をとめた。「あの事件のそれから」という見出し。五年前の新宿バス放火事件や、去年から世間を騒がせているグリコ森永事件など、ここ数年の大小のニュースのその後が取材されている。「一カ月の不在・大阪男児誘拐事件」という文字が目に飛びこんできた。大阪の個人病院で、産まれたばかりの男の子が誘拐された事件が、二年前にあったらしい。犯人は子どものできない夫婦で、一カ月にわたって赤ん坊を隠れて育てていた。

あまり熱心に読んでいるとあやしまれるので、その上の、リンチ殺人を読んでいるふうにして、目だけ動かして下段を読んだ。両親とも「そっとしておいてほしい」でノーコメント、本人はなんにも知らずすくすくと育っている、休日には親子三人で歩いているのをよく見かける、と周囲の人のコメント。美容師がケープを外そうとしたのであわてて雑誌を閉じる。

勘定をするとき、お金を出す手が震えないように気をつけたが、思うように震えがとまらず、お釣りの小銭を足元にばらまいてしまう。

どんな髪型になったのかも確認せずに電車に乗る。首筋がすうすうするので触れてみると、流行の髪型にしてくれたらしく、刈り上げてあった。

帰ると康枝が私の後頭部をさわって笑い転げた。薫は、髪を短くした私がすぐにはだれかわからないのか、抱っこすると勢いよく泣き出した。

私のしていることは、数年前にどこかの夫婦がやったこととおんなじなのだと、薫をあやしながら思った。本当は、違う、そうじゃないと思う。だれかが、たとえば神さまだったら、わかってくれる。産院から赤ん坊を盗み出したこととわけが違う。そんなこととは違う。そう思っているが、しかし、もうひとりの私が、どこが違う、おんなじじゃないかとささやき続ける。どこが違う、犯罪じゃないか、と。

二月八日

美紀ちゃんのおさがりの服を数枚もらう。紙おむつや哺乳瓶のセット、薫の服で、ボストンバッグはぱんぱんになる。

康枝と美紀ちゃん、薫と四人で昼食を食べ、今日の午後、康枝の家を出ることにした。

「ちゃんと話し合うんだよ。きっとうまくいくから。結婚しちゃえば男の人はちゃんとしてくれるから、一日も早く籍を入れて、ね」

薫の父親のところに帰るのだと疑わない康枝は、朝からずっとそればかりくりかえしていた。

「でも、よかったと思ってる」昼食の洗いものをしていると、康枝は私の隣に立ってそんなことを言う。「キワちゃん、去年不幸があったでしょ。キワちゃんはおかあさんも亡くなってるし、きょうだいもいないじゃない。だいじょうぶかなってずっと思ってたの。私、前、電話するなって言っちゃったし。でも、ちゃんと新しい人もできて、薫ちゃんもいるんだから、もうひとりじゃないもんね。早く籍を入れて、自分の子どももばんばん産んじゃいなよ」

康枝。新しい人なんかいないんだよ。私はもう子どもを産むことができないんだよ。私にはもう、薫しかいないんだよ。そう言えたらどんなにいいだろう。私はただ、康枝の言葉ひとつひとつにうなずいた。康枝は、やさしくて正しい環境にいつだっているから、やさしくて正しいんだと思った。

マンションを出るとき、連絡先を教えて、と言われ、罪の意識を感じながら、解約したばかりの永福の住所と、でたらめな電話番号を書いた。

康枝と美紀ちゃんは、駅まで見送りにきてくれた。改札で手をふっている。ふりかえって私も幾度も手をふった。ひょっとしたらもう二度と会えないかもしれない友だちに。

のぼり電車に乗ったとたん、涙があふれた。もうだれに見られたっていい、涙が流れるままにした。薫がちいさなあたたかいてのひらで、私の頬をぺたぺたとさわる。くっきりとしたまるい目で、薫はじっと私を見ている。なんだか、この子は本当に私の気持ちを読めるような気がする。なぐさめてくれているみたいに思える。

三鷹で電車を乗り換えて、あの人の住む町までいって、いちばん最初に見つけた交番にいこうと昨日の夜決めた。自分のしていることがこわくなったんじゃない。自分が何をしたのか、私にはわかっているつもりだ。すべてうまくいくような気もしていた。けれど昨日一晩考えて、無理だと思った。薫に何を与えてやることができるのか。熱を出したら、嘔吐したら、学校にあがる年になったら。私には何をしてやることもできない。私といっしょにいるかぎり、この子には父親も親類もいない。

「まあ、笑ってるの。笑ってるのねえ。お利口さんねえ」

すぐ近くで声がして、あわてて涙を拭き顔を上げる。隣に座った老婦人が、薫をのぞきこんでいる。薫は抱っこホルダーから身を乗り出して、彼女に顔を近づけにこにこ笑っている。

「お利口さんな赤ちゃんねえ。それに、なんてかわいい笑顔」

老婦人は薫から目を外さずにうっとりと言う。そうなんです。私は心のなかで言う。お利口で、おとなしくて、いつもにこにこ笑っているんです。この子が笑うと明かりがついたみたいでしょう？ それで、なんだかこっちまでふくふくした気持ちになるでしょう？

「おかあさんに目元がそっくり。ぱっちりお目めなのねえ」

老婦人は人差し指で薫の頬をつついた。薫は大きく口を開いて笑い、彼女の人差し指をにぎる。

「まあ、人見知り、ぜんぜんしないのねえ。お利口さんねえ」

彼女はくりかえした。

おかあさんにそっくり。私は彼女の言葉を胸のなかでくりかえした。そっくり。私にそっくり。ぷつんと黙りこんだ私を無視し、老婦人は薫にだけ話しかけて、浅草橋で電車を降りた。次の秋葉原で私も降りた。

一カ月。そう思いなおしたのだ。大阪の夫婦は、一カ月赤ん坊を育てた。一カ月でいい。私が彼らとおんなじことをしているのなら、私も彼らと同じだけの時間をもらってもかまわないのではないか。ぽっと灯った明かりのように笑う薫の、毛糸の帽子を脱がせ、私はうつむくことなく、山手線のホームへと歩いた。

東京から博多行きの新幹線に乗る。名古屋までの切符を買ったけれど、いくあてはもちろんない。新幹線の窓は、東京の景色をどんどん後方へと流していく。

東京へはもう戻ってこない。意志ではなく、そんな予感がした。薫を抱いて窓の外をじっと眺める。薫も、大人のように窓の外を眺めている。十八歳で東京に出てきて、二十六歳であの人と会った。ずっと東京で暮らしていくんだろうと思っていた。でももう、私は戻らない。沈みはじめた太陽がビルの向こうに隠れる。橙色の町に、林立したネオンが光を放つ。ディスコやカフェバーや、美術館やファッションビルが、どんどん後ろに流されていく。はじめてのデートや、友だちとのささやかな喧嘩や、両脚を踏んばるようにしてがんばっていた自分自身が、流されていく。あの人と過ごした時間が、あの人を愛した記憶が、流されていく。

それでいい、と静かな気持ちで思った。そんなもの、すべて流されて見えなくなったってかまわない。私はもう、今までの私と違う。私はこの子の母なのだ。

名古屋駅の改札を出て、ラブホテルの看板をさがす。無人受付のラブホテルがあるはずだ。数年前は、あの人とよくラブホテルに泊まった。あの人は私の部屋にきたがったけれど、私はラブホテルのほうがまだよかった。自分の部屋だと、錯覚してしまいそうになったから。この人は朝までいっしょに眠ってくれると、信じてしまいそうになったからだ。

はじめてあの人にラブホテルに連れていかれるまでは、自分がラブホテルにいくような大人になるなんて思ってもいなかった。それがどうだ、今や、男の人に連れられることなく、自分でラブホテルをさがしている。

観光客用のホテルが並ぶ通りを過ぎて、裏道に、一軒見つかった。ホテル「珊瑚礁」。入り口までいって、受付に人がいたら引き返そうと思った。運よく無人だった。すばやくなかに入り、部屋の鍵が出てくる機械に一万円札をすべりこませる。鍵と釣り銭を受け取り、足早にエレベーターへと向かった。

泣かないで、泣かないでと祈るように思いながら、部屋に入りキングサイズのベッドに寝かせる。部屋の中央にあるベッドも、シャンデリアみたいな照明も、どことなく染み出る秘めごとの雰囲気も、不自然と思わないらしい薫は、親指をくわえあーあーと声を出している。部屋の隅に、ままごとみたいなキッチンがあった。ポットと電子レンジとコーヒーメーカーがある。湯を沸かし、食器を洗って瓶詰めの離乳食をあたため、ベッドに腰かけ薫に食べさせる。

あの人とラブホテルにいくことに抵抗を感じなかったころの私も、まさか近い将来、ラブホテルで赤ん坊にごはんを食べさせるとは思っていなかった。そんなことを思って、笑った。笑ってから、さほどおかしくないことに気がついた。

隅々まで洗った風呂にお湯をため、薫と入る。薫は、お湯に浸かると大人みたいな顔をする。目を細め、口を開け、ほうと息をつくのだ。なんという幸福がこの世のなかにはあるんだろう。

風呂から出、明日からのことを考えようと思っていたのに、薫に添い寝していたらいつのまにか眠ってしまった。

途中、うっすらと目を開けると、真ん前に薫の寝顔があった。ちいさな顔、薄く開いた唇、したたる透明のよだれ。薫の、なまあたたかい息が私にかかる。なんという幸福。あの人といちばんうまくいっていたときだって、こんな気持ちは得られなかった。薫のやわらかい頬を撫で、安心して目を閉じる。

二月九日

九時半に部屋を出る。ホテル内では人に見られなかったと思うが、ホテルを出たとき、前を通るOLらしき女性がこちらを見て、びっくりしたように目を見開いた。私はあわててふりかえり、奥に連れがいるようなふりをしたが、かえってあやしかったかもしれない。大急ぎでホテルを離れた。

一日、名古屋の町をうろつく。駅の周辺を歩き、寒くなったら地下にもぐる。喫茶店でお湯をもらいミルクを飲ませ、トイレでおむつを替え、疲れたらベンチで休む。地下街は、迷路のようにどこまでも続いている。こうして歩いていると、自分たちがごくふつうの親子連れに見えるのがわかる。つまりだれもこちらに注意を向けないのだ。いつもはおとなしい薫が、顔を真っ赤にして泣いてもだれもこちらを凝視しない。近づいてくるのは赤ん坊の好きな中年女性か老婦人。おお、よしよし、と薫の顔をのぞきこむ。不自然にならないよう薫の顔を隠すと、尻をやさしく叩き、ちいさな手のひらを握る。

　どこにでもいる母親とどこにでもいる赤ん坊。帰る家があり、待つ人のいる家族の構成員。人の無関心がうれしくて、必要以上に町を歩いた。やまない薫の泣き声で、自分が疲れていることにようやく気づいた。抱っこホルダーを支えていた肩が、しびれたように痛む。地上に出、道路沿いを歩くと公園に出た。

　名古屋。京都。大阪。岡山。広島。ベンチに座り、思いつく地名をあげてみると、新幹線の停車駅になる。京都と広島には、いったことがある。修学旅行でいった。幼いころに家族旅行でもいった。いったことがあるからといったって、居場所があるわけでもない。

　あやしまれずに泊まる場所を確保するには。けれど、ずっとホテルに泊まり続けているわけにもいかない。どこか、ちいさくてもいいから部屋を借りよう。

　薫はまた泣きはじめ、立ち上がってあやしても泣きやまない。この、心臓に響くような泣き声を聞いていると頭がじいんとしびれたようになる。どこからそんな力が出るのか、薫は思いきり背をのけぞらせ、私から逃れるように泣き続ける。泣かないで、ねえ、泣かないで、薫。夕闇のなか、私はただそうくりかえすことしかできない。

「あんた、帰るとこないの」

　いきなり声をかけられた。

　おどろいて顔を上げると女の人が立っていた。いったいどのくらい重ね着をしているのか、さほど背は高くないのに、上半身が着膨れて大女に見える。毛玉のついた長いスカートの下から、分厚いタイツをはいた足が伸び、サンダルをつっかけている。肌つやはいいが若くは見えない。何歳なのかという見当がまるでつかない不思議な風貌の女だった。

「いえ、休んでるだけです」

警戒しながら私は言った。女は真顔のまま、カハッ、と聞こえる息を漏らし、

「ずうっとここにいるじゃないか」

と言う。そういえば、さっきビルにかかっていた夕日は、残りの光を西の空に残しただけで、東の空は群青に染まりはじめている。

「帰るとこ、ないんだろ」

女は決めつけるように言って、薫に手をのばす。私はとっさに女の腕から逃れ、薫を隠すように胸に抱いた。ふたたび、カハッ、と女は息を漏らす。私の胸のなかで、よりいっそう声をはりあげて薫は泣き続けた。

「ああ、ああ、泣いちゃった、何もしやしないよ、泣きやませな」

女は眉間に皺を寄せて言う。私は女に背を向けるようにして、薫をあやした。

「寒いんじゃないの。あんた、うちにくるかい」

背中で女の声がする。おそるおそる私はふりむいた。女は眉間に皺を寄せたまま、肩越しにのぞきこむようにして薫を見ている。

「なんにもしやしないよ、赤ん坊がかわいそうだから言ってんだ」

女はもう一度、カハッと息を漏らした。

「けっこうです、あの、もう帰りますから」

「帰るとこ、ないんだろ、うちにきてもいいよって言ってんだ」

私は女をじっと見た。この人はいったいだれなんだ。悪い人か、いい人か。何が目的か。しかしいくら女を見ても、彼女が何を企んでいるのか、彼女の真意がなんなのか、私にはわからない。薫は顔を赤くして泣き続けている。ついていってもいいのか。女はおはじきを連想させるような、なんの感情もこもらない目で私を見ている。

薫を包みこむようにコートの前を合わせ、私はボストンバッグを手に持った。ついていくなと、頭のなかで声が響いているのに、私は女といっしょにいこうとしていた。とられるとしてもせいぜいお金だろう。薫をとりあげられるよりはよっぽどいい。言い訳のようにそう思った。

女は公園を出、だだっ広い車道に沿った歩道をふりかえりもせず歩いていく。数メートル間隔をあけて私は女のあとを歩いた。女の、着膨れた大きな後ろ姿が、車のライトや店のネオンにまばゆく浮かび上がっては、闇に沈む。薫の泣き声が耳に栓をするように響く。わぎゃあ、わぎゃあ、わぎゃあと聞こえる。どうしてこんなに泣くんだろう。いくなと言っているのだろうか。きっとそうだ、いくなと言っているんだ。そう思いながらも、私は女の後ろ姿に目を凝らして歩き続けた。

女がふと角を曲がる。知らないうちに私は小走りになる。同じ角を曲がると、女はまだ後ろ姿を見せて歩き続けている。暗く沈んだ川を渡ると、繁華街のにぎやかさが嘘のように消える。あたり一帯は暗く、街灯だけが灯っている。その街灯も、切れていたり、切れかけていたりで、周囲の暗さを際だたせている。しかし、何もないわけではない。ほの白い街灯に、民家が浮かび上がっている。川を越えたとき時間も超えてしまったように、古い平屋の民家ばかりだ。不思議なことに、どの家も明かりがついておらず、静まり返っている。

女がすっと、闇に紛れるように見えなくなった。あわててその場所までいくと、民家に続く門があった。開いた門の向こうに、引き戸の鍵を開けている女がいた。私は門の前で立ち止まり、その家をしげしげと眺める。周囲と同じ、平屋建ての民家だった。門からは格子戸の玄関まで飛び石が続いている。木々は家をすっぽりと包むように思い思いに枝を伸ばし、飛び石を隠すように雑草が生い茂っている。街灯を受けてぼんやり浮かび上がっているのは、アイスクリームの空き袋だったり、牛乳の紙パックだったりした。

はぎゃあ、はぎゃあ、はぎゃあ、はんぎゃあー。薫の声はさっきより絶望の度合いを増しているように思える。このちいさな体のどこからそんな声が出るのか。薫のすさまじい声は私の頭をぼんやりとさせる。何も考えられなくなる。

女は何も言わず家のなかに入ってしまった。私の前には、開け放たれた玄関だけがある。ぽっ、と弾けるように橙色の明かりがつく。その明かりに誘われるように、私は飛び石を踏んだ。

玄関を入ると廊下が続いている。左右に襖が並んでいる。右のいちばん奥の襖が開いて、そこからも橙色の光の帯が流れている。後ろ手に引き戸を閉めて、薫の泣き声を聞きながら、玄関から見える部分にゆっくりと目を這わせる。

この家は何かへんだ。ぼんやりした頭で私は思う。何かへん。何がだろう。私は微動だにせず、何がへんであるのかを突き止めるため視線を動かす。玄関に脱ぎ捨てられた古びた靴、廊下に積み上げてある段ボール、黒いゴミ袋。黒光りした廊下、隅でかたまりになっている埃、電話台にのった黒電話には色あせたカバーがかかっている。無音。

何もへんなところはない。きれい好きとはいえない住人の、ごくふつうの家だ。しかしどこかがへんだという印象は、変わらない。

私は鞄を上がりがまちに置き、靴を脱いだ。そっと玄関を上がる。廊下を進むと、ところどころ床はべこりとへこんだ。開け放たれた襖からのぞくと、コートを着たままの女が部屋の真んなかにつっ立っていた。私を見ても、部屋に入れとも座れとも言わないので、私は廊下に立ち尽くして、部屋のなかを見渡した。色あせた畳、四方の壁を埋めるように置かれた、同様に色あせた箪笥。紐で縛られた新聞や雑誌があちこちに転がっている。さほど清潔とはいえない、という程度で、やはり変わったところはない。しかし何か落ち着かないような気になる。

「ああ、泣いてるよ、泣いてる、あんた早く泣きやませな」

ふいに女が、薫の泣き声に負けないような大声を出し、私はびっくりして部屋に入った。

「おしっこからうんこだよ、それかおなかがすいてるんだ」

女のほうが泣きわめきそうだ。私はあわててコートを脱ぎ、ホルダーを外し、薫を畳に寝かせ、カバーオールのボタンを外す。女はあわててエアコンのスイッチを入れ、野良猫みたいにそろそろと音をたてず近づき、私の手元をのぞきこんでいる。

鞄から濡れティッシュと替えのおむつを取り出してからおむつを外すと、もわんと排泄物のにおいが漂った。

「うわっ、くさいっ」女は叫ぶように言った。大げさに鼻をつまんでいる。おむつを替えろと言ったのは自分なのに。私は無視して薫のおしりを丹念にふく。

そうして気がついた。この家はにおいがまったくしないのだ。玄関を入っても廊下を進んでも、なんのにおいもしない。私が抱いたあのへんな感じは、そのせいだったのかもしれない。そんなふうに気づいたのは、正直なところ私も苦手だった排泄物のにおいが、何かなつかしく思えたからだ。なんのにおいもしないところで、いきなり立ちのぼった人間らしいにおいは、いいにおいとは言えないがしかし、妙に心を落ち着かせた。

「ひいっ、くさいっ、たまらないっ」

女は顔の前で両手を交差させ、コートの袖口で顔半分を埋めるようにして騒いだ。

「お台所、貸してもらえますか」

薫に新しいおむつをあてがいながら私は言った。

「この向かいっ。早くそれ、閉じちゃってよっ」

言われるまでもなく、使用済みのおむつをまるめてビニール袋に入れ、鞄から哺乳瓶とベビーフードのセットを取りだし向かいの部屋にいく。台所も散らかっていた。床には醤油の瓶や酒瓶が、空いているものも中身の入っているものも、入り交じって置いてあり、隅には段ボールが積み上げられており、部屋中央にあるテーブルには、缶詰だの空のタッパーウェアだのラップだのが、ごちゃごちゃと置いてあった。流し台にやかんがあるのを見つけ、たんねんに洗い湯を沸かす。やはり食器棚から勝手に皿を拝借し、それを念入りに洗ってから、ベビーフードの中身を移す。薫の食事を持って部屋へ戻ると、女が薫に手を伸ばしていた。

「さわらないでっ！」思わず叫ぶと、女は飛び上がって驚き、よろよろとあとずさる。

「なんだよっ、大声出して！　泣きやまないから、あやそうとしただけだよっ」

女が憤然と言い返すので、「ごめんなさい」とあやまった。家にあげてもらって、台所まで借りて、さわらないでもないものだ。

薫は泣きやまない。ミルクを飲もうとせず、ベビーフードは口に運んでも顔をそむけ泣き続ける。途方に暮れる。女は部屋の隅に立ったまま座ろうとせず、泣く薫と私を交互に見ている。

「あの、ここに泊まってもいいんでしょうか」

女を見上げて言った。

「帰るとこ、ないんだろ」女はさっきとおんなじことをくりかえし、「ふとんは押し入れ」薫の泣き声を払うように両手を動かしながら、部屋を出ていってしまった。

風呂はあるのか。借りていいのか。トイレはどこか。洗面所は。私の食事はどうしよう。あれこれと考えるものの、薫の泣き声にそれは中断され、私はぐずぐずと立ち上がり、押し入れを開ける。ふとんを引きずり出して敷く。シーツはなかった。コートのままかまわず横になる。横になるのがずいぶんひさしぶりに思えた。ふとんから薄く線香のにおいがした。泣き続ける薫を隣に寝かす。うとうととするたび薫の泣き声ではっと目が覚める。カラカラカラと、エアコンのまわる音がやけに大きく響いている。こんなに泣いて大丈夫なんだろうか。どうして泣きやまないんだろう。私の目からも涙がこぼれる。馬鹿みたい、泣いたってしかたないのに。

二月十日

遠くから音楽が聞こえる。子どものころに住んでいた町の商店街が、午後六時に鳴らしていたような音楽だ。明るいメロディなのに、ずっと聴いていると、逃げ出したくなるようなさみしさを覚える曲。

目が覚める。隣を見ると薫が眠っている。音楽は実際聞こえていた。ちり紙交換か、ゴミ収集か、それはゆっくりと遠ざかっていく。

障子が白く光っている。横になったまま部屋を見まわした。押し入れの襖は茶色く変色している。電気の笠には埃がたまっている。起きあがると体が重かった。昨日の昼、喫茶店でサンドイッチを食べてから何も食べていないのに、まったく食欲がない。昨夜、薫は泣きつかれて眠り、かと思うとまた目を覚まして泣き、そのくりかえしだったので、私もほとんど寝ていない。襖を開ける。家のなかは静まり返っている。廊下はひんやりと冷たい。トイレは廊下の突き当たりにあった。その隣に風呂場がある。ドアを開けてなかをのぞくと、タイルの目地が黒ずみ、どことなく埃っぽい。薫を風呂に入れるには、一度風呂場を入念に洗わなければいけない。洗面所で顔を洗った。水の冷たさで、少し頭の重さが和らぐ。

廊下に面した襖を全部開けて、家のなかを確認したいが、しかしどれかの襖の向こうには、昨日の女が寝ているはずである。

部屋に戻って薫を見るとまだ眠っている。ふたたび廊下を歩き、玄関におりる。ねじ式の鍵を開け、引き戸を開ける。空は高く晴れあがっていて、清潔な陽射しが周囲を照らしているが、周囲は陽射しには不釣り合いな黒ずんだ民家ばかりだ。人の気配がまったくしない。路地を歩く人もいない。向かいの家の門の内側には、植木鉢が並んでいるが、植物はみな枯れている。窓という窓に雨戸が閉まっている。空き家なのだろうか。

女の家の郵便ポストに、新聞がささっているのが見えた。新聞を引き抜き、部屋に戻る。眠る薫の横で、新聞に目を通す。隅から隅まで読んでみたが、赤ん坊行方不明の記事はのっていない。安心するが、いったい何がどうなっているのかまったくわからない。

泣き声とともに薫が起きる。あわててミルクを作って飲ませた。また昨日のように泣き続けたらどうしようと不安になるが、しかしミルクを飲み終わった薫は私を見て笑う。うれしくなる。薫ちゃん。今日はごきげんさんなのね。おむつ取り替えようか。お着替えもしようか。お風呂入っていないから、タオルできれいきれいにしようか。話しかける私を、澄んだ目でじっと見て、ちいさな口を開いて笑う。

台所にいくと、さっきはいなかった女がいるので驚いた。女は立ったまま食パンを食べていた。おはようございます、と声をかけても私を見ない。あらぬ方向を見て、食パンの袋を胸に持ち、食パンを無言で食べている。

「すみません、お水とやかん、借ります」

女のわきをすりぬけて、やかんを洗い、湯を沸かし、鍋も勝手に借りて哺乳瓶を消毒する。

「もしだれかきたら、あんたが出てよ」急に女が言う。

「だれかって？」訊くが、女はだれとは答えない。

「もし、だよ。もしきたらの話だよ。何を言われても追い返せばいいんだよ」食パンを食べながら女は言う。

「何か言われるんですか？」

訊いても、女はそれにも答えない。

「あんた、ずっといてもいいよ」女はぼそりと言って、また、カハッと息を漏らした。

「ずっと、なんて、そんな」この女は何ものなのだろう。頭がおかしいようには見えないし、私たちに危害を加えるようなこともしそうにないとわかるが、しかしなぜ、見ず知らずの私たちに、ずっといていいなどと言うのだろうか。

「あの、私」言いかけた私を遮って、

「ミルク、早く持っていってやんな」

哺乳瓶を見つめた女は言い、私は一礼して台所を出た。


午後、抱っこホルダーに薫を座らせ、コートを着て玄関に降りると、すぐわきの部屋の襖が勢いよく開き、女があらわれた。

「どこへいくんだい」

ものすごい剣幕で言う。

「あの、買いものに……」

「いつ、戻る」

「すぐ戻ります。何か必要なものがあれば買ってきます」

「ないよ」

女は吐き捨てるように言って、襖を閉めた。

家を出、路地に出る。あたりに店がある気配はない。奇妙な一角だった。家がずらりと並んでいるのに、どの家も人が住んでいるようには思えない。雨戸が閉まっていたり、錆びた自転車が軒先に倒れていたり、まるでゴーストタウンのようだ。ゴーストタウンの向こうにそびえる鉄塔が、書き割りのように見える。

あの女はひょっとしたら、不法侵入で勝手にあの家に住み着いているのではないか。あるいは、何か犯罪を犯して逃げてきて、あの家に隠れているのではないか。得体の知れない女を薄気味悪く思うのと同時に、家が決まるまでのあいだ、寝る場所を確保できたと安心している自分もいる。風呂は掃除すればきれいになるだろうし、ガスも電気もちゃんときている。

ファストフード店でハンバーガーを買い、公園で食べた。子どもを連れた母親が何人かいる。

「いくつになるの、お名前は?」若い母親が薫に話しかける。

六カ月で、薫と答えると、自分の子どもを膝にのせ、

「ぼくはタクミくんだよ。よろしくね」

子どもの両手を動かして、おどけてみせる。薫はめずらしそうに赤ん坊を見ている。薫よりも少し大きな男の子が何カ月くらいなのか、私にはよくわからない。

「どこに住んでいるんですか?」今度は彼女は私に訊く。

「ここをわたって、ずっといった川の先です」町の名前を知らないから、そう答えるしかない。

「へえ。あのへん、もう住んでる人少ないでしょ。ずいぶん立ち退いたって聞いたけど」

「あ、ええ、そうですね」話を合わせる。空き家の住人たちは立ち退いたのだろうか。

「じゃあ、健診なんかは名古屋大付属にいくわけ？」

ええ、そうですねと答えながら、顔が引きつるのが自分でもわかる。これ以上何か訊かれても答えられない。立ち去る口実をあわててさがす。しかし彼女は、ふうんと数度うなずくと、日向で遊ぶ子どもたちを見たまま、自分の話をはじめたのでほっとする。一年前に東京から引っ越してきて、夫の親と同居しているのだが、あまりうまくいっていない、というような話だった。

「だから私、朝早く家を出て、児童館とか図書館とか公園とか、ひととおりまわって、夕方帰るんだ。ときどき何やってるんだろうって情けなくなっちゃう。浮浪者みたいでさ」

タクミくんはぐずって泣き出し、彼女はトートバッグからおしゃぶりを出してくわえさせる。おしゃぶりに手を伸ばした薫の手を握り、「薫ちゃーん、タクミとお友だちになってやってねえ」おどけた顔で薫をのぞきこんでいる。

東京はどこにいたの。だんなさんは何をしている人。健診はどこの病院。児童館ってどこにあるの。明るい性格なのだろうこの若い母親に、そう訊きたくてたまらなくなる。私たちはきっとすぐに仲良くなれるだろう。薫とタクミくんを遊ばせて、彼らから目を離さずおしゃべりに興じる。子育ての不安。家族へのちょっとした愚痴。子どもも服や公共施設の情報交換。

そんなこと、できるわけがないのだ。

「私、銀行いかなきゃならないから」

私はそう言って立ち上がった。

「また明日も、ここにいるから、よかったら声かけてー」

女の人は屈託なく笑った。おしゃぶりをくわえたタクミくんのちいさな腕を持ち、バイバイと手をふってみせる。私も薫の腕をふってバイバイをした。薫はきゃっきゃっと笑い声をあげた。

不動産屋を見つけるたび入ってみる。みな総じて横柄な対応をする。勤めていたときは、会社の名刺を出しただけでかんたんに部屋を紹介してもらえたのに。

夫と別居することになり部屋をさがしている。

夫が土日も休めないので、任されて部屋をさがしている。

四月から夫が転勤になるので、一足先にこちらにきて部屋をさがしている。

すべて迷惑そうな顔をされる。赤ん坊不可の部屋が多いんだよな、と露骨にいやな顔をする人もいる。赤ん坊不可って、じゃあこの国では子どもも産めないのかと言いたくなる。

それでも二軒、部屋を見せてもらった。ひとつは八百屋の上にある二間のアパート。もうひとつは陽のささないワンルーム。八百屋の上は、古いが陽当たりもいい。けれど住民票と戸籍、夫の雇用証明書の提出を求められ、明日また持ってきますと嘘を言って、不動産屋を出た。

地下街の洋品店で、赤ちゃんをすっぽりくるむことのできるママコートを買う。離乳食、おむつ、自分の弁当を買って、女の家に戻る。鍵は開いていた。女は襖を開けて私を確認すると、ぴしゃりと襖を閉めた。襖の向こうからカセットだろうか、演歌が大音量で聞こえてくる。

薫をママコートでくるんで洗面所に寝かせ、風呂を磨く。浴槽を隅々まで磨き、しゃがみこんでタイルも磨く。タイルの目地に詰まった黒カビは落ちないが、それでもシャワーで流し終えると、埃っぽさはなくなった。勢いよく湯を出す。湯気を上げて透明の液体がほとばしり出る。浴槽に湯がたまるまでのあいだ、台所でミルクを作った。電子レンジでさっき買った弁当をあたため、いくつもあるもののなかからもっとも汚れていない雑巾を選び、ごたごたとしたもののったテーブルを拭く。薫を膝にのせてミルクを飲ませ、合間に弁当をつまむ。響きわたる演歌が、この家の静けさを強調する。だあだあという薫の声が台所に響く。

部屋のなかを見まわす。食器棚の隣の、細長い棚に目がいく。古めかしい木製の棚には、いくつも引き出しがついている。薫を抱いて立ち上がり、廊下のもの音に耳をすませながら、いちばん上の引き出しをそっと開けてみる。ケースに入った幾本かの印鑑、色あせた公共料金の請求書が入っている。次を開ける。切手が入っている。十円切手や五円切手など、古いものばかり。次を開ける。裁ちばさみと布きれと、ケースに入ったボタン類。勝手に人のものに触るなんて、悪いことをしていると思った。けれど私はあの女について何か知りたかった。次を開け、そうして私は棚のなかに目を凝らした。色あせた母子手帳が入っていた。

私はそれにそっと触れる。手にとって、しゃがみこみ、見つめる。

チェック柄のベージュの表紙は、角がすり切れ、反り返っている。昭和三十三年十月三日交付とある。母の氏名という欄には、中村とみ子と万年筆で書かれている。それがあの女の名前だろうか。子の氏名、は空欄。ページをめくる。使われていない育児相談受診券が続く。三ページ目に、子どもの出生届出済証明書がある。子の氏名、中村里栄子。出生の年月日。昭和三十四年五月二十九日。あの女が中村とみ子だとするなら、私より四歳若いだけの娘がいることになる。

この家には生活の気配がまるでしないが、かつてここで、家族が暮らしていたのだろうか。あの女は家族の一員だったんだろうか。

私は夢中でページをめくる。妊娠初期の状態。産後の母の健康状態。新生児は二千二百グラムで生まれたらしい。備考欄に未熟児とある。身長四十五センチ、頭囲三十一センチ。私はその、ちいさな生きものを想像する。私が抱くことのかなわなかった、二キロちょっとの生きもの。あの女は抱いたのだろうか。ちいさな生きものにほほえんだのだろうか。

薫は膝の上で、私の広げる手帳に手を伸ばす。薫に届かないように高く持ち上げ、まじまじと眺める。

湯をためていたことを思いだし、あわてて手帳を元に戻し引き出しを閉める。

「お風呂、借りますね」女の部屋の前で叫ぶが、返事はない。私は薫を抱いて風呂場へと向かった。浴槽から透明の水がさらさらとあふれ出ている。蛇口をひねって湯をとめ、薫を抱いたまま、私はしばらく、排水口へと流れていく透明の湯を見つめた。蛍光灯の光をあびて、それは神聖なもののように光を放っていた。

二月十二日

今日、駅で買った新聞に、記事を見つける。

日野警察署は十一日、二月三日に東京都日野市の会社員秋山丈博さん（34）方で火事があり、現場から生後六カ月の長女恵理菜ちゃんが行方不明になっていることを明らかにした。午前八時過ぎ、妻恵津子さん（32）が出勤する夫の丈博さんを車で駅に送るため、恵理菜ちゃんを室内に残して出かけているあいだ、留守宅から出火。火は約一時間後に消し止められたが、現場から恵理菜ちゃんは見つからなかった。日野署によると、誘拐事件の可能性もあるとして、恵理菜ちゃんの安全を考慮し公表を控えていたという。

私が夢中で読む新聞に薫が手をのばし、たたいたり、握ろうとしたりする。新聞はがさがさと音をたて、折り目から破れる。薫は楽しそうに笑う。

火事？　あの部屋が燃えた？

火事ってなんだろう。どういうことだろう。私は懸命に思い出す。たしかに電気ストーブはついたままだった。真っ赤な電熱線が今も目に浮かぶ。でもなぜ火事が起きたのか。

いや、今考えるべきなのはそんなことではない。ついに事件が公表されたのだ。すぐそこまで、薫を追う手はやってきているということだ。

けれど、新聞に印刷された文字をくりかえし読めば読むほど、遠くで起きているできごとのような感じがする。去年、「どくいり　きけん」のニュースを新聞で読んでいたときのような感覚だ。ここにいる私と薫には、まったく関係のないできごと。だってこの子は薫であって「恵理菜」なんかじゃない。そう思いたいからなのか、それとも私から何かが欠落してしまったのか。

それにしても火事っていったいなんだろう。そのことばかり気にかかる。おそろしい考えが浮かぶ。

私がやったのではないか。電気ストーブに毛布を突っ込んだのではないか。蹴り倒したのではないか。あるいは床に落ちていたライターを拾い上げて、敷きっぱなしの布団に火をつけたのではないか。そうして、火の燃えるきなくさいにおいを確認したあとで、私はあそこから立ち去ったのではないか。

違う、そんなことはしていない。第一、そんなことをする理由がない。――理由がない？　本当に？　あの女に言われたことを、ずっと覚えているのに？　死ねばいい、心のなかでそう罵ったことがあるのに？――いや、でも、違う。死ねばいいと思うことと、実際に行動を起こすことは、まったく異なる。私は火事なんか起こしていない。薫を火事から救い出しただけだ。そうだ、あのとき、私が薫を連れ去らなければ、この子は火に包まれていた。そんなことばかりめまぐるしく頭に浮かぶ。

私は立ち上がり、新聞を丸めて捨てた。まるで最初から見なかったみたいに。

瓶詰めやインスタントの離乳食だけでは心配なので、スーパーで食材を買い、女の台所を勝手に使って、夕食を作る。炊飯器をこわごわ使うが、古びているだけで壊れてはいない。薫にはほうれん草のおじやと、しらす入りの卵焼き。残ったほうれん草を味噌汁にし、野菜炒めとしらすおろしを作る。余った分にラップをしてテーブルに置き、風呂から出てくると、女が食べたらしく、空いた皿が流しに積み重ねてあった。

今日はうれしい発見があった。薫が、両手をぺたんと前につければおすわりができることに気がついた。畳にちょこんと座り、おとなしく私を見ている。少し離れたところから、こっちにおいでと言ってみる。はいはいはまだできず、動こうとして、ころんと前に倒れてしまう。それでも薫は泣かない。

だれかきたら出るようにと女に言われているが、今のところ来訪者はない。私はいけないと思いつつも、また台所の引き出しを開けてしまう。もう何度も見た母子手帳を最初からめくり、文字を追う。三カ月で赤ん坊は四キロになり、身長が五十四センチになっている。次の月には五・五キロ、身長六十センチ。六カ月以降は測定にいかなかったのか、空欄。予防接種の薄っぺらい済証が何枚も挟まっている。女のことは未だ何も知らないが、このちいさな手帳を見ていると、何か知ったような気持ちになってくる。必要なこと以外まったく口をきかず、表情のない女が、未熟児の赤ん坊を産み育てた姿は想像しにくいが、しかしそうしたのだと思うと、不思議な安心感がある。

他人の母子手帳を夢中で見ている私を、薫がぺたんと床に座って眺めている。

二月十三日

朝、薫にごはんを食べさせていると、このあいだ夢のなかで聴いた音楽が聞こえてきた。いらっしゃいませ、いらっしゃいませと、音楽の合間に遠慮がちな声がする。薫を抱いて玄関からのぞいてみる。午前中の光のなかをゆっくりと白いバンが走ってくる。そのまま玄関に立ち尽くして見ていると、通りすぎるバンの運転席の女と目が合った。バンがとまる。開いた窓から顔を突き出し、「どうぞ」と女が声をかける。

「赤ちゃんがいるの。だったら無農薬にしなくちゃ。ぜんぜん違うんだから。トマトもにんじんも、昔のまんまの味」三角巾をかぶった、化粧気のない、人のよさそうな丸顔の女は運転席を下りてきて、バンのハッチを開ける。なんの変哲もないバンだが、なかはちいさな商店のようになっていた。色とりどりの野菜や、冷蔵棚の肉、見たこともないパッケージの菓子に一瞬目を奪われる。

「どうぞ、ゆっくり見て。試食もできるからね。まあ、かわいい赤ちゃんでちゅねえ。おいくつ？　まあ、笑ってる。かわいいわねえ」彼女は私から薫をとりあげ、陽のあたる歩道でタカイタカイをしている。

「あら、でも、これ、発疹かしら」女性の声に、私はあわててバンを下りた。「ほら、ここんとこ。赤いのがぷちり、こっちも」彼女は、薫の着たカバーオールの襟元をひっぱって、薫の肌を検分している。そう言われてみれば、じんま疹ほどではないが、たしかにちいさな赤い点々がある。昨夜風呂に入れたときは気づかなかった。

「ここ、まだ住んでいる人いたのねえ。水道水使ってるでしょ。ここいらはもうねえ、住んでいる人も少ないし、水も悪いのよ」

女性から薫を受け取り、セーターをまくってお腹や背中を調べる。赤い点々は首のまわりにしかない。

「調理と飲料水にはこれ使うといいわよ。これからは水も買う時代になるからね」彼女はバンにもぐりこみ、ペットボトルを手にバンを下り、半分ほど水の入ったそれを私に見せる。あ、と声を出しそうになる。ラベルにはエンジェルウォーターと書かれている。

「一度、だまされたと思って飲んでみて。味もぜんぜん違うし、何より三日目くらいに体調がぐんとよくなるから」言いながら、プラスチックカップに水を注ぎ、私に手渡す。片手で受け取って、おそるおそる飲んでみた。たしかに水道水とはまったく違う。なめらかでどことなく甘みが感じられる。けれど康枝はなんと言っていたのだっけ。あやしい集団。勧誘。

「お風呂にこの水を使うのはさすがに無理だけど、ちょっと歩くけどこの先に、宝湯って銭湯があるから、週に何回かはそこにいってみたら？　赤ちゃんのこのぽちぽちが消えるまで。このへんの水よりはいいかもしれない。よかったらこれ、あげるわ。試してみて。このへん、ときどきまわってるから、もし何か必要なものがあったらまた声かけてね」

女性はしかし、勧誘するそぶりも見せず、新しいペットボトルを紙袋に入れて私に手渡すと、さっと運転席に乗りこんだ。「またねー」陽気に手をふって、ハンドルを握る。また音楽が鳴り出し、車はゆるゆるとひとけのない路地を進んでいった。

薫を片手で抱え、片手に紙袋を抱え、玄関に戻る。手前の部屋から女が顔だけ出してこちらをじっと見ている。

「これ、もらっちゃった」

私は言ってみる。女は何も言わず、ぱたんと襖を閉めた。襖の向こうから今日も演歌がやかましく聞こえる。

掃除をしようと思い立つ。埃や見えない汚れが発疹の原因かもしれない。それでなくとも、最近の薫は目についたものに手を伸ばし、そのままおしゃぶりをしようとする。掃除をされるくらいで女は怒ることもないだろう。まず台所。女からもらったペットボトルを冷蔵庫にしまおうとすると、紙袋から紙切れが落ちた。「エンジェル会報」とある。それをゴミ箱に捨て、冷蔵庫の中身を整理する。賞味期限の切れた肉や総菜、しなびた野菜をみな黒いゴミ袋に捨ててしまう。

部屋に薫を寝かせ、布団を干し、畳をぞうきんがけする。薫はあひるの人形で遊んでいる。廊下をぞうきんがけし、トイレを磨く。女がこもっている部屋から、演歌がひっきりなしに聞こえてくる。女はほぼ一日演歌のテープを聞いているか、どこかに出かけている。食事を作っておけば、知らないうちに食べている。ときどき、台所や部屋にいる私と薫を、細く開いた襖の向こうからじっと見ている。目が合うと、しかしさっといなくなる。

ひび割れたような音の演歌を聞きながらあちこちを拭いてまわる。拭いてみると、ずいぶんと埃がたまっていたらしく、ぞうきんはすぐに真っ黒になる。

最初この家にあがったとき感じた違和感を思い出す。この家は何かへんだ。何がへんなのか、掃除をしているとわかる気がする。暮らしの気配がまったくしない。電話や冷蔵庫、布団、ドアノブカバー、そういった、人の暮らしの輪郭はあるのに、中身がない。がらんどう。いくら拭いても、磨いても、そのがらんどうのところまでは届かない。女が生活というものを放棄しているからだろうか。

泣き声が聞こえ、あわてて部屋にいく。薫はあひるを放り出して泣いている。抱き上げ、ちいさく揺らしてあやすが、なかなか泣きやまない。ああ、いい子いい子。薫はいい子だねえ。薫は大きく口を開け、透明のよだれを垂らして泣く。かたくつぶった目からも水滴が流れ出る。おおよしよし。よしよし。

がらんどう。あやす自分の声の合間に、べつの声が聞こえる。あんたなんか、空っぽのがらんどうじゃないの。電話の向こうで、あの女が言った言葉だ。あなた、自分の子どもを殺したんでしょう。信じられない。あんたが空っぽのがらんどうになったのはその罰じゃないの。殺された子どもが怒ってんだよ。ざまあみろ。矢継ぎ早に声は告げた。

あの女が電話をかけてきたのはそれがはじめてではなかった。夫を返してと懇願したときもあったし、気味が悪いほどやさしく話しかけてきたこともあった。もちろん罵倒するときもあった。夫との性生活についてあからさまな話をし高笑いをすることもあった。しかたないと思っていた。私はそういうことをされてもしかたのないことをしているのだと思っていた。けれど、空っぽのがらんどうという言葉だけは、しかたないと受け入れる気持ちにはなれなかった。

でも、今考えれば本当のことだ。私はもう何も生み出すことはできない。

あの女は、私が空っぽのがらんどうだと見抜いたのに違いない。それで声をかけてきたのだ。この、人の暮らしの気配のない家は、私にぴったりじゃないか。

私は泣き続ける薫を見下ろす。赤い顔で、背をのけぞらせ、ぎゃわんぎゃわんと泣き続けている赤ん坊。どうしてこの子はいつもこうなの。笑ってばかりいると思ったら突然理由もなく泣き出す。泣き出したらいつまでも泣きやまない。薫の声は、喉から手を突っ込んで心臓を揺すぶるように響く。どうして泣くの。どうして泣きやまない。

赤い顔をせいいっぱいゆがめて泣く薫に、ふとあの人の顔が重なる。笑うとハートのようなかたちになる口、小振りの耳。薫。薫はあの女にも似ているのだろうか。似ているとしたらどこが。私は懸命に相似点をさがす。垂れた目尻、くっきりした眉。そんなはずはない。私にそっくりって電車のなかで言われたじゃないか。どうしてあんたに似ることがあるの。あんたの子じゃないだろうに。あんたはがらんどうの女じゃないの。違う、この子は私の子。私はがらんどうじゃない。薫の泣き声と、あの女の声と、自分の叫び声が入り交じり、頭のなかでわんわんと反響する。

「うるさいよっ」

いきなり怒鳴られ、我に返った。廊下に女が立っていた。私の足元のあたりをにらみつけ、怒鳴る。

「歌が聞こえないよっ、泣きやませなっ」

はっとして薫を見る。私は今何を考えていたんだろう。薫に何をしようとしていたんだろう。私には薫しかいないというのに。

「怒鳴ったらよけい薫がこわがるでしょっ」

私は怒鳴り返した。自分を叱責するかわりに、女に向けて声を荒らげた。

「母親なんだから泣きやませなっ、うるさくてたまらないっ」

「今泣きやむわよっ、あっちにいっていて！　薫がこわがるからっ」

「あーあーもう、うんこはくさいし泣き声はうるさいし」

「そりゃあ申し訳ありませんでしたねえっ」

私はがなり、そうしてふと、力が抜けるようにおかしくなった。お腹の底から、ちいさなあぶくみたいに笑いがこみ上げてくる。こらえきれず笑い出した。最初ここにきたときの、薫のおむつをくさいくさいと騒いだ大げさな女の動作まで思い出しておかしくなる。笑いながら泣く薫をのぞきこみ、あっと思った。下の歯茎に、白い線が入っている。指で触ると、かたい。

「ねえ、この白いの、歯じゃないかしら」思わず女に近寄って言うと、女はさっと距離を取り、

「歯ぐらい生えるだろ、人間なんだから」

ぷいと部屋を出ていってしまった。

二月十四日

ママコートを着こんでコンビニエンスストアにいく。新聞を三紙買い、公園で隅々まで目を通す。あの事件の続きは見あたらない。

新聞を公園のゴミ箱に捨て、スーパーに向かう。スーパーのなかを歩くと気持ちが安らぐ。醬油や、米や、そういうものを手にとり、買っていいものかどうか悩む。今気づいた。醬油だの米だのというものは、ただの商品ではなく、暮らしの保証なのだ。明日もあさってもそれを使うという、家で食事をすることができるという、穏やかな暮らしの保証。女の家にも醬油はあるが、いつのものなのか、どろりと黒く、においがきつくなっている。買い換えたいが、これを使い切るまであそこにいられるのか、と考えてしまう。小瓶ですらも、買うのに躊躇する。

結局、小瓶の醬油と二キロの米を買う。あとは野菜と肉と魚。粉ミルク、紙パックのジュースも買う。信じられないほど荷物が重いことに、スーパーを出てから気づく。薫をおなかに抱き、

米も入った袋を片手に、肉や野菜の入った袋をもう一方の手に、えっちらおっちらと歩く。この重さも生活の保証なのだと思うと、重いこともうれしくなる。

午後になって電話が鳴った。ダイヤル式の黒電話は、家じゅうの空気をびりびりふるわせるようなやかましい音をたてる。私は体をかたくして、その黒い塊をじっと見据える。見つかったのか。ばれたのか。電話の音が悲鳴に聞こえる。

演歌がすっとちいさくなり、勢いよく襖が開く。「出なっ」女の怒鳴り声が聞こえる。それでも動くことができなかった私は、もう一度「出なよっ」という女の叫び声でおそるおそる受話器をとった。

中村さんのお宅ですか、と男の人の声がする。はあ、と私は答える。ため息のようなかすれ声しか出ない。「娘さん?」と訊くので、はあ、と曖昧に答えた。今度はちゃんと声が出た。「ああよかった、娘さんがいるなら話が早いや。おばあちゃんじゃちょっと話にならないからさ。明日もいらっしゃる? 例の書類持ってそちらにうかがっていいかねえ」

「例の、って」全身から力が抜ける。平気だ。私はまだ見つかっていない。

「不動産の書類。あれ、送りましたよねえ、娘さんあてに。承諾の返事、くださったよねえ」

「ああ、はい」何かよくわからないまま返事をすると、

「じゃ、明日、午前中にうかがいますわ。そうね、十時過ぎかな。よろしくたのんます」男の声は快活に言い、電話は切れた。

「あのねえ、明日、お客さんがありますよ」

また大きく響き出した演歌に負けないよう、襖の前で怒鳴る。返答がない。「午前中に、娘さんを訪ねて、だれかきますからね。男の人」

ややあって、「知るもんかっ」と襖の向こうから怒鳴り声が返ってきた。私だって知るもんか、だ。

「お風呂いってくるからねっ」

それにも返答なし。だれか知らない演歌歌手が、哀切たっぷりに歌い上げている。

ママコートで薫をしっかりくるんで、銭湯に向かう。三角巾の女に聞いた宝湯だ。

もし母親が生きていたらと、暗い道を歩きながら考えた。母とは仲がよくなかった。私は母が嫌いだったし、母も私を嫌っていたのではないかと思う。汚い、というのが母の口癖だった。汚いから手を洗いなさい、汚いからちゃんと着替えなさい。そのうち、私自身が汚いと言われているような気になった。まったくコミュニケーションのとれないあの家の女は、ときどき母を思わせる。おむつがくさい、泣き声がうるさいといちいち怒鳴りにくる女。母も生きていたら、あんなふうだったかもしれない。私たちはコミュニケーションをうまくとらないまま、それでもいっしょに暮らせたかもしれない。

吐く息が白い。森のなかで熊に会った歌をうたってやると、薫はだあだあと笑う。歯茎に白い歯が見える。宝石みたいだと思う。

二月十五日

十時、昨日電話をくれた人らしき男が訪ねてくる。女は部屋から出てこようとしない。男は玄関の戸をたたきながら「里栄子さあん、里栄子さあん」と連呼している。薫が眠っているので、音をたてないよう玄関を開ける。ほんの十センチほど開けた戸に手をかけ、男は勢いよく開け放って入ってくる。男は玄関先に座り、書類を並べていく。

「こことこことこと、あとここに、判子を押してもらえますかね」と、愛想よく言う。書類をちらりと見ると、退去要請という文字が目に入ってびっくりする。もっとよく見ようとすると、男が話しはじめた。「今日明日っていうのは無理だろうけど、せめて今月末までには空けてもらわないと。こっちも事を荒だてたくないし。娘さん、どこだっけ、川崎だっけ。連れて帰ってあげなくちゃ」年配の男はにこやかに私に言う。

「あの、なんのことだか……」

つい口を挟んだ。男はにこやかな顔のまま、私を見上げる。

「え、お嬢さん、里栄子さんでしょ。封書だったけど、やりとりさせてもらったじゃない。ほらこのあいだ、承諾の書類、書留で送り返してくれたじゃない」男はそこで言葉を切り、ふと真顔になり、「あれ、あなた、だれ？　里栄子さんじゃないの？　どなた？」と訊いた。

すっと背筋が寒くなった。恐怖が喉元までせり上がる。ばれる。見抜かれる。公園で拾われた行き場のない女だと知られる。薫を奪われる。

「ちょっとあの、おばあちゃんのお世話を……」とっさに言った。

「あや―」と男は奇妙な声をあげる。「困ったなあ。とみ子さんはいらっしゃる?」

「今、あの、ちょっと外出を……」そう言いかけたとき、襖の向こうから、怒鳴り声が飛んできた。

「売るもんかっ! 出ていかないよっ! あたしはここで死ぬのっ」

突然の声に驚いて、私は思わず男を見た。男は困った顔で私を見て、へらへらと笑った。

「今日は娘さんがいるから話が進むと思ったんだけどなあ。でも、娘さんを通してもう手続きは終わってるし、ここはもう書類上ではおばあちゃんちではないからねえ」言い訳するように私に言う。

「お手伝いさん? 親戚の人? 娘さんに連絡とってもらえないかしら。居座られると、裁判とか、面倒なことになっちゃうでしょう」

「連絡しておきます」私は言う。

「今してよ」男は相変わらずにこやかだが、にこやかさの隙間から苛立ちがかいま見える。

「今はちょっと……おばあちゃんも、あれですし……」言葉を濁す。だいたい女の娘がどこにいるのかも私は知らない。

「しょうがないなあ。じゃあまた出なおすけど、話ができる状態にしてくださいよ。ぐずぐずされるとこちらからアクションとらないといけなくなっちゃいますよ。できるだけそちらのことも尊重したいからこうして訪ねてきてるんですよ。お名前は？」

「は？」

「あなた、念のため名前を教えてよ」

「中村康枝です」とっさに嘘を言う。

「はいはい、康枝さんね」男はうなずきながら立ち上がり、玄関に手をかけた、そのとき、奥の部屋から、ほにゃあ、と猫が鳴くような薫の細い泣き声が聞こえた。男は不思議そうな顔でふりかえる。私はあわてて土間に下りる。

「すみません、勝手がわからず。里栄子さんに連絡しておきますから」

追い出すように男を外に押しやった。聞かれただろうか。赤ん坊だとわかっただろうか。あの男は、中村とみ子の娘の連絡先は知っているのだろうか。この数日のうちに何らかの方法で連絡をとり、赤ん坊と見知らぬ女がいたけど、あれはだれだと訊くのだろうか。私は玄関の戸をぴしゃりと閉めて、弾かれたように廊下を走る。

ばれるわけがない、女が赤ん坊を連れていてあやしまれるはずがない。わかるはずがない。しかしいやな予感が消えない。胸のなかがざわざわする。

細い声で泣く薫を抱き上げ、あやす。いい子、いい子とあやす声が震える。薫の泣き声が大きくなる。じんじんとしびれるような頭でそれを聞く。

二月十七日

明け方、電話が鳴る。襖を開け、廊下の隅の黒電話を私はじっと見つめる。パン、と破裂音に似た音をたてて、女の部屋の襖も開く。そちらに視線を移すと、女は顔だけ出して黒電話を見つめている。じりじりとやかましい電話の音が響く。

「出な」

私に気づいた女は、命令口調で言うと、また、パンと襖を閉めた。さらに音量をあげたらしく、漏れ出る演歌がいっそう大きくなる。

十回鳴って電話はとぎれ、また鳴り出す。薫を部屋に残し、そろそろと電話に近づく。受話器を持ち上げる。黒い受話器は鉄のかたまりみたいに重い。

「おかあさん?」いきなりヒステリックな怒鳴り声が耳に飛びこんできた。「話はすんだはずでしょっ、いつまでそこにいるの、もう契約は終わってるの。その土地はもうあんたのものじゃないの。早く出ていってよ、どこにでもいっちまってよ、そのくらいのお金は渡したじゃないの、あんた、ちゃんともらったじゃないのっ」神経質な小型犬みたいに、きゃんきゃんと声はわめく。

表紙のすり切れた母子手帳が浮かぶ。この声が二千二百グラムで生まれたちいさな赤ん坊なのかと、そんなことを思う。ちいさな赤ん坊を抱く女が思い浮かぶ。赤ん坊をのぞきこんで笑う女、じっと女を見上げる赤ん坊。見知らぬ母と子の姿。

「なんとか言ったらどうなのよ、あんた、なんでそんなとこにしがみついてんの。もっと搾り取ってやろうって魂胆なわけ？　いい思い出なんかなんにもない家じゃないの、さっさと更地にしてもらえばいいんだ。ちょっと、聞いてるの、何か言いなさいったら」

女はそこで一瞬言葉を切った。ふうふうと荒い鼻息が受話器を通して聞こえた。

「あんた、だれ？」ふと女が訊いた。「不動産屋が、親戚の人がきてるって言ってたけど、あんただれ？　おかあさん、そこにいるの？　ちょっと、人んちあがりこんで何してんのよ、警察に通報するよ」

通報という言葉に呼吸が止まりそうになる。受話器から、きゃんきゃんと切れ目なく声が聞こえてくる。私は受話器をもとに戻そうとし、しかし思うようにいかずそれは床に落ち、黒いコードがぶらぶらと揺れる。あわてて拾い、両手で受話器を電話機に置く。

受話器を元に戻すとしんと静まりかえる。廊下を伝う演歌は大きくなったりちいさくなったりする。私は弾かれたようにその場を離れ、部屋にいき、床に散らばった荷物をボストンバッグに手あたり次第に詰めこんでいく。薫を抱き上げる。薫がしきりに声をあげている。その声も、遠くなったり近くなったりする。荷物を抱え、私は女の部屋にいった。

襖を開けると、女はぎょっとした顔で私を見上げる。女の部屋はものであふれていた。色あせた和箪笥が部屋を包囲するように並び、窓もふさいでいる。紐でくくられた雑誌と新聞が積み重ねられ、和箪笥の前にカラーボックスが置かれ、その上にはいくつもの紙箱が重ねられている。片目のとれたぬいぐるみや、針箱や、フリルのついたクッションや、黄ばんだタオルが散乱している。銀色のカセットデッキから女の歌う演歌が流れている。電源の入っていない古めかしいテレビの上には、箱に入った人形や木彫りの熊がのっていた。あまりにも脈絡なくごたついているために、そこにもまた、生活のにおいがまるでなかった。まんなかにこたつがあった。そこだけぽっかりと空洞に見えた。こたつの隅に蜜柑の皮がまるめて置いてあった。橙色がやけに鮮やかに見えた。すべてが蛍光灯の青白い光に照らされている。女はこたつに入ってぎょっとした顔のまま私を見上げている。

「抱いていいよ」私は薫を押しつけるように女に渡した。女は目を見開いたまま私から薫に視線を移し、なかなか抱きとろうとしない。無理矢理押しつけると、おそるおそる腕を広げ、薫を抱いた。女は薄いガラス玉を抱くように、こわごわと薫を抱き、そしてひきこまれるように薫に頰ずりをした。薫は勢いよく泣き出す。それでも女はやめない。薫の頭に、頰に、自分のにおいをなすりつけるように、はりのない頰で撫でさする。無表情な女の顔が、さっき思い浮かべた赤ん坊を抱く見知らぬ女に、一瞬重なり合う。

「触らないでなんて、いつかは言ってごめん」

思わずそうつぶやくと、女はばつが悪そうに頰ずりをやめ、私に薫を突き返す。薫は泣きやまない。

「うるさいよっ、母親なんだから泣きやませなっ」

女は言うと私に背を向け、尻を突き出すようにしてカセットデッキの音量をさらにあげた。隣の家にまで聞こえるような大音量が部屋に響く。私は抱っこホルダーに薫を座らせママコートを羽織り、荷物を手に部屋を出た。

「どこいくんだよっ」

靴を履いていると、襖から顔だけ出して女が叫ぶように言う。

「買いものいってくる」

逃げるのだと言えなかった。「何か買ってくるものある?」いつものように訊いた。女は眉間にしわを寄せ、私とボストンバッグを交互ににらみつけ、

「蜜柑っ」投げ捨てるように言うと襖をパンと閉めた。

外に出る。空は重たく曇っている。引き戸を閉め、泣く薫の背を撫でさすりながら、雑草の生い茂る庭を突っ切り門を出る。ごめんおばさん。蜜柑は買って帰れない。ごめんおばさん。心のなかでくりかえしながら足を速める。電話のあの女はすぐに警察に通報するだろう。もうしたかもしれない。ごめんおばさん。台所を勝手に借りたのに、布団も使わせてもらったのに、薫のごはんを作らせてもらったのに、生活を味わわせてもらったのに、蜜柑は買って帰れない。

胸の内でくりかえしながら、ひとけのない路地を小走りに進む。この数日で、薫がぐんと重く

なったような気がする。息切れがする。それでも足をゆるめるわけにはいかない。どこにいこう。どこにいこう。行き場はどこにある。どこなら見つからない。

とりあえず駅に向かおうと歩きはじめたものの、息が切れ、足と肩が痛み、女と会った公園のベンチに腰かける。陽が射しているが空気は冷たい。かじかんだ手に息を吹きかける。その手に薫が手を伸ばす。薫の手も冷たかった。ボストンバッグから帽子を出して薫にかぶせてやる。薫の手にも息を吹きかけあたためる。

どこにいこう。どこなら逃げおおせる。どこにいこう。どこに。問いがぐるぐるまわるだけで、動くことができない。公園は家族連れが多い。ベビーカーを押す若い父親と母親。着膨れた子どもを抱いて歩く父親。笑い声が陽射しにはじける。そうか、今日は日曜なんだと気づく。正面のベンチでは、野球帽をかぶった男性が新聞を読んでいる。私は思わず薫を抱きしめてうつむく。あの新聞に私のことが書かれているのではないか。うつむいたまま、上目遣いに男をうかがう。彼の足元で、やっと歩けるくらいの子どもが遊んでいる。舞い降りてくる鳩にこわごわ近づいては、ふりかえって父親に何か話しかけている。若い父親はかまわず新聞を読んでいる。向こうから白いコートを着た女性が走ってくる。母親らしい。子どもは母親に向かって駆けだし、しかしすぐに転んでしまう。母親が走り寄り彼を抱き上げる。わあーん、という泣き声が私のところまで聞こえてくる。

遠くから音楽が聞こえてきた。聞き覚えのあるメロディが、次第に大きくなる。家族連れが集う休日の公園で、その音楽だけがなじみ深いものに思えた。ママコートで薫をくるみ、隣に置いたボストンバッグに手をかけて、私は立ち上がった。白いバンは、歩道のわきを徐行して走ってくる。私は道路に走り出て、片手を大きくふった。

バンが停まる。運転席の窓から女の人が顔を出す。このあいだ水をくれた人と同じような三角巾をかぶっているが、もう少し老けた女だった。

「あの、水を」私は言った。「水を、前に、もらって」

「ああ、お客さん？　ちょっと待ってね、この少し先に停めるから。ここ、怒られちゃうからね」女の人は言い、ゆるゆると車を前に進めた。走って追いかける。

数十メートル先に車を停めた女性は、車から降りてきてバンの扉を開ける。

「ご入り用はお水だけ？　まあ、かわいいねえ」

バンにうながすようにしながら、彼女は薫をのぞきこむ。

「違うんです。あの、いただいたお水で、この子のアトピーがずいぶんよくなったんです。それであの、そこで、ホームで、暮らしたいんです」

ほとんど叫ぶような声が自分の耳に届いた。女の人は眉間にしわを寄せ私をじっとのぞきこむ。

「知り合いから聞いたんです。そこで暮らして子どものアトピーがきれいになおったって。だからあの、私、この子とそこで暮らしたいんです。連れてってください。お願いします」

私は頭を下げた。女の人のはいた白いズックが目に入った。汚れのないズックがまぶしかった。

「でも私が決められるわけじゃないし……」

「じゃあ、決められる人のところにつれていってください。お願いします。お願いします。お願いします」

私はくりかえした。あうあうと、ちいさく薫が声を出す。女の人は薫に目をとめ、

「女？」と訊いた。何を訊かれているかわからず、は？　と訊き返すと、「その子、女の子？」と訊く。

「はい、六カ月です、でもこの子も面倒かけるようなことないですから。私もなんでもします。お願いします」

言っているうち、本当に、そこしかいくところがないのだと思った。

「なんでもするって、奉公先やないんやから……」女の人はあきれたように言い、助手席をちらりとふりかえった。「じゃあ、乗ったら。ホームメンバーになれるかどうかはわからへんけど、まあ、連れていくのはかまへんよ。でも、あちこち流していくから、帰るのは夜になるけど、いいの」女の人は言いながら、助手席のドアを開けた。

通りがかりの公園や団地の中庭に女の人は車を停め、「いらっしゃいませ、いらっしゃいませ」と遠慮がちにマイクで言った。客がひとりもこないときもあれば、子どもを連れた主婦や中年女性が立ち寄って、野菜やパンを買っていくこともあった。手伝うようううながされ、私も車を降りて、抱っこホルダーで薫を抱いたままお金を受けとったり品物を渡したりした。お前を新聞で見

ただだれかが言い出すのではないかと気が気ではなかったが、買いもの客たちはろくに私の顔を見ず、薫に触れ、名前は何かだの、何ヵ月になるのかだのと訊いた。その都度適当なことを答えた。

日が暮れはじめたころ、バンはどこにも停まらず、国道をまっすぐ進みはじめた。

「おん出されたの？　あんた」

暗いバンのなかでふと女が訊いた。質問というよりは決めつけるような言いかただった。はい、と答え、康枝にしたような身の上話をするべきかどうか迷っていると、彼女が先に話しはじめた。

「私んとこは浮気。最後はもう堂々としたもんよ。仕事終えて帰ってくると、食卓で旦那と女がごはん食べてんのよ。地獄だったよ」

「それであの……」そこから逃げ出してきたのかと訊こうとすると、ハンドルを握る女はウィンカーを出し、

「エンゼルさんに会えて救われた。ホームで暮らせなかったら私、旦那とあの女を殺してたかもしれへん」

独り言のようにつぶやいた。どう見ても五十代に見える女性が、エンゼルなどと口にするのはへんな感じがした。あやしい集団という康枝の言葉をちらりと思い出す。

「ま、それもみんな昔の話。現世で苦しんでいたころの話」彼女はそれもまたひとり納得するように言うと、車を路肩に停めた。

「電話するから、ちょっと待ってて」

そう言い残して車を降り、自販機の隣にある公衆電話に向かった。

一週間か、いや、三日でもいい。とにかく寝る場所を確保しなくては。次にどこへいくか、そのあいだに決めればいい。康枝の言うとおりあやしげな宗教団体だったら、それから逃げ出せばいいことだ。白い街灯に照らされる彼女の後ろ姿を見ながら私は考える。薫は半分目を開けて眠っていた。

「もうひとり、乗せてからいくから」

戻ってきた女性は言い、「そういえば、私は文代。古村文代。エンゼルさんに名前もらってんけど、それはどうも恥ずかしくてね」照れ笑いをしながらエンジンをかける。

「どうぞよろしくお願いします」私はそれだけ言って頭を下げた。

商店もファストフード店もない暗い国道をバンはひたすら走り、踏切で左折し、線路に沿って走った。線路の向こうにやがて明かりが見えてきて、ちいさな駅があらわれる。大久保駅、とあった。どこの県だか、私には見当もつかない。文代はバンを降りて駅に向かい、しばらくして、ひとりの女性を伴って戻ってきた。髪を茶色に染めた、まだ女の子といったほうが似合うような女性だった。ジーンズ姿の彼女は、ナップザックを背負い、片手にコンビニエンスストアのビニール袋をぶら下げている。

「詰めれば三人座れるでしょ」

助手席のドアを開けて文代が言い、女の子が乗りこんでくる。

「こんにちは」

席を詰める私に向かって彼女は笑いかけた。転校生が隣の席の子に言うような明るい調子だった。つられて私も、こんにちはと頭を下げる。

「赤ちゃんじゃない。六ヵ月くらい？　ねえ、抱かせて」

女の子は馴れ馴れしく言い、薫に手を伸ばしてくる。抱っこホルダーをはずし薫を任せると、眠る薫をのぞきこんだり、話しかけたりしている。文代がふたたび運転席に乗りこんで、バンは走り出す。

「あんたは家出でもしてきたの」文代がハンドルをさばきながら女の子に訊く。

「やだあ、私、そんなに若く見えますか？　家出するような年じゃないですよ。私はちゃんと考えて、ちゃんと自分で決めて、ホームにいこうって思ったんです。ねえおばさん、ホームに入る前に試験とか研修とか、そういうのがあるんでしょう？　もちろん入れてもらえない場合もあるのよね。そういう選別ってどうやってされるのかなあ、言っちゃいけないこととかあるんですか？」

薫を抱いたまま女の子はべらべらとしゃべる。文代は迷惑そうな顔でちらりと女の子を見、「おばさんなんて呼ぶんやないよ。私には古村文代ってちゃんと名前があるんや」と、私に話しかけてきたときとはうってかわって、無愛想に言った。

女の子は悪びれることなく「文代さん、よろしくお願いします。私は沢田久美。ジュリーの沢田に、久しく美しい。あなたはなんてお名前なの?」笑顔で眠る薫をのぞきこんでいる。薫は揺さぶられ、ちいさなうなり声を出した。起こされたらまた泣き出すに決まっている。「よろしくお願いします」私はあわてて彼女から薫を取り上げた。

それからしばらく、久美は文代にあれこれと質問をした。ホームに入る資格はどのように得られるのか、財産をすべてとられるというのは本当なのか、どんな仕事があるのか、文代はホームに入ってどのくらいなのか、ホームの人は野菜しか食べないと聞いたが本当なのか……。文代はむっつりと黙りこみ、それらの質問に何ひとつ答えない。

文代の不機嫌にようやく気づいたらしい久美は、私を見て肩をすくめてみせると、コンビニエンスストアの袋から新聞を取り出して広げた。

「そんなもの、持ちこめへんよ」

ルームライトをつけて新聞を読みはじめた久美に文代が言う。

「じゃ、途中で捨てる。それならいい?」

文代はため息をついて正面を向いた。

「ふうん、新聞は持ちこみ禁止なんだ。じゃあ雑誌ももちろんだめだよね」久美はつぶやきながら、折り畳んだ新聞を読んでいる。何気なく彼女の指先を見ていた私は、見慣れた文字が視界をちらついた気がして、彼女の持つ新聞へと目を移す。そして声を出しそうになる。あわてて口元を片手で覆う。

二十九歳女性を指名手配──秋山さんの知人女性──以前夫妻とトラブルの──身を寄せていた千葉県市川市──野々宮希和子容疑者は身長百六十センチ──いっぺんに押し寄せるように文字が目に飛びこんでくる。口を開いたら心臓がぼとりと落ちてしまうような気がして、口にあてた手を外すことができない。体が小刻みに震え膝頭がぶつかる。久美は狭い空間で新聞を器用にめくり、私の名前は見えなくなる。

その新聞を見せて。今の記事を読ませて。喉元までせり上がる言葉を私は飲みこむ。ついにきた。追いついてきた。こんなに早く。大声を出しそうになり私は自分の指をかむ。片手で薫を強く抱く。

「ねえ、文代さん、あとどのくらい走るの?」新聞をめくりながら久美がのんきな声を出す。

「あんた、寒いの?」文代はそれには答えず、私をちらりと見て訊いた。

私たちを乗せたバンは店の明かりも街灯もない山道を延々と走る。途中、文代は久美に、新聞を捨てるように命じた。

「雑誌も?」久美が訊くと、文代は無言でうなずいた。「でも、どこに捨てるの」

「窓からほかし」有無を言わさぬ口調で文代が答える。

久美はちらりと私を見たが、窓を開けると、新聞を捨て、ナップザックから雑誌を出して、それも窓の外に放った。雑誌は意外にも赤ちゃん雑誌だった。私の名前が載った新聞と、笑う赤ん坊が表紙の雑誌は、見る間に背後に流され、墨のような闇にかき消される。気分が悪くなるほど心臓が鳴り響いている。何も見なかった、新聞には私の名前など載っていなかった。懸命に自分に言い聞かせる。

やがて前方に、ぼんやりと白い塀が見えてくる。バンは左折し、がたがたと揺れながら塀に沿って走る。久美は背伸びをして塀を見ている。この向こうがエンジェルホームなのだろうか。塀がとぎれ、やけに頑丈そうな鉄の門があらわれる。門の上にはアーチがある。明かりがいっさいないので、全貌がよくわからない。文代はバンを下り、インターホンを押し何か言っている。門がゆっくりと開く。バンはさらに暗い門の内側へと進んだ。闇を射すヘッドライトが、ずらり並んだ子どもの頭をふと浮かび上がらせ、私はちいさな悲鳴をのみこんで窓の外を凝視する。

芝生敷きの敷地の隅に、ぎっしりと並んでいるのは子どもではなく、人形だった。白い陶器のようにつるりとした、小ぶりの人型が、何列にも並んでいる。寺の境内でときおり見かける水子地蔵を思わせるが、地蔵というよりやはり人形である。ヘッドライトに浮かび上がったそれらは、バンが通り過ぎるとふたたび闇に沈む。ふりかえって闇にうっすら浮かぶ人形の列を見つめていると、バンが止まり、

「下りて」文代の声がした。私と久美は顔を見合わせ、無言でバンを下りる。

目の前に鉄筋の建物があった。素っ気ない白い長方形の建物で、校舎や病院を思わせる。入り口にも窓にも明かりが灯っていていてほっとする。文代に続いて入り口に向かった。

「なんかお化け屋敷みたい」私の後ろを歩く久美が小声で言い、ふりかえった文代ににらまれていた。

ガラス戸の向こうには、女が二人立っている。私たちの姿を認めると、ガラス戸を開けなかに招き入れる。

「施しを、ご苦労さまでした」二人は文代に深々と頭を下げ、それから私に視線を移す。

「赤ちゃんがいるのね、ちょっといい？」ひとりが両手を差し出し、眠る薫を抱き取る。二人は交互に薫をのぞきこみ、「寝てる」「六ヵ月か、七ヵ月くらいかね」「かわいいじゃないの」「女の子ね」と言葉を交わす。二人とも、三十代後半か、四十代になっているかくらいに見えた。そろってトレーナーにジャージ姿である。立ち尽くし建物内を眺める私と久美に、文代がスリッパを用意した。

内部も学校によく似ていた。入り口に下駄箱があり、白い壁に淡い色彩の絵が飾ってある。なんの変哲もない花の絵だった。久美と目配せをして靴を脱ぎ建物に上がる。スリッパのひんやりした感触が足元からせり上がってきた。

文代と出迎えた二人は小声で何か話している。薫を抱いた長い髪の女が、

「今日はもう遅いから、手続きは明日にしましょう。部屋に案内するからそこで休んでね」と私たちに言う。

彼女は薫を抱いたまま、廊下を進み、階段を上がる。私と久美もあとに続いた。薫が起きて泣

き出さないか不安だったが、知らない人の腕のなかで静かに眠っている。建物内は静まり返っていて、私と久美のたてるスリッパの音がぺたぺたと響く。静かだけれど人の気配、暮らしの気配がある。甘い菓子のようなにおいがほのかに漂っている。廊下にも、階段にも、ゴミひとつ落ちていない。学校に似ているが、静けさと清潔感が、修道院という言葉を思い出させる。

女が案内してくれたのは、四畳半くらいのちいさな部屋だった。窓には生成《きなり》のカーテンがかかり、壁際に二段ベッドがあり、スチール製の机がひとつある。家具はそれきりの、そっけない部屋だ。

「洗面所とお手洗いは廊下の突き当たりにあるからね。お湯は一階。入浴時間は決まってるけど、今からなら入ってもいいわよ」

立ち尽くし部屋を見まわしている私と久美に、髪の長い女は言う。

「それから、あとで書類を持ってくるから、明日までに必要事項を記入しておいてちょうだいね」

女はおだやかに笑いかけ、薫を抱いたまま部屋を出ていこうとする。

「あの、薫を」驚いて私は女の前に立ちふさがった。

「ああ、薫ちゃんというの。だいじょうぶよ、こちらでちゃんとお預かりしますから」

「えっ、そんな、困ります。預かっていただかなくても私が面倒見ますから」

女の人はふとあわれむような顔で私を見、

「それじゃあ今日はあなたもここで寝ましょうか」眠る薫に小声で言い、私にそっと返した。

女が持ってきた書類は、奇妙な質問事項ばかりが並んでいた。名前と生年月日を書き入れる欄があるのに、住所や連絡先の記入欄がない。かと思うと、小学校から最終学歴までが問われている。就業記録もできるだけ細かく書くようにと指示されている。履歴書を書くような気分で書き入れていくと、「好きな色」「食べられないもの」など、どことなく幼稚な質問がある。どこまで真剣に書くべきなのか悩みながら、それでもひとつずつ答えを埋めていくと、所持している銀行口座と預金額、という質問に行き当たった。

あやしい集団。勧誘。康枝の言葉を思い出す。もしここで暮らすとするのなら、預金はすべて差し出さなければならないのだろうか。

ドアが勢いよく開き、私はびくりとしてふりかえる。濡れた髪の久美が入ってくる。さっきの女性が着ていたようなトレーナーにジャージを着ている。

「お風呂、温泉みたいで気持ちいいよ。だれもいないし。タオルも石鹸もある。ドライヤーはなかったけどね。脱衣所にさあ、下着もトレーナーも置いてあるの。トレーナーは借りたけど、下着はちょっとね。入ってきたら？　赤ちゃん入れるのたいへんだったら手伝おうか？」切れ目なく言いながら、私の手元をのぞきこむ。銀行口座に目がとまったのだろう、私をちらりと見て、

「ここ、所持金全部巻き上げるって噂があるよ」と言う。

「正直に書くべきなのかしら。久美さん、どうする？」訊くと、

「私は書くよ。持ってるお金なんて三十万くらいだもん。それでここに住まわせてくれて、ごはんも食べさせてくれるなら、安いもん」

久美は言い、下段のベッドに寝かせた薫をのぞきこみ、そっと腹をたたく。まだ躊躇しながらペン先を見つめていると、背後から低い久美の声が聞こえてきた。

「私、いくところなくてここにきたの。噂だけど、私たち、たぶん明日から研修を受けさせられるよ。合格すればここに居残ることができるし、できなかったら外に返される。私、居残るためだったらなんでもするし、信じていないことだって、信じるふりをするんだ。あんたは……ねえ、あんた、名前なんだっけ」

「希和子」私は言った。偽名を言おうかと思ったが、しかし通帳の名前を見られれば、すぐにばれてしまう。久美がさっきの新聞記事を記憶していないことを願いながら、私はちいさくつぶやく。野々宮希和子、と。

「希和子さん、希和子さんはなんでここにきたの。だれかに勧誘されて？　ここの考え方に惹かれて？」

「私もいくところがなくてきたのよ」

久美が私の名を聞いても驚かなかったことに深く安堵し、私は言った。そもそも、エンジェルホームがどんなところなのか、宗教施設なのかどうかも私は知らない。何か訊かれるだろうかと思ったが、久美は何も訊かず、かわりに言った。

「なら、正直に書いたほうがいいんじゃない。ここの噂、お金をとるとか、働かせるだけ働かせて、用なしになったら無一文で追い出すとか、聞いたことあるけど、私にしてみれば、殺されるわけじゃなし、噂が本当だったとしても、そんなことどうってことないよ」

そのとき、闇に流されていく新聞が目に浮かんだ。そしてひらめくように思った。この敷地内には、新聞も雑誌も持ちこめないのだと文代は言っていた。ということは、ここにいるかぎり、私の素性がばれることはないはずだ。新聞記事を細かく読まなかったけれど、容疑者として私の名前が公表されたことは事実なのだ。だとしたら、私は久美以上に、ここしかいるところがない。ここにいれば、ここの人たちに素性を知られることさえなければ、ひょっとして私は薫といっしょにいることができる。薫に、食事と眠る場所を与えてやることができる。

薫がちいさなうめき声をあげた。ベッドに近寄る。顔をしかめ、いやいやをするように首をふり、薫はちいさな息を漏らしている。泣くな、泣くな、と念じていると、薫の額に指をはわせ、久美が低い声で子守歌をうたいはじめた。ねんねんころりよ、おころりよ。薫は眠ったまま親指を口元に持っていき、それをしゃぶる。静かな部屋に、久美の子守歌だけが響く。

「久美さん、子どもがいるの」

思い切って訊いた。

「今度の四月で三つになるよ。とられちゃったけど」

久美は薫の額を撫でながら答えた。

「とられたって……」

意味がわからずドキリとする。久美は顔を上げず、ささやくように言った。

「夫だった男にね。正確に言えば、夫の両親に。私も女の子を産めばよかったな。そうしたらとられずにすんだかもしれない」

私は久美の横顔を見つめた。まだあどけなく見える久美が過ごしてきた、私の知りようのない日々が、ぱさついた茶髪からのぞく横顔に、一瞬かいま見えたような気がした。

三月二日

今日までの二週間、ずっと研修のようなものを受けていた。そのあいだ、必要最低限の荷物以外は預けさせられた。スタディと呼ばれるその研修を受けている日中、薫は私の手元から引き離され、返してもらえるのは夜、眠る直前だけだった。最初は薫と離されることに抵抗したが、ルールに従えないならここでは暮らせないと言われ、承諾するしかなかった。日中、だれがどんなふうに薫の面倒を見ているのか不安だったが、夜に私の手元に返される薫からは赤い点々もなくなり、おむつも衣類もちゃんと替えてもらっている。

ホームに人の気配はあるが、めったに他人と顔を合わせることがない。たまに洗面所や風呂場で知らない顔と出会うが、みな無言のまま会釈するだけだ。

研修に参加したのは、私と久美、それから徳田さんという四十代の主婦、二十歳の沙絵ちゃん、私とほとんど年のかわらない三枝さん。この三人は、私たちが到着した明くる日の午後にホームにやってきた。

指導係はマザーと呼ばれ、田辺エレミアと諸橋サライという女性が、この二週間毎日のように私たち五人を指導した。二人とも四十代半ばくらい。奇妙な名前はここで与えられた名前らしい。化粧気がなく、サライはにこにこと愛想がいいが、エレミアは気むずかしく見える。

二週間前の研修一日目、指導役の女性が真っ先に言ったことは、エンジェルホームは宗教団体ではない、いわばボランティア団体である、ということだった。ホームは現世において具現化された楽園であり、その楽園のありかたを、世間に伝えるという奉仕を行っている、というのである。

そして諸橋サライは私たちを見まわし、「あなたは男か、女か」と訊いた。質問の意味がよくわからず、私たち五人はさぐるように視線を交わしあった。

「そんなん、女にきまっとる」年若い沙絵ちゃんが笑い、少し場のムードがほぐれる。するとサライはにこやかに、「どうして女だと思うの？　その考えの源は何？」と訊く。

「おっぱいがある、ちんちんがない」沙絵ちゃんが答える。

「それだけ？　ほかの人はどう思う？」さらに訊かれ、

「生理がある」「子どもを産める」久美と徳田さんがぼそぼそと答えた。

諸橋サライはそれに反論せず、

「もう一度訊くね。おっぱいがある、生理がある、だからあなたは女？　男ではない？」

ふたたび問いをくりかえす。

「女と違うの」

沙絵ちゃんが、今度は自信なさげに言う。その考えの源を教えて、とまたしてもサライが訊く。

こんな問答が二時間も三時間も続く。

十二時になると、トレイに載った昼食が運ばれてきて、指導係の二人は部屋を出ていき、私たちは五人でそれを食べた。野菜しか食べないようなことを久美は言っていたが、プラスチックの容器には野菜の煮物と蒸し鶏が入っていた。

「へんな質問やね」「これ、ずっと続くんじゃないの」「今度、男って言ってみようか」「でも、その根拠はって訊かれたら？」お互い名前しか知らない五人だが、指導係がいないので、なんとなくうち解けて会話をした。

一時に指導係が戻り、あなたは男か女かと、また同じ問答になる。

「それじゃあ訊くけれど」二時過ぎに、やっとサライがちがう質問を口にした。「おっぱいの出ていない、生理のない十歳の子どもは、男ということになるのかな？」

「でもちんちんがあらへんから子どもだって女やろ」沙絵ちゃんがすかさず言うと、

「身体的特徴だけが男と女という考えの源？」すかさずエレミアが訊く。

私はほとんど発言をせず、じっと問答を聞いていたが、指導係が何を指導したいのか、何をわからせたいのかが、さっぱり理解できない。ただの時間の無駄という気もした。結局、この日はエレミアもサライも問いを投げかけ話をさせるだけで、本当の答えがどうであるのかを言わず、研修は終わった。午後七時を過ぎていた。

それから連日、似たような内容のくりかえしである。あなたは若いか、年老いているか。あなたは美しいか、醜いか。あなたは太っているか、痩せているか。二人はそんな問いを投げかけ、私たちに話をさせ、解答は出さずにその日の研修を終える。あなたは鳥か、魚か、なんてばかげた問いもあった。

こんなことが何日も続くと、研修を受けているのがばかばかしくなる。男でも女でも、鳥でも魚でも、もうなんだっていいから早く終わらせて薫に会いたいと、そればかり考えて時間をやり過ごした。

昨日、奇妙なことになった。その日は男か女かという二者択一の問いではなく、「あなたが一番手に入れたいものは何か」とサライが訊いた。この場の雰囲気にすっかり慣れて、ウケまでねらうようになっている沙絵ちゃんが、やはり最初に「美貌やな」と答え、くすくすと笑い声が起きる。

美貌というものを持っているだけでそれがなんの役にもたたないとしてもあなたは美貌が欲しいかと、サライがおだやかに訊き返す。

「なんの役にもたたへんことなんかあらへん。きれいやったら人がふりかえるし、男の子にももてる。モデルにでもタレントにでもなれるし、条件のいい人と結婚できる。私、美しさは力やと思うねん」

沙絵ちゃんの答えを聞くと、今度はエレミアが間髪入れずに言う。

「ほら、あなたが言っているのは、美貌は目的ではなくて手段だということでしょ。美貌というものを使ってあなたが手に入れたいものは何？ 力？ 仕事？ いい条件の結婚？ それを答えなきゃ」

エレミアはサライと違い、滅多に笑わず声も低いので、話しかたに熱が入るとどやしつけているような感じになる。沙絵ちゃんは少し考えたあと、「別れた恋人の心」とつぶやくように言った。

「どういうこと？」子どもをなだめるような口調でサライが訊くと、沙絵ちゃんは、熱に浮かされたように自分の失恋の顛末《てんまつ》を切れ目なく話し出した。大学の同級生である恋人が、べつの女の子と交際をはじめて、自分は捨てられた、なぜ選ばれたのが他方であり自分でないのかがどう考えてもわからない、認めたくないが他方が容貌において自分より勝っているという理由しか思い当たらない、自分がもし他方より美しければ、選ばれたのは自分だったはずだと、それが沙絵ちゃんの話で、二十歳という年ごろにはよくある悩みだと半ばほほえましく私は聞いていたのだが、しかし話の途中で沙絵ちゃんが泣き出し、それをきっかけに、会議室に漂うムードが昨日までと微妙に変わりはじめた。意味のわからない問いにとまどっていたり鼻白んでいたりした雰囲気がじょじょに一掃され、みな熱心に沙絵ちゃんの話を聞き、それに対し指導係の二人が何を言うのかをどちらかといえば積極的に待っている、そんなふうに思えた。

「するとと別れた人の心というのも手段ね」と、やわらかい声でサライが言う。

「美貌も手段。別れた恋人の気持ちも手段。あなたが本当に欲しいものは、そんなものじゃない、そのもっと奥にあるはずよ」と、言うのである。

するとと突然、私が欲しいものはお金であると、今度は久美が話し出した。ほとんど身の上話だった。

二十四歳で結婚した、両親と別居が条件だったのに妊娠を機に同居することになった、二十五で男の子を産んだが、姑が独り占めするように赤ん坊の面倒を見て私に抱かせてくれなかった、そのうち子どもは私に抱かれると泣くようになった、夫は両親をたててばかりで私の話を聞かず、そのうち家にあまり帰らないようになった、外に女がいることがわかった、そのことを責めると、帰ってきておまえの文句を聞くのはうんざりなんだと言われた、舅と姑は息子の浮気を知っても非は私にあると言い張った、子どもを連れて家を出たが、夫と彼の親が追いかけてきて子どもを連れていった、裁判まで起こされて親権をとられた、久美は一気に話した。

聞きながら、ひょっとして久美はわざとやっているのではないかと私は思った。何も信じられなくても信じるふりをしてここに残ると言っていたから、指導係に気に入られるように、わざとそんな話をはじめたのではないか。けれど久美は、お金がないばっかりに裁判を続けることができなかった、お金がないばっかりに親として認めてもらえなかった、お金がないばっかりに息子と遠くに逃げられなかったと、ほとんど絶叫するように言い募り、「悔しい、悔しい、悔しい」膝に顔を埋めてうなるように言い、そして沙絵ちゃんと同じように泣き出したのだった。徳田さんと三枝さんがもらい泣きをはじめ、部屋はしんと静まり返った。

それからは告白大会だった。

徳田さんは、ひとり娘がぐれて家庭内暴力をふるうようになったと話した。欲しいものは過去だと言った。過去から娘との関係を作りなおしたいのだと言う。三枝さんは、取引先の人と不倫をしている自分が許せないと言った。不倫をやめる勇気が欲しいと言った。みんな、伝染したように話しながら泣き、人の話を聞きながら泣いた。

自分の番がまわってきたとき、私は何を話すべきか。私はずっとそれを考えていて、だれの話にも感情移入することができず、みんながなぜいきなり集団ヒステリーのように泣き出したのか、不思議でたまらなかった。

四人の告白が終わると、二人がちらりと私を見た。

「無理して話すことはないのよ」とサライは言ったが、しかしここで黙っていては、隠すべき事情があるのではないかと勘ぐられると思い、私も口を開いた。

私も三枝さんと同じように、職場の上司と恋愛をしていた。いつか結婚できると思っていた。

彼もそう言っていた。静かな部屋に、私の声が響く。

康枝にした話を組みたてなおすため、そこまで言って私は口を閉ざした。六人の女性たちがじっと私を見ていた。泣きはらした赤い目があった。私が話し出すのを待っていた。部屋にはなんの物音もしなかった。そのとき、どうしたことか私はすべて、本当のことすべてをこの場でうち明けたくなった。この人たちはだれも私を責めない。ここから追い出すことはしない。だれも私を犯罪者とは断じない。だれも私と薫を引き離さない。確信するように私は思った。だから、だからここで、洗いざらい話してしまおう――。

その衝動をおさえるのは思いの外苦しかった。私は頭に残るほんの数パーセントの理性で、なんとかそれをおさえこむ。私は呼吸をし、言葉を選びながら話した。

彼の離婚が成立していないのに私は子どもを身ごもった。そのことが奥さんにばれた。奥さんから嫌がらせの電話がきた。何度も何度もきた。絶対に離婚はしないと言われた。おろしてくれと彼にも頼まれた。けれど私は産んだ。たったひとりで薫を産んだ。

いつのまにか慎重に選んでいたはずの言葉は、頭を経由せずほとばしるように私の口をついて出た。言いながら思った。これは嘘だ。これは本当だ。違う、これはすべて私の願望だ。あのとき身ごもった子を産むこと。なんと言われようと産み、たったひとりでも育てること。私が口にしているのはかなえられなかった私の願望だ。

私が欲しいのは、だから未来だと私は言った。私が産んだ子どもとともにいられる未来。だれにも奪われることのない未来、欲しいのはそれだけだ。

　気がついたら私も泣いていた。この場にいる女たちに心を許してもいないし、何もかも本当のことなど言ってはいない、理性でうまくごまかしているのに、私はしゃくりあげ、鼻をすすり、嗚咽し、しまいには言葉を発することもできないほどに泣いていた。部屋にはまた、女たちのすすり泣く声が響いた。

「美貌もお金も、平穏も結婚の保証も、それから未来も、みんな手段だと思わない？　その手段の先にある、本当にあなたが欲しているものの正体を考えてみようよ」

　諭すようにサライが言い、その日の研修は終わった。指導係の二人が出ていくと、みんな惚けたようにその場に座っていた。その日の晩、薫と眠るころには、あれはいったいなんだったんだろうと私は思った。しかしたしかに、嘘でも本当でも、自分の話をだれかに聞いてもらい大声で泣くことは、奇妙な心地よさがあった。みんなそれに酔っていたのかもしれない。

　今日は、告白大会などなかったかのように、初日と似たような内容の問答がくりかえされた。ふたたび、あなたは男か、女か、という問いである。

「女のように思っていたけれど、本当は、男でも女でもないのかもしれない」と、久美が発言し、その考えの源について質問されていた。これにはうまく久美は答えられなかった。

　私はほとんどだれも発言をしない時間のなかで、ぼんやり考えていた。もし私が女ではなかったら、秋山さんが男ではなかったら、そうしたら、かつてずっと抱えていて、そして今もなお抱えている苦しみなど無ではなかったか、と。野々宮さん、どう思う？　とサライに訊かれ、「幼稚な考えかもしれないけれど……」と前置きして、私は考えたままを口にした。「もし男だとか女だとかがなかったら、私はもっと楽だったかなって……」

「幼稚ではないわよ」とサライは言う。「もし魂で人と出会えることができたら、私たちの苦しみはほとんどが不必要だということになるよね。自分は女だ、自分は若くない、自分は醜い、そういう思いこみは全部、いらない荷物だと思わない？　手放してしまえば、うんと軽くなるようなものだと思わないかな」

みんな、すっと納得したような顔を彼女に向けた。これを聞いてこのホームの考えかたと研修の意味がわかったような気がした。肉体ではなく魂に重きを置いているのだろう。この二週間の無意味とも言える問答で、魂というものの存在を、実感として理解するようにしむけているのだろう。私のなかで、本当にサライの言うとおりだと思う気持ちと、考えかたとしてさほど目新しいことはないじゃないかと思う気持ちとが、両方あった。今日はいつもより早めに研修が終わり、「スタディはこれで終了」と聞かされる。

久美の情報によれば、研修が終わったあとに個別面談があり、そこでホーム残留の可否が決められるという。それはあくまでも噂で、私たち五人は、明日のスケジュールに関しては何も教えてもらえない。

部屋に戻ると、知らない女性が薫を連れてきてくれる。薫が私を見てほっとした顔つきをするのがわかる。この二週間の前半は、どれだけ泣いたのか、薫の頬に涙の筋がついているのがかわいそうでならなかった。研修が終われば、一日薫とともにいることが許されるのだろうか。

三月三日

午前九時ごろ、エレミアが呼びにきて、バンに乗るよう言われる。今日は薫と引き離されることがなく、ほっとする。ホームで支給されるトレーナーの上にママコートを羽織り、いっしょに研修を受けていた四人とともに、入り口前に停まっている白いバンに乗りこむ。水や野菜を売っていたバンとは異なる、古いハイエースだった。

サライが運転席、エレミアが助手席に乗り、バンは走り出す。おもては曇っていた。きたときには暗くてよく見えなかった庭を、窓から眺める。ずいぶん広大な庭で、敷き詰められている芝はていねいに手入れされている。ひとけはない。隅にはやはり、白い人形がずらりと並んでいた。花が生けてあるわけでもなく、供え物があるわけでもなく、ただ五十体ほどのつるりとした人形が列をなしてたたずんでいる。不気味に思えるのだが、久美もほかの三人も、とくに気にとめていないようだった。静かなバンのなかに、薫が発する言葉にならないか細い声だけが響く。

アーチをくぐり門から外に出る。おもての世界をずいぶん久しぶりに見る気がした。

「どこにいくん」沙絵ちゃんが訊いたが、前列の二人は何も答えない。白い塀を背後にバンは進み、私は窓に額を押しつけ外を眺める。バンが走るのは下りの山道なのだが、ゆるやかな崖面になっている右手にも、雑木林になっている左手にも、うち捨てられたゴミが目立った。ゴミひとつ落ちていないホーム内にいたから、ゴミだらけの山道は異様な光景に見えた。ビニール袋や黒いテープの飛び出たビデオ、まるまったシーツや衣類のようなもの、解体されたカセットデッキや錆びた自転車、雨ざらしになった新聞や書類らしきもの。ここにくるとき、文代が久美の雑誌を窓から捨てるように言ったことを思い出す。

山を下り国道を二十分ほど走り、ホームと似たような素っ気ない建物の前でバンは停まった。下りるよう命じられ、ぞろぞろとみんなでバンを出る。犬の散歩をしていた中年女性が立ち止まり、バンから下りる私たちを遠目に見ている。あのおばさんがいる世界から、すでにずいぶん遠く隔たった場所にきてしまったように思う。

建物の入り口には「谷原クリニック」とあった。二人に続いて建物のなかに入る。待合室にも通路にも外来患者はおらず、閑散としている。受付のカウンターには、ギンガムチェックのカーテンがかかっていた。

待合室の長椅子に座って待つように言い残すと、二人は奥へいってしまう。薫が声を出しながら壁に向かって手を伸ばす。視線を移すと、お雛さまの写真が入ったカレンダーが貼ってあった。もう三月であることをあらためて知る。

「お雛さまだねえ、薫。これがお内裏《だいり》さまで、これがお雛さまだよ」長椅子から立ち上がり、写真がよく見えるようカレンダーに近づく。日にちを数えてみると、今日はちょうど雛祭りだ。はじめての雛祭りなのに、薫に写真のお雛さましか見せてやれないことがくやしい。いつかこの子に、この子だけのお雛さまを用意してあげることができるんだろうか。

日曜日であることに気がつく。どうりで人がいないはずである、クリニックは休業日なのだ。

「何されるんやろ」沙絵が落ち着かない様子でつぶやく。「希和子さんはのんきやね」カレンダーをめくり、桜や鯉のぼりの写真を薫に見せている私に向かって言う。

「さっき、お店あったよね。帰りに寄らせてって言っても、無理だろうなあ」久美が天井を見上げて言う。

「久美さん、何買いたいの」三枝さんが訊くと、

「私お菓子買いたいわ。うんと甘いもんとか脂っこいもん食べたい。あっこの食事、味薄いやろ」沙絵ちゃんが答え、

「私はなんか雑誌が読みたいわー」久美が間延びした声を出した。

雑誌。私はめくっていたカレンダーを元に戻し、待合室に視線を這わせる。ここが通常一般の人に開かれているクリニックだとしたら、新聞や雑誌が置いてあるのではないか。私の名前がどの新聞にもどの雑誌にもでかでかと書かれている錯覚を抱く。隅に設置された本棚には、しかしぼろぼろになった絵本しかなく、私は安堵の息を吐く。

エレミアが紙コップを片手に戻ってくる。全員に配り、採尿をするように言う。どうやら健康

診断を受けさせられるらしい。トイレに向かうみんなを見送って、「この子も健診を受けさせてもらえますか」と訊くと、彼女は無言でうなずいた。

神さま。私は心のなかで叫ぶ。あの老女の家で母子手帳を見てからずっと気にかかっていた。二月から薫はなんの健診も受けておらず、予防注射もしていない。ここにいれば最低限のことをしてもらえるはずだ。ああ神さま、ありがとう。今まで一度もつぶやいたことのないせりふを胸の内で叫びながら私もトイレへと急いだ。

以前会社で受けた定期健診と、ほとんど同じ内容の健診を受けた。採尿、採血、レントゲン、心電図、それから婦人科の検査があった。女医さんがひとりと、あとは数人の看護婦がいるのみだった。女医さんはサライたちと知り合いらしく、検査のあいだ軽口を交わしていた。ひととおりの健診が終わってから、薫が呼ばれる。服を脱がせるよう言われ、裸の薫を膝に座らせる。

「母子手帳は持ってきている?」診察室で女医が訊き、どきりとする。持たずにホームにきたと、動揺を隠して答えると、「何カ月?」女医が訊き、七月三十日生まれだと答える。私の膝に座る薫に聴診器をあて、目を調べ口のなかを調べ、胸囲を測り聴診をする。薫は目を見開き硬直したように動かない。夜泣きはするか、熱を出しやすいかなどと訊いたあとで、カルテに何か書きこみながら、

「じゃあBCGは終わってるわね、DPTは何回受けた? ポリオはどう? アレルギーはない?」早口で続ける。頭が真っ白になる。神さまありがとうという自分の言葉が、その空白にむ

なしく浮かぶ。何も答えない私を、女医がじっと見つめている。

「あなた、子どもを身ごもったのは一度きり？」

つぶやくように訊かれ、私はとっさに目をそらす。クリニックの、白くつるりとした床が目に映る。細い髪の毛が一本落ちている。鼓動が速くなる。

「アレルギーは、ありません」

女医の質問には答えず、私はそれだけ言った。声が、自分でもわかるほどかすれていた。女医はしばらく私を見つめていたが、薫を抱き上げ診察台に寝かす。薫は足をばたつかせ、顔をゆがめ体を左右にひねる。

「ああ、もうすぐ寝返りをするね」

女医は薫をのぞきこみ、そっと背に手をあてる。薫はころりとうつぶせになり、うつぶせになったそのことに驚くように目をぱちぱちさせている。頭のなかは未だ真っ白で、気分が悪いほど鼓動が速まっているのに、その様子があまりにもかわいらしくて、息を吐き出すようにして私は笑った。笑い声も震えていた。女医は寝そべる薫の腕や足を触り、抱き上げて私に返した。待ってましたとばかりに薫が泣き出す。

「一カ月に一度、私ではないけれどほかの人がホームもまわるから、何かあったらそのとき彼女に言って。急な場合はサライさんに言えばいいから」

薫に服を着せる私に女医は言い、診察室を出ていった。

薫を抱き、おそるおそる診察室を出ていくと、女医とエレミア、サライの三人が、通路の隅で何か話している。きっと私のことだろう。婦人科の検査で、経産婦ではないとばれたのかもしれない。今日、私はホームも追い出されるかもしれない。

「だいじょうぶ、だいじょうぶよ」泣く薫に言い聞かせる。

「あああ、泣いちゃって。薫ちゃーん、あとでアイス買ってあげるよー」久美がのぞきこんでも、顔を背け顔を赤くして泣く。「あれ、うちのはこう言えばぴたりと泣きやんだのにな」久美は笑う。

きたときと同じように、全員でバンに乗りこみ病院をあとにする。

「あっこのコンビニ、寄りたいねんけど」

国道でコンビニエンスストアを通過するとき沙絵ちゃんが言ったが、それにはもちろんエレミアもサライも答えなかった。沙絵ちゃんは、ふんと鼻を鳴らしすねたように爪をいじった。過ぎていくコンビニエンスストアを、バンの窓から見送った。やけに色鮮やかに見えた。沙絵ちゃんと同じくあの鮮やかな店内で、菓子や飲みものを物色したい気持ちがあふれた。診察のときによく泣かなかったねと、薫にそれこそアイスクリームやチョコレートを買ってやりたい。

そして次の瞬間、私は身を乗り出して窓に顔を近づけ、勢いあまって額を窓ガラスにぶつけてしまう。

「な、希和子さんもコンビニでお菓子買いたいやろ。薫ちゃんもアイス食べたいよなあ」

沙絵ちゃんののんきな声に、笑いで答えようとして、震えたような吐息しか出なかった。コンビニエンスストアを過ぎたところに立つ町内掲示板に、引き伸ばされた女の顔写真があった。見間違いでなければ、それは私だった。髪の長い、頬のふっくらしていたころの私。

「お菓子食べたいなら、ほら、これ、あげるわ」

サライがふりかえって何かを沙絵ちゃんに渡す。

「いやー、酢昆布やん。こんなん食べとうないわ」

バンのなかにちいさく笑いがおきる。薫を抱きしめ私も笑顔を作ってみる。うまく作れているかどうかはわからない。コンビニエンスストアも掲示板も、ふりかえってももう見えない。見間違いだ。見間違いに決まっている。明日にも素性がばれて薫をとられるのではないかとおびえているから、指名手配写真を見るだけで、全部自分に見えるのだ。

「だいじょうぶ、だいじょうぶよ」

もう泣きやんでいる薫を抱きしめ、私はそうくりかえしていた。早く帰りたい。早くあの白い塀の内側に。

薫をきつく抱きしめ、胸の内で祈るようにそうくりかえした。

三月四日

久美の言うとおり、午前中、私たちはスタディを受けていた部屋に、ひとりずつ個別に呼ばれた。先に面談を受けた久美に、何を訊かれたのか、何を言われたのか訊いても、一言も答えない。昼前に、エレミアが私を呼びにくる。貴重品だけ持ってくるようにと言われた。薫を抱き、今のところ私の全財産であるボストンバッグを提げ、昨日まで研修をしていた部屋にいった。長テーブルの向こうに、サライとエレミア、それに見知らぬ女性が二名座っている。テーブルには私の提出した書類がある。彼女たちと向き合うように椅子が置いてあり、座るようにとサライが笑顔で言う。

「どうする？　残る？　それとも、戻る？」白髪混じりの長い髪をうしろで結った女が訊く。

「残してもらえるなら、残りたいです」

「なぜ？　戻れない理由でもあるの？」

間髪入れずにエレミアが訊く。

「もう少し学びたいからです」私は言った。相手に聞こえているか不安になるほどちいさな声しか出ない。四人の女性はじっと私を見ている。テーブルの下に目を落とすと、四足の白いズックが見えた。そういえば、文代も真っ白なズックを履いていたと、そんなどうでもいいことを思い出す。あれから見かけていないが、文代はどこにいるんだろう。

私を見据えたまままだれも何も言わないので、私は口を開く。どうにでもなれと思った。久美の言っていたように、しがみつくだけしがみついてみよう。それで追い出されるならあきらめるしかない。薫と生きられる場所をなんとか見つけていくしかない。

「研修の」

「スタディの」口を開いたとたんエレミアに訂正される。

「スタディの最後の日に、思いこみは全部、不要な荷物かもしれないと言われました。本当にそうかもしれないと思いました。でも本当にそうだと思えるには至ってません。自分が女か男かと訊かれたら私はまだ女であると答えると思います。もう少し知りたいんです。不要な荷物とともに苦しみを捨てるということを学びたいんです。できるならば、父親のいないこの子にも、不要な荷物は持たせたくないんです。苦しいことやつらいことから解放された生きかたをしてほしいんです」

一気に言った。本当にそう思っているのか、彼女たちの気に入りそうなことを言っているのか、自分でももうよくわからなかった。四人は身動きひとつせず私を見ている。私が口を閉ざすと、しばらくの沈黙のあと、髪を結った女性が私から視線を逸らさず、言った。

「あなた、堕胎したことがあるわね?」

私はじっと彼女を見つめた。化粧気のないひっつめ髪の女。そうだ、全部知られている。この女たちは、薫が私の子どもではないと知っている。何か話せ。なんでもいい、ここに残るためならなんでもいいから口を開け。

心臓が口から落ちそうなほどどきどきし、手も膝も小刻みに震え、口のなかがからからに乾いているのに、一瞬、頭のなかの一点が、しんと冴えるように静かになった。私は薫を抱きかかえたまま、椅子を降り床に座り、土下座をするように頭を深く垂れた。

「スタディで私が言ったこと、嘘なんです。願望だったんです。子どもを産みたかったんです。この子は交際していた人の連れ子です。私は彼との子どもを産みたかった。でも産めないんです。この子が私の子どもだったらどんなにいいかって思ったんです。ときどきわからなくなることもあるんです。この子は私が産んだんだって思うこともあるんです」吠えるような自分の声を、私は頭の冷えた一点で聞いた。涙があふれてくる。かなしいのか、それとも彼女たちに涙を見せつけているのか、自分でもよくわからない。あふれた涙は床にぽとりと落ちる。

「連れ子って、勝手に連れてきたのと違うわよね？」下げた頭に声が降ってくる。

「違います。私とのことがばれて、彼の奥さんは子どもを置いて家を出たんです。その後はずっと私がこの子の面倒を見ていました。彼がまったく面倒をみようとしないからです。奥さんは私と彼に慰謝料を要求しています。彼は、自分の生活が滅茶苦茶になったと言って私に八つ当たりをするようになりました。私と結婚するつもりは毛頭ないと言い、この子を施設に預けようとしたんです。施設に預けるのならば私に育てさせてほしいと、だから私は言ったんです。でも彼は、私と薫といっしょに暮らすつもりはないと言い放ちました」よどみなく話す自分の声は、べつの人のもののようだった。薫はきつく抱きしめる私の腕から逃れるようにもぞもぞと動く。「この子と生きていこうと思いました。でも何もかも信じられなくなったんです。ふつうに暮らしていれば、この子はいつか、父親に捨てられたことを知るときがくる。私とおんなじように苦しむと思う。苦しみのない世界というものがもしあるのなら、私はこの子とそこにいきたいんです。どうか私たちを助けてください。救ってください。不要な苦しみをここで捨てさせてください」

私が口を閉ざすと、部屋のなかはしんと静まり返った。抱いた薫の、湿ったあたたかい息が耳元に吹きかかる。私の話を信じるか、信じないか。ここにいられるか、追い出されるか。鼓動はじょじょに元どおりになり、手足のふるえがおさまってくる。どうにでもなればいいと、開きなおったように思う。どうにでもなればいい、追い出すなら追い出されたっていい、どこでだってこの子と生きていってやる。

「椅子に座りなさいな」

エレノアの声がし、私はゆっくりと立ち上がり、椅子に腰かける。顔を上げることができない。鼻をすすり、袖口で涙を拭く。

「あなた、ずいぶん預金があるようだけど、これも手放すことができる？」

預金。すっと光が射したような気がする。久美の言っていた、財産をすべてとられるという話は本当かもしれない。だとしたら私もここに残るチャンスはあるはずだ。私には父の保険金と預貯金、自分の蓄えを合わせ、たしかにずいぶんな金額がある。それが、ここにとどまることのできる理由になるのではないか。薫と生きていけるのなら、父の死と引き替えに手に入れたそんなお金など、惜しくもなんともない。いや、そうだろうか？　もし一年後にここを出されたとしたら、無一文でいったいどうするのだ。めまぐるしく考える。

「二年前に父が亡くなったんです」考えがまとまらないまま、私は声を出す。「そのとき受け取った保険金と、父の遺したものです。薫には父親がいないので、私が働けるようになるまではそのお金で薫と生きていくつもりでした。だから、薫とここで暮らせるのならそれもまた不要な荷物です。薫と私に必要なのはお金ではなくて苦しみのない世界ですから」

どうにでもなれ。どうにでもなれ。一年後のことは一年後に考えればいい。頭の奥が、じんとしびれたようになる。

「じゃあ、この書類にはんこを押して、それから通帳と銀行印を預からせてくれる」

笑みを絶やさずサライが言う。私は鞄からそれらを取り出しテーブルに置いた。差し出された書類を見ると、誓約書とあった。

誓約書

わたしは、ここエンジェルホームの考えに賛同し、メンバーとなってホームで共同生活を行うことを希望します。ついては、ホームの基本理念に沿い、以下の所有物の運用をホームに無条件で委託することをここに誓います。

その下が空欄になっている。

「ここに、あなたの持っているものすべてを書き入れるの。口座のある銀行名と預金額、それから不動産や株なんかもあれば書いてね」

サライが、まるで試験問題のヒントを教えるような口調で言う。

「今な、うちら財産泥棒のように言う人おるねんけど、そんなことはないんよ」

今までずっと黙っていた、ショートカットの女性が口を開く。

「そんなこと、この人は知らないよ」

とがめるような小声でエレミアが言う。

「いや。エレさん、言うといたほうがええって。ここを出ていったくせに、財産返してくれって言い出して、その要求をこっちが無視しとるって騒いでる馬鹿がおるんやけど、何もこっちの私腹をこやすためにこういうことしとるんやないんよ。うちらは、真の幸福いうのは手放してはじめて手に入るもんやって言うてんねん。メンバーが手放したものをさらにうちらが手放して、それでここの暮らしがあるわけやろ。ここで好きなだけ飯食って風呂入って眠って、それでまるまるお金が戻ってくるわけないやんか」

「ちょっと、サクちゃん」

髪を結った女がショートカットをつつくが、彼女はやめない。とまらなくなったのか、頬を赤くして言い募る。

「楽園でも暮らしていかなあかんのは、だれかてわかるやろ。無一文でくる人もおれば、この人みたいに何千万も持ってくる人かている。エンゼルさんは分け隔てなんかせえへんやんか。それをやれ返さないやれ泥棒やって、頭くるわ。ここで何を学んだんやとうちは言いたいんや」

「今そんなことこの人に言ったたって」

「でもこの人かて言い出すかもわからへんやろ。こんな大金持っとるんやから、一年二年ここで暮らして、全額返せって騒ぐかもしれへんやろ。それちゃんとわかって、今誓約書書いとんのかってうちは念押ししたいんや」

「もう、サクちゃん。この人はスタディを終えてさらにその先を学びたいって言ってんだから」

「そやけどモチマルさんかて」

「モチマルさんは今は関係ないでしょ」

「それに今はそういうことを話す場ではないよ。そういう話がしたいなら、夜のミーティングですればいいんだ」

四人の女たちは小声でひとしきりもめている。私は呆気にとられてその様子を見た。自分の子どもではない赤ん坊を連れていることよりも、財産を返す返さないことのほうが重要なのか。私の作り話を彼女たちは信じたのだろうか。それとも、そんなことは彼女たちにはどうでもいいことなのだろうか。それにしても、言い合いをする彼女たちの様子は、野菜や魚の値上がりを嘆くおばさんたちのようで、崖っぷちに立っているような感覚が、一気に薄れていく。本当にここは、宗教施設などではなくて、寄り合いのようなものなのか。

どうやらホーム内には女性しかいないことには初日から気づいていた。あの夜私たちを迎え入れたのも、指導係も、研修を受けた五人もすべて女。ときおり建物内ですれ違うのも、年齢のばらばらな女たちだ。ここにくるとき、赤ん坊の性別を訊いた文代に、男の子だと答えていたら、ひょっとしてバンに乗せてはもらえなかったのかもしれない。

しかも、どうやら多くの女たちが、何か事情を抱えている。文代も夫の浮気について語っていたし、久美も親権をとられたという。

観念が人を縛るとか、肉体より魂が重要であるとか、きっとどこかで聞いたような教義があるんだろう。いろんな決まりごとがあり、その決まりごとひとつひとつにもっともらしい理由があるんだろう。けれど実際のところは、生活を今までどおり続けていくことが困難になった女たちが、魂だの楽園だのとはいっさい考えずに、ただ逃げ出すように飛びこんでくる場所、それがエンジェルホームというところなのではないだろうか。エレミアだのサライだのと奇妙な名前をつけあっているのは、ひょっとしたら、苦しみのない新たな生を手に入れたいという、彼女たちの至極シンプルな願望のあらわれではないのだろうか。

書類の上に置いてあったボールペンを私は手にした。小声でやり合っていた女たちがふと口をつぐみ、私の手元をじっと見ている。私は視線を感じながら、書類に銀行名と預金額を書き入れていく。

私もまた心から願っているのだ。どんなに馬鹿げた名前でも、野々宮希和子ではない、汚れていない新たな名前を与えられ、そこから何も辛苦のない生を歩むことができることを。だれにも追われることのない、断罪されることのない居場所を確保することを。

薫がボールペンに手を伸ばし、文字が崩れ、書きなおす。数字を書き入れ最後のゼロを書き終えたとき、言いようのない安堵を味わった。いや、それが安堵なのか、それともすてばちの末の解放感なのか、判断がつかなかったが、しかし、ずっと背中にのしかかっていた重い岩を払いのけたような快感があったのはたしかだった。

そして私は、通帳と銀行印を彼女たちに預けた。父のかわりに手に入れた三千七百五十万と、自分の貯金の残り八十万と数百円をこの日、手放した。

三月二十日

正式にホームメンバーになることを認められた。研修ののち、ホームに残ることを許されたのは私と久美、それから沙絵ちゃんだけだった。三枝さんと徳田さんは残留を許されず、自宅からホームに通い、ワークと呼ばれる作業をすることになった。徳田さんは我が強すぎてエレミアと喧嘩したとか、三枝さんは財産委託を拒否したとか、どこで聞いたのか沙絵ちゃんはそんなことを言っていたが、本当のところ選択の基準がなんであるのか、私たちに知らされることはない。

名古屋を出てから一ヵ月が過ぎた。捜査はどこまで進んでいるのか、私の居場所はどのあたりまで突き止められているのか、無性に知りたくなる。ときどき不安で叫びだしそうになることもある。それでもだれかに訊くわけにはいかないし、ここではそれを知る機会もない。見つかるはずがないと、自分に言い聞かせるしかない。

残った私たち三人は、昨日までプレワークと呼ばれる日々を過ごしていた。日中は労働をして、夕食後にメンバー数人を交えミーティングをする。労働はその日によって違った。ホームの掃除、メンバーの食事作り、野菜の収穫や箱詰めなどを、その日ごとにわりふられ、すでに働いているメンバーたちからやり方を聞きそれに従う。仕事をしなければならない日中、薫はスクールに預けなければならなかった。

研修中はほとんど人に会わなかったのだが、それは時間帯を微妙に調整されていたからだったようだ。通いできている人もいるから正確な数はわからないが、ホームには四十人ほどの女たちが暮らしている。子どももいる。食事時間や入浴時間は厳密に決められ、その時間内にすまさなければならない。スクールというのは、施設と外廊下でつながった体育館のような建物で、そこには十人前後の子どもが預けられている。親とここに住んでいる子に加え、外から通ってきている子もいるようだ。薫がいちばんちいさいが、歩けるようになったばかりの子どもから、高校生くらいの子まで、広い空間のそこここで勉強したり遊んだりしている。彼らの面倒をみたり勉強を教えたりするのも、メンバーの労働のひとつらしかった。

今日の午後、私と薫、久美と沙絵ちゃんはエレミアに呼ばれ、研修を受けた部屋に集まった。またミーティングだろうかと思っていると、ドアが開き、はじめて見る女性があらわれた。モスグリーンのセーターに、焦げ茶色のズボン姿の、小柄な中年女性である。「あ、まいどね」軽い調子でつぶやきながら私たちの正面に座り、ひとりひとりをじっとのぞきこむ。

「まあ、かわいいお子やねえ。子どもさんは宝やで。この子はリベカちゃんとしよ。それからあんたはルツさん。あんたは若いね、おうちの人だいじょうぶなん？　あんたはサウルさんでええわ。あんたの髪、傷んどるなあ。髪は大事にせなあかんで。あんたはエステルさん。しっかりりや」

それだけ言うと、さっと立って部屋を出ていってしまう。エレミアとサライが彼女に向かって深々と頭を下げ、あわててドアを開けるところを見ると、この、どう見てもふつうのおばさんが、この団体の代表者なのかもしれない。

「えーと、あなたがルツで……それからサウル……」おばさんが出ていくと、サライはぶつぶつつぶやきながらノートにメモしている。

「エンゼルさんに名前をいただいた今日が、あなたたちの誕生日です。これからあなたたちは新しい生を生きるのだから、俗世で使っていた古い名前も、古い誕生日もぜんぶいらない荷物になったの。お誕生日おめでとう」

仰々しくエレミアが言い、私たちは目配せをしながらなんとなく頭を下げた。

「今日から仮アコモでなくて新しい部屋にいってもらうから。ルツさんは二十五番、サウルさんは十四番、エステルさんは三十一番。アコモのチェンジ希望は三ヵ月後から認めます。今日はワークはもういいから、今まで使っていた部屋の片づけと掃除をしてね」

サライに言われ、私たちは研修の部屋を出た。アコモ、というのは寝起きする部屋のことらしい。

久美と使っていた部屋のシーツをはぎ、枕カバーをはぎ、ほうきで部屋を掃き雑巾がけをする。

「久美さん、東京?」雑巾で床を拭きながら私は久美に訊いた。

「生まれたのは瀬戸内の島。十八で家を出て、それからは東京だけど」

「瀬戸内っていうと……」

「小豆島《しょうどしま》って知ってる?」

「ああ、二十四の瞳」

「そうそう、よく知ってるね」

「おうちの人、ここにきたこと知ってる?」

「知ってるわけないよ。もうずいぶん帰ってないし」

久美は言い、それから無言で窓ガラスを拭きはじめた。薫はベッドに座り、まるめたシーツをひっぱって、頭からかぶって大きな声を出す。あわててシーツをはいでやると、口を大きく開けて笑う。また掃除に戻るとシーツをかぶって大声を出す。

「そういう遊びだと思ってるんだ」久美は薫に近づき大げさな動作でシーツをはぐ。「いないいないばーッ！」薫は身をよじって笑う。

なあ、今は無理だってこと、わかるよな。ずっと前に聞いたあの人の声が、すぐ近くで聞こえた。おれはちゃんとしたいんだ。キワちゃんと、ふつうにごはんを食べて、ふつうにテレビを見られるような、そういう暮らしがしたいんだ。そのためにおれたち今がんばっているんだろ。子どもはそりゃあほしいけど、今そういうことになったら、すべてが台無しになるって、わかるよな？

なんでこんなときにあの人を思い出すんだろう。持っているお金はすべて手放してしまえたというのに、どうしてあの人の記憶を手放すことができないんだろう。ここで暮らしていれば、私はすべて忘れられるだろうか。新しい名前とともに、あの人もあの人の奥さんも存在しない生を手に入れることができるんだろうか。

「あっ、ねえっ、希和子さん、この子ハイハイするよ！」

久美の声に我に返って、見つめていた雑巾から顔を上げる。ベッドの上でお座りの姿勢の薫は、足のあいだに両手をつき、重心を前にかけている。

「ほら、こっちこっちって、呼んでみて」

久美にうながされ、私は立ち上がり背をかがめ、「薫、ほら、ママはこっちだよ。こっちにおいで」

手をたたいてみる。

重心を前に移した薫が、ゆっくりと、匍匐《ほふく》前進をするようにベッドのなかを移動する。移動できたことに驚いたのか、きょとんとし、それから満面の笑みになる。

「きゃー、すごい！　ハイハイできた！」

久美が叫び、薫を抱き上げて床におろす。

「ほら、こっちこっち、薫ちゃん、こっち」

私は部屋の隅に移動して薫を呼んだ。薫は笑い顔でぐんぐん私に近づいてくる。ときどき動きを止め、移動したことを確認するように後ろをふり返り、私を見る。

「ほら、薫ちゃん、おいでおいで」

私はくりかえす。薫はまたしてもぎくしゃくと両手を使ってハイハイをする。

「すごい、すごい、すごい」

私は久美と手を取り合って叫んだ。

「久美さん、この子もう立ち上がれるかな、ママって私のこと呼ぶかな」

「すぐだよ、すぐすぐ。薫ちゃん、もうすぐタッチだね、ママとおしゃべりできるね、やることいっぱいあるね」

久美は薫の手を取り立ち上がらせる。薫は顔をゆがめ、泣き出した。私と久美は顔を見合わせて笑った。

ここで私は薫と生きる。あの人のことも、さんざん私をののしったあの人の奥さんのことも、私は全部ここで手放すのだ。名前も過去も履歴も、幸福だと心底思った記憶も人を強く憎んだ記憶も、ここでなら、いつかきっとお金のように潔く手放すことができる。それらすべてを手放したとき、私は自分のしでかしたことから解放されるのではないか。そんな都合のいいことを、しかし私は本気で考える。

薫はよだれを垂らしながら懸命に私を追って床を這う。私は大きく手を広げ、私の持つすべてと引き替えに手に入れたちいさな命を抱き上げる。

一九八七年七月三十日

朝は六時に起床。薫を起こし、歯を磨いてやり、六時半に薫とともにマナの部屋にいく。カウンターからトレイを受け取り、空席を見つけて座る。納豆、海苔、漬けもの、みそ汁、ごはん。薫はマナ係のおばさんからもらったふりかけを、「開けて」と私に差し出す。ごはんにふりかけをかける私の手を、薫は真剣な面もちで見つめている。「たまごふりかけだね、よかったね」箸を持たせてやると、「たまごでよかったねー」と私のまねをして薫は笑う。

食後、庭先のエンゼルさんを磨きにいく。数人の女たちがすでにたわしで磨いている。最初に見たときは、ずらり並ぶ人形《ひとがた》の置物が不気味に感じられたけれど、こうして毎日磨いていると、目も鼻もなくつるりとした陶器のエンゼルさんたちが、表情を持った人形《にんぎょう》に見えてくる。かなしい顔をしているときもあれば、笑っているように見えることもある。私は懸命に、白いエンゼルさんに水をかけたわしでこする。今日も一日無事でありますように。明日も薫といっしょにいることができますように。この二年と半年近く、一日もかかさず私は同じことを願っている。エンゼルさんにどのような力があるのかわからないが、少なくとも今のところ、私の願いは叶えられている。私は今日も祈る。一年後、五年後などと大きなことは願わない、今日一日、それから明日一日、それだけでいい、だからどうか私の祈りを聞いてください。薫は少し離れたところにしゃがみこみ、マロンちゃんと草をちぎっておままごとをしている。

「リカちゃん、おはようさん」「牛乳は今日は飲めたの」「マロンちゃんはおかあさんやね」エンゼルさんを磨きながら、数人の女たちが薫とマロンちゃんに声をかける。

十一歳になるマロンちゃんは、五歳からホームで暮らしている。一年前に私たちは同じ部屋になった。マロンちゃんと母親のダンさん、私と薫、それに面談のときに会ったサクさんの五人部屋である。

今日で薫は三歳になる。ホームでは祝ってもらえない。ホームメンバーになることを許され、正式にホームネームを与えられた三月二十日が、私と薫の誕生日ということになっている。本当は薫のことを薫と呼んではいけないし、薫も私をママと呼んではいけないことになっている。母子関係もまた手放さなければならないというのが、ホームの考えかたである。けれど薫と二人きりのときは私は薫と呼び、薫にはママと呼ばせている。もちろん薫にはまだよくわかっておらず、薫と呼ばれてもリカちゃんと呼ばれても返事をするし、ほかにだれかがいてもかまわず「ママ」と私を呼ぶこともある。

「今日はきていないみたいやね」門の向こうに耳をすませ、レビさんが言う。

「当たり前や。自分たちがおかしいって、やっとこさ気づいたんやろ。あんなとこで声はりあげて、みっともないったらあらへんわ。自分が娘に捨てられたって、宣伝しとるようなもんやないか」かたく絞った布で磨いたエンゼルさんを拭きながら、サクさんが言う。

娘を返せと、数人が団体で押し掛けてきたのはつい数日前だ。三カ月ほど前にメンバーとして迎えられたアミの両親が、親戚か知人かわからないが数人を引き連れて、門の前で騒いだのである。アミはまだ十七歳で、両親の承諾を得たと言って残留を希望したのだが、どうやら家出をしてきたらしい。上の人たちがアミに帰るかと訊くと、かたくなに拒み両親とも顔を合わせなかったそうだ。

だれがメンバーになれてだれがなれないのか、その基準は、二年半ここで過ごしてもやはりよくわからない。徳田さんと三枝さんは、最初のうちはワークに通ってきていたが、最近では顔を見なくなった。サウルという名前をもらった沙絵ちゃんは、半年でホームを去った。あのときの五人のうち残っているのは、エステルと名付けられた久美と、私たちだけである。だれにでも門戸は開かれているというのがホームのおもて向きの方針だが、しかし実際は、徳田さんのようにメンバーになれない人もいる。なぜ未成年のアミをとどまらせ、少なくともアミよりは貯蓄があるだろう成人女性を帰すのか、私にはわからない。

わからないことはそれだけではない。ホームで暮らして二年半になるが、ここで疑問を口にするのは許されない。いや、許されないことはないのだが、答える人がだれもいないのだ。私たちは毎朝、野菜の収穫や荷詰め、マナ係と呼ばれる配膳、子どもたちの教育係、掃除や洗濯、野菜や水を売りにいく施し、俗世でアルバイトをするアウトワーク、通信販売の手配やチラシの印刷、さまざまなワークに割り振られ、それに従うが、だれがどのようにその決定をしているのかは未だにわからない。エンゼルさんの姿は、名前をもらった日しか見ていない。スーパーマーケットで見かけたらエンゼルさんと気づかないようなあの地味な女性が、すべての決定をしているとはどうも思えないのだが、ではだれが決定権を持っているのかというと何か判然としない。ホームという建物はあるがその内部はつねに霧でもやっている、そんな印象を私は抱いている。

その日私に割り振られたワークは印刷物の発送で、ほっとする。昨日まではキャベツの荷詰め、その前は敷地の奥にある鶏小屋の掃除だった。肉体労働はやはり二週間続くときつい。うっかりそんな本音を漏らすとすぐさまミーティングの題材になってしまうから、私はなんでもない顔で薫とマロンちゃんをスクールに連れていく。

ちらほらと集まりはじめている子どもたちに向かって、マロンちゃんは薫の手を引き走り出していく。薫はついていけず転んでしまう。転んだまま動かない。泣くか、泣くかと見守っていると、起きあがり、ぐっとこらえる顔つきをしている。泣かないでいたのを私が見ていたか確かめるようにそっとふりむき、口を真一文字に引き結んだまままちいさく手をふった。

最初の数カ月は勝手がわからずつらかった。薫を預けるのが心配だなどと漏らしてだれかに聞かれようものなら、即座に夜のミーティングで取りざたされる。数人でスタディルームに輪になって、「リベカちゃんを安心して手放せないのはなぜか」と問いつめられる。スタディのときと同じで、彼女たちの問いに答えなどない。何を言っても同じような質問がくりかえされ、それが深夜一時、二時まで続く。それで翌朝、ワークの内容によっては五時起きということもあるのだから、連続すると眠くて頭がもうろうとしてくる。

ホームの暮らしは想像していたほどストイックなわけではない。ワークに応じて、月三千円から五千円が支給される。雑誌、新聞、テレビやラジオ、そういったものは持ち込み厳禁だが、お菓子や煙草や洋服すらも、欲しいものがあれば、申請し、所持金で買うこともできる。またホーム内の決まりに疑問があれば、それも改正提案を申請することができる。日によって違うメンバーでミーティングがくりかえされ、五日以上過半数の了解を得られれば、申請は受理される。私がきたころのホームでは、子連れの母親は同室を許されていなかった。子どもは二週間単位でメンバーのだれかと眠るのである。それでは子どもの情緒にぜったいに悪影響があると私は申し立て、気が遠くなるほど長いミーティングのあとで、その申請は受理された。今では、ホームに暮らす十二歳以下の子どもは母親と同じ部屋で生活できることになった。日が過ぎていくなかで、自分のしでかしたことをときどき忘れてしまいそうになる。

発送作業には四人がわりふられた。封筒にラベルを貼る係、チラシを折る係、チラシを入れて糊付けする係とにわかれ、部屋の隅に積まれた段ボールから封筒やチラシを出して作業を開始する。

「今日おやつもってきたで」開始するやいなやカナさんが言い、エプロンのポケットからチョコ菓子を出す。

「ワーク中に食べとるの、見つかったら怒られるで」バニさんが注意するが、カナさんは袋を開けて机の真ん中に置く。

「あーあ。注意されたらカナさんのせいだからね」言いながらアスナがお菓子に手をのばす。

「暑うてかなわんわ。せめて作業室には冷房入れてほしいわ。ほら、ルーさんも食べ」勧められ、私も菓子に手をのばした。「カナさん、みんなに食べさせて共同責任にしようとしてる」そう言うとみんなが笑った。

ここで暮らす四、五十人の女たちには共通点がある。たぶんそれは、彼女たちが持っていた先天的気質というよりは、ここで暮らすことによって形成された後天的な性質だ。深く考えない、疑問を持たない、主張がない。自分を持っていないから、悪意や憎しみといった負の感情が薄い。

ホームメンバーはすべて上からの指示に従って行動するよう指導される。今日はこのワークをしろと言われれば従い、こういう順番で食事をしろと言われればそれに従う。「上」がだれであるのかは考えない。そのうち、そうしていることが楽になってくる。あまりにも個性が強かったり、疑問を表出してばかりいると、ホームメンバーから外される。「俗世でのワークのほうが合っている」と言われ、体よく追い出されるわけである。だから、女ばかりの集団なのに湿っぽさがない。アコモと呼ばれる生活部屋が同室だったり、ワークに幾度か同じ顔ぶれがそろったりすると、グループや派閥ができそうなものだが、そういったことがない。過去の詮索をされないことはありがたいが、みなが仮面をつけて暮らしているような気味の悪さを感じないこともない。

人が叫ぶような声が聞こえ、私たちは手を止め窓の外に顔を向ける。

「まためたんやないの、昨日のが」

カナさんが言うやいなや、

「娘を返せーっ」

拡声器を通した、ひび割れた声が聞こえてくる。

「うわ、ほんまや」

「またきよった」

「しつこいやつらやね」

女たちは作業を放り出し、みな開け放った窓に近寄る。私も彼女たちとともに窓にはりついた。

高い塀に遮られ、何人くらいがどのような様子で抗議にきているのかは見ることができないのに、私たちは窓から身を乗り出し耳をすます。

「のんちゃーん、おかあさんよー。話し合いをね、おかあさんと話し合いをするのが先やろー?」

「マキコー! マキコ聞こえていますかー。この集団は洗脳してお金をふんだくるこわい集団なの! あなたはだまされているのよ!」

「娘をだまして拉致監禁するんは立派な犯罪や!」

「代表者、出てこいや!」

塀の向こうから、拡声器を通して次々と声が聞こえてくる。

「今日はぎょうさんおるな」

「あ、サクちゃんが走っていきよるで」

敷地を横切り、門に向かってサクさんと数名が走っていく。門を開けるやいなや、数人がなだれこむように敷地内に入ってくるのが見える。サクさんたちはあわてて彼らを押し戻している。

「おっさんや」珍しそうにつぶやいたバニさんの言葉に、思わず私はふき出した。

「なんで笑うん。おっさんやからおっさんて言ったんや」

「いや、本当におっさんだと思って」思えば、ホームに出入りする業者は目にするものの、見知らぬ男性を見ることはあまりない。頭頂部のはげた中年男性を、久しぶりに見た気がした。男の人の姿をじっと目で追っていると、煙草の煙を思いきり顔に吹きかけられたような、軽い不快感を覚えた。俗世は汚らわしいとするホームの雰囲気に、私もすでに染まっているのかもしれない。

「あっ、おっさん入ってきた！」

中年男は敷地内に入ってきて、建物に向かって娘の名を呼んでいる。のぶえ、と聞こえる。アミの俗世名は真樹子だから、べつの娘らしい。ひょっとして、ホームには未成年者が何人もいて、その親が呼びかけをし抗議団体を作ったのではないかと疑問が浮かぶ。

「出ていけー！　私らの家を汚すなー！」

窓から身を乗り出し、バニさんが叫ぶ。

「そうだ、そうだ、出ていけー！」アスナも叫ぶ。ほかの女たちも窓の外を見ていたらしく、あちこちの窓から、女たちの声が飛び交う。どこかの窓からバケツや雑巾が男めがけて投げられた。サクさんとほかのメンバーは、敷地内に乱入した彼らを必死で外に出し、自分たちもおもてに出てしまう。拡声器を通して響いていた耳障りな声が、ぷつんと消えた。


夕食後のミーティングで久美といっしょになった。終わると久美は私の部屋までついてきて、薫を抱かせてほしいと言う。入浴時間がまだ終わっていなかったので、久美を誘って三人で風呂にいった。

「ああ、なつかしいなあ、この重さ」久美は薫を抱いて目を細める。そういえば、久美が手放したのは三歳の息子だった。

「エッちゃんもお風呂入る?」薫が訊く。エステルという名をもらった久美は、ホームではエッちゃんと呼ばれている。

「リカちゃんの頭洗ってあげるよ」

「いいの、ママに洗ってもらうから」

「おーおー、生意気に」久美は薫の両脇に手を差し入れて高く上げ、しかしすぐに「うわ、タカイタカイはもう無理だね」と薫を下におろした。

風呂にはだれも入っていなかった。私たちは並んで湯船に浸かる。両手を組んで水を飛ばしてみせる久美に、薫は高い笑い声をあげる。

「連絡はとっていないの?」訊くと、久美は黙って首を横にふった。

「久美ちゃんは、ずっとここにいるつもり?」だれも入ってきそうにないのを確かめて、私はそっと訊いた。久美は答えず、両手で水鉄砲のように水を飛ばし続ける。

「久美ちゃん、この子がはじめてハイハイしたときのこと、覚えている? 私ね、久美ちゃん、この子がはじめて立ち上がる瞬間も、はじめて言葉をしゃべるところも、見ることができなかったよ。みんなスクールのワーク係に聞かされた。ここしかいるところがなくてここにきたけど、出ていくことは私も考えていないけど、でもここにいたら、この子の成長をなんにも見ることができないんだなあって思ってさみしくなる」

独り言のように私は言った。同じ日にバンに乗った久美とは、なんとなく気持ちの通じるところがあった。ほかの人には言えないことも久美には話すことができた。久美もまた、深く考えない、自分を持たないメンバーのふりをしているが、二人きりだと心情を漏らすことがよくあった。自分の出自について語り合ってはいけないという暗黙の了解がホーム内にはあるが、しかし私たちは、旅先で出会ったもの同士のように、どこで生まれどこで育ち、何をしてきたかぽつぽつと話していた。瀬戸内の島で生まれて、十八で東京に出てきた久美は、絵を描くのが好きで、働きながらイラストの学校に通っていたそうだ。アルバイトをしていた印刷会社で元夫と出会い、二十四歳で結婚したらしい。私も肝心な部分は言えずにいたが、それ以外は本当のことを久美にうち明けていた。神奈川県の小田原で生まれ、久美と同様に十八歳で上京し、女子大を出たあとふつうに就職し、妻帯者の上司と恋愛をしていたと。童顔の久美は私と二つしか年が違わず、ディスコやカフェバーの話をすると共通の名前がいくつも出てきた。東京と遠く離れた、しかも外界と隔てられたホームのなかで、ペンギンズバーだのペイトンプレイスだのと言っていると、ひどく昔にいった海外旅行の思い出を話しているような気分になった。

しかし私がここに居続ける本当の理由を久美は知らず、私も久美がこの先どうしたいと願っているのかはわからない。そういう話がホーム内で厳禁だからではなく、何か、口に出すのがこわいからだった。

「リカちゃん、洗ってあげる、おいで」

ママに洗ってもらうと言っていた薫は、おとなしく久美に抱かれて浴槽を出、カランの前に立つ。久美は共用のスポンジに石鹸を泡立て、薫をていねいに洗っていく。髪は黒くなったものの、どことなく幼さの残る顔立ちの久美が、すっと母親の顔になる。

「手放すことは難しいねえ」

湯気のなかでふりかえり、唐突に久美は私に向かって笑顔を作り、そう大声で言った。

「ほんとだねー、エッちゃん」

意味もわからず薫が調子を合わせ、白い湯気のたちこめる風呂場に私たちの笑い声が響く。

八月四日

思ったよりも事態は深刻化しているらしい。

今日、私がふりわけられたのは電話番だった。そんなワークははじめてである。今まで足を踏み入れたことのない、最上階の西の部屋に向かうと、そこはスチール机とスチール棚の並ぶ資料室のような部屋だった。机のひとつにはサライが座り、真剣に書類に目を通している。私を部屋に連れてきたサクさんはドアの鍵を閉めると席に着くようながし、ホチキスどめされた書類を手渡す。

「マスコミ応対マニュアル」と表紙に印刷されている。

「ルーさん、たしか一流企業の広報部やったね」私の隣に腰掛けサクさんが言う。

「一流企業ではないけど……」学歴や職歴も手放すというのがポリシーであるホームで、サクさんのその言葉は意外な気がした。

「謙遜しとる場合やないの。あんな、今、ホームはちょっとした試練のときやねん。あの馬鹿親たちが騒ぎを大きくしよってからに、マスコミまで出てきよったんよ。あんたもここ入ったときホームに全財産委託したやろ。手放したやろ。それはみんな平等にそうしとるのに、金返せって騒ぎよる馬鹿がおんねんな。もう昔っからそうなん。それをうちらはな、ひとつひとつ説明して、納得してもらってきたの。問題なんかあらへんの。それがここへきて、娘返す返さへんって騒ぎに便乗して、また騒ぎだしとんのよ。うちらは未成年を拉致監禁し、財産を奪って返さへん悪徳集団やと口さがなく言いまわる人がおるんよ。阿呆らしい。だいたいな、そのへん歩いてる子を無理にひっぱってくるわけないやんか。向こうからここに住まわせてくれって頭下げて……」

調子よく話し出したサクさんを遮るように、トルルルルル、と軽妙な音で一台の電話が鳴り出す。サライはちらりとサクさんを見て、受話器を持ち上げた。サクさんをちらちらと見ながら、深刻な面もちで「はい」と「いいえ」をくりかえし、「ですから幾度も申し上げているようにわたくしどもは宗教団体ではございません」と、マニュアルに目を落としてしゃべりはじめた。

「ほな、また様子見にくるわ。うちはしゃべりすぎるから、電話には出るなって言われてんの」

サクさんは舌を出して見せると、部屋を出ていった。

「はあー、参っちゃうわね」

電話を切ったサライは大きくのびをして立ち上がり、半分だけ開いていた窓を全開にした。それでも風は入ってこない。サライは窓辺に寄りかかり、手をひらひらさせて顔を扇いでいる。

「今ホームに未成年の人は何人いるんですか」サライに訊いた。

「親の同伴じゃない子は三人かな。あとは二十歳の子がプレワーク中。いちばん騒いでいる親の娘のアミはね、まあ私に言わせればあばずれよね。十五から家出をくりかえして、暴走族とつきあいがあって、何人の男とも関係してる。まだ十八にもならないのに、中絶を二度もしてる」

珍しくサライはメンバーの経歴を語った。アミとワークが一緒になったことはないが、食事の際に見かけたことは幾度かある。いつも笑顔ではきはきと返事をする、屈託のない女の子に見えた。

「未成年者だけ親元にいったん返したらどうでしょう」

「そんなことできない。ここに助けを求めてきた人間を、迷惑だからと追い出すことはエンゼルさんは望まない。わかるよね、ルーさんなら」

そう言ってサライは私をじっと見つめた。どきりとした。窓からさしこむ陽で輪郭を光らせているサライから、私はあわてて目をそらした。あなたならわかるよね、というのが、どういう意味で発された言葉か判断しかねた。黙っているとサライは続けた。

「このままだと、ちょっとやっかいなことになるかもしれない。警察が介入してきたり、捜査が入るってことになるかもね。まあ、でも、私たちは悪いことなんかなんにもしていない。それはここで暮らしているあなたならわかるでしょう。サクちゃんの言うとおり、人をさらってきているわけではないし、お金だって無理に奪っているわけじゃない。調べられてなんの不都合もないんだけど、ここにいる人が全員そうなわけじゃないでしょう」

私は顔を上げた。光のなかに立つサライを見た。彼女は私を見据えている。

この人は知っている。私は確信した。私が何もので、薫が何ものか。どうして大金を投げ出しここにとどまったのか、すべてを知っている。サライは私を見たまま薄く笑った。

「暴力をふるう夫から逃げてきた人もいる。離婚が成立していないのに子連れできた人もいる。未成年者じゃなくても、家に居所を知られたくない人はたくさんいる。私たちはここでようやく女だの男だのというつまらない縛りから解放されたのに、警察が介入することで、また女である場所に連れ戻される場合もある。だからできるだけ、大事《おおごと》になるのは避けたいんだけどね」サライはおだやかな声でそこまで言うと、「それにしても暑いわねえ」間延びした声を出し窓の外に身を乗り出した。

電話が鳴る。サライが目で促し、私は受話器を耳にあてる。電話の向こうで、聞いたことのある週刊誌の名前が告げられ、矢継ぎ早に質問される。そこに居住している人数は、男女比は、子どもの数は、代表者の名前と年齢は、教義は、宗教法人の登記はしているのか。私はマニュアルに目を落とし、男の質問をはぐらかすような文章を読み上げていく。わたくしどもは宗教法人ではなく自然食品、無農薬野菜の研究と開発をおもに行うために集った有志であり、それというのも昨今の飽食、グルメブームに疑問を抱き、本当に体にいいものをみずからの手で作ろうという声のもとに、あくまでも本人の希望で参加しており、一軒の大きな農家と考えていただければよろしいかと思いますが……。こちらが男の話を聞かずマニュアルを読み上げると、男もまたこちらの話を遮り、発足は何年か、信者数の推移は、そこで暮らす児童数は、未成年者にはどのように布教するのかと、強引に訊いてくる。

こういうときにどうすればいいのか知っている。挑発に乗ってはいけない、声を荒らげてはいけない、意志の疎通を図ってはいけない、ていねいにおだやかに感情をこめて、用意された言葉を機械的にくりかえせばいい。就職した会社の研修で、クレーム処理室の電話応対をした一週間で私はそう学んだ。もう十年も前のことなのに、電話口で同じ文句をくりかえした日のことがくっきりと思い出される。さようでございますか。それはまことに申し訳ございません。わたくしどもといたしましては……。私は十年前のように冷静に言葉をつむぐ。あるいは私は必死なのかもしれなかった。警察の介入を防ぎたいのは、ここで暮らすだれよりも私であるのだから。

午後になって、またおもてがやかましくなる。三階の部屋からは、ホームの塀の向こうが見える。十人ほどの男女が、娘の名前や「監禁集団」などと書いたプラカードを掲げ、拡声器で次々と「娘を返せ」「一目会わせろ」と叫ぶ。「金を返せ！」という声も、今日は混じっている。「声を聞かれたらやっかいだから」と、サライは窓を閉めてしまう。みるみる室温は上昇し、汗を拭いながら電話に対応する。かかってくる電話の内容はほとんど同じ。私は機械的にマニュアルを読み上げ続ける。これで本当に、警察沙汰になることを回避できるのだろうか。

八月五日

夕食のあと呼び出された。呼びにきたのはサライでもエレミアでもなく、見たことのない中年女性だ。ホームで暮らしているのかもしれないが、食事のときも風呂でも見かけたことがない。昨日電話を受けた事務室に顔をそろえたのは、私と同室のダンさんとサクさん、それからヨナさんと私である。どのような顔ぶれなのかは例によってわからない。

「これからワークをお願いします。ルツさんとダンちゃんはこの段ボールの中身をシュレッダーにかけて。それからヨナさん、サクちゃんは第三小、わかるわね？　そこの焼却炉に、この段ボールを捨ててきて。中身はくれぐれも見ないように。それから今日のワークのことはホームでも口外しないように」有無を言わせない口調で彼女は言い、自分はスチール机の中身を整理しはじめる。ヨナさんとサクさんは無言のまま段ボールを運び出しはじめる。私とダンさんはちらりと顔を見合わせ、指示された段ボールを開封する。なかには戸籍謄本と住民票がぎっしりと詰まっている。新しいものもあるが、古びて黄ばんだものもあった。ホチキス留めされた戸籍謄本はそのままではシュレッダーに入らないので、ホチキスを外し、ばらばらにする。コピー機のわきに置いてあるシュレッダーに、一枚一枚入れていく。何か指示され、その通りに動くことに慣れている私たちは、無言のままホチキスを外す役とシュレッダーに入れる役に分かれ、作業を続ける。長谷川純子。小田ヨシ子。中村恵。記載された名前がゆっくりとシュレッダーに飲みこまれていく。エステルだのダンさんだのと呼び合っているホームでは、そうした名前が現実味のない記号に感じられた。開け放った窓から、バンの発車する音が聞こえる。

「あの子たち、寝たかしら」

机の中身を整理していた中年女性が部屋を出ていったのを見届けて、ダンさんに言った。同室の私とダンさん、サクさんまでも駆り出されているから、部屋には子どもたち二人が残っていることになる。

「マロンが面倒見るからだいじょうぶだよ」

ダンさんは笑う。

「マロンちゃん、しっかりしてるもんね。うちの子の面倒もよく見てくれて」

「あの子はここで育ってるから、自然と身についてるんだわ。あの子を連れてくるべきかどうか迷ったけど、よかったと今は思ってる。それよりリカちゃんはおむつとれたんだっけ」

「調子いいときもあるけど、遊びに夢中になってるとだめね。このあいだなんかね、失敗したら怒られると思ったのね、マロンちゃんがこっそりおむつをはきかえさせてくれてたの。私が部屋に入っていったら、マロンちゃん、あわててあの子をかばってくれて」

シュレッダーは苛立つほどゆっくりとしか紙を受け入れない。吸いこまれていく用紙を見るともなく見る。神奈川県川崎市に生まれた橋本良江がだれであるのか、私にはわからない。

「ここ、もし出なくちゃならなくなったらどうしよう。マロンとどうやって生きていこう」

床に座りこみ延々とホチキスを外しているダンさんは、手を休めずぽつりと言った。

「そんな、ダンさん若いし、仕事見つけていくらだって生きていけるじゃないの」

「私はそんなふうには思えない。父親がいないことでマロンに苦労かけると思うし、私だって手に職もない」

あたふたとさっきの女性が戻ってきて、また机の中身を段ボールに移し替えはじめる。私たちは口を閉ざし、またそれぞれの作業に戻る。

一枚ずつ、しかもひどくゆっくりとした速度で処理するシュレッダーで、段ボール一箱ぶんの書類を片づけるのには予想外に時間がかかった。すべて終わったのは午前二時過ぎだった。段ボール箱はまだ残っているが、今日のワークはここで終了と言われ、私とダンさんは部屋に戻った。向き合って置いてある二段ベッドの下段で、マロンちゃんと薫は抱き合うようにして眠っている。私は薫を抱き上げ、向かいのベッドに移す。額が汗ばんで光っている。

八月六日

朝食の席で、外出禁止が言い渡された。バンで売りにいっていた野菜や水は、通信販売だけになるという。外からワークに通っている人も、今週はホームにはこないらしい。正面の門に面した庭に出ることも禁止。庭のエンゼルさんも磨きにいかないようにと、サライがかたい表情で告げる。

「なんでなん。それって監禁集団とか外で騒いでることと関係あるん？」カナさんが訊き、

「理由を知らないと動けないのはどうしてなの。あなたの質問の本質はなんなの」

めずらしくサライがとがった声で注意をした。食ってかかる調子だった。質問が許されず、言われたことに従わなければならないのはホームの基本方針だが、何かいつもとは違う異様な雰囲気が漂っている。

「今日、夕食後、エンゼルさんがいらっしゃいます。それから明日早朝、数名の方がホーム見学に立ち入ります。ホームでは基本的に外部からの見学者を受け入れていないんですが、私たちには何ひとつやましいところはないということを、見てもらわなければなりません。見学者が何か訊くかもしれませんが、俗世の言葉は私たちの言葉と意味が違い、誤解を受ける場合があるので、必要なとき以外は返答しないように」

「見学ってだれやのん」

「メンバー希望者と違うんですか」

私の訊きたいことを別のメンバーが代弁するように訊く。サライはそれを無視し、

「昼食まではいつもどおりワークを行うように。今から割り振りを発表します」表情のない声で、

ワーク表を読み上げはじめた。私はマナのワーク、朝食の片づけと昼食の準備に割り振られた。ざわついていたメンバーたちは、サライの「ワークにいきなさい」という声で、しぶしぶ食堂を出ていく。

見学者に会ってはならない。私は確信する。サライは明言しないが、おそらく警察の介入。あるいは、今騒いでいる親たちが雇った弁護士か。児童相談所が出てくることはあり得ないか。なんにしても私はここにいるべきではない。彼らと顔を合わせるべきではない。ならばどうするか。「リカー。昨日の続きのお城完成させよー」マロンちゃんが薫の元に走り寄ってくる。「あんな、私たちお城作ってんの。ルーさんも見る？」私を見上げ無邪気な顔で笑う。「だめー。ママにはまだ見せない」薫はいたずらをするような顔で笑い、マロンちゃんの手を握りしめる。駆けだしていく二人を見送って、数名の女たちとともに台所に入る。

どうする。どうすればいい。皿を洗う手が震える。

「電話線は全部引っこ抜いてあるって本当かね」「見学者って警察やろか」「調べるなら調べたらいいやん。なんも悪いことしとらんやろ」「これで明日からあの馬鹿親たちもこないんじゃないの」

女たちはひそひそと会話しながら作業を続ける。その声がどんどん遠のいていく。どうすればいい。考えろ。考えろ。声が耳のすぐそばで響く。プラスチックの皿が手からすべりおち、大げさな音をたてて床をころころまわる。女たちはふと黙り、落ちた皿と私を交互に見、また会話に戻っていく。

十時過ぎ、食材の業者がやってくる。野菜は自家栽培、パンは自家製のものを使っているが、米や魚や肉は業者が、一週間に数度届けにくる。配達人はいつも白い上っ張りを着た女性である。今日のマナワークのなかでいちばんの年長者であるレビさんが、台所の奥にある出入り口で業者と立ち話をしているのが、きれぎれに聞こえてくる。早く見せてやったらよかったんよ……こっちには誓約書もあるんだし……でもあんた、あっこの子どもたちは……。声は低くなり、聞こえなくなる。

「それじゃあ、また来週、よろしくねえ」

「はいよ、毎度ねえ」明るく言い合う声が聞こえ、レビさんが台所に戻ってくる。

「さあて、バニさんたちはキャベツ刻んでジャガ芋の皮むいて。ルーさんはお米とぎ頼むわ。ここに今日の献立と作り方を貼っとくで」そう言いながら、レビさんが黄ばんだ袋を引き出しに仕舞うのを私は横目で見る。

十一時、配膳の準備をする。レビさんは小鉢にサラダを盛り、バニさんは各テーブルの調味料をつぎ足してまわる。まだ年若いセムとフルは、何やら談笑しながら大鍋の中身をかきまわしている。今だ。今ならだれも私を見ていない。私は重ねたトレイを運ぶふりをして、冷蔵庫のわきの棚に近づく。下から四段目。台所と食堂をざっと見まわし、すばやく引き出しを開け、よく見もせずにさっきレビさんがしまった袋を握り、さっと腹にかくす。ジャージのゴム部分にそれをはさみ、足で引き出しをすばやく閉める。

「ルーさん、そんなん持ってどこいくん」バニさんに言われ、私はあわててふりむき、「やだ、トイレいこうとして、これ持っていくところだった」トレイを持ち上げ、笑ってみせる。陽射しのなか、それぞれの場所で働いている女たちが私をふりかえり、声を合わせて笑う。


夕食前にスクールの子どもたちが帰ってくる。薫とマロンちゃんは向かい合わせの席に座り、白目をむいたり舌を出したり、交互に変な顔をしあってはくすくすと笑う。私は食事にはほとんど手をつけず、周囲を見まわす。いつもと変わりのない食事の光景。女たちがそれぞれの席に座り、ひそやかに話しながら食事をしている。

「薫、ちょっとおいで」私は薫にささやくが、

「いや。まだ食べてないもん」薫は箸を握って椅子から降りようとしない。

食事を終えた人たちが、トレイをカウンターにそれぞれ戻してまた席に戻る。食堂のドアが開き、いっせいにみなそちらを見る。しんと静まり返る。エンゼルさんだった。スモックのような白い上っ張りに白いズボン、まるで給食係のおばさんのような出で立ちである。

「みんなごくろうさん」エンゼルさんが言うと、みないっせいに手を止めて頭を下げた。「あんな、神さんが人間を作る前に天使はもういたってこと、知っとるやろ」カウンターの前に突っ立って、唐突にエンゼルさんは話し出す。二年前に見たときとほとんど変わらない、どこにでもい

るおばさんにしかやはり見えない。「そんで天使はな、人間があほなことやるときに必ず助けを出すやろう。性を捨て名を捨て俗世を捨てたあんたらは、いわば人間以上天使未満というところや。天使として生きるには、天使の使命をまっとうせねばならんの。あほなことしでかす人間を、見限らず助けてやらねばならんのよ」彼女がいったい何を言おうとしているのかまるでわからないが、しかしメンバーたちは神妙に耳を傾けている。薫やマロンちゃん、数名の子どもたちは、にわかに食堂を支配した奇妙な雰囲気にのまれたのか、騒ぐこともなく椅子に座っている。「明日の朝早い時間にお客さんがいらっしゃるから今日はミーティングはなしや。自分を男だと思っているあほな連中も入ってくるけども、ここの真の空気はあんたらが守れば乱されることはないんやから、そのつもりでいてや」

そこまで言うと、エンゼルさんは近くの椅子を引き寄せ、「あーよっこらしょ」と声を出して座った。「あーもう年とるとかなんわ、座る立つの動作がしんどいんやから。みんな、ごはん続けてや」

私に電話番を命じた女性が、エンゼルさんの背後に立ち、「これから全館を全員で掃除します」と言う。「マナの人たちは後かたづけが終わってのち、すぐにクリーニングのワークに入ってください」と命じる。

みな一言も口をきかず、トレイを片づけ、食堂を出ていく。まだマロンちゃんとふざけ続けている薫を抱き上げ、私は急いで自分の部屋に向かう。ここにくるときもってきた荷物のほとんどは、入所時にホームに預けた。私の手元にあるのは、ノートとペンケース、薫が使っていたおしゃぶりとあひるの人形くらいだ。私はそれらをかき集め、ボストンバッグに乱暴に入れる。

「ママ、マロンちゃんとこにいっていい」私の手元をのぞきこみながら薫が言う。

「だめよ」声が震えている。

「なんで？　だってお約束があるの」

「だめなのよ、薫」私は窓を開け、下にだれもいないことを確かめてボストンバッグを落とす。

とす、と軽い音が聞こえる。薫を抱き上げ、部屋のドアから外をのぞく。この階の掃除はまだ行われていないらしく、廊下に人の気配はない。私は薫を抱いたまま階段を駆け下りる。レビさんとすれ違う。

「スクールで今日は読み聞かせがあるんやて。リカちゃん、はよ連れていき」

「はい、そうします、ありがとう」私は笑顔で答え、一階に下りる。女たちがすでに掃除をはじめている。おしゃべりをしながら窓を拭き、廊下を雑巾がけしている。

「この子、スクールに預けてきちゃうわね」

だれにともなく私は言い、しゃがみこむ彼女たちをよけて廊下を走る。スクールに続く外廊下で、さっと辺りを見まわし、ドアと廊下のほんの少しの隙間から薫を外に出す。それから廊下の塀に手をかけ、片足をかけ、重心を移して乗り越える。バランスを崩し、私は芝生の上に転がり落ちる。

「ママ、どうしたの。あのね、マロンちゃんが」

暗闇に立たされた薫が不安げな声で言う。

「薫、お願いだから黙って」

薫の手を引き歩き出そうとしたそのとき、「ルーさん」ちいさく呼び止められた。はっとしてふりむくと、ドアと廊下の隙間から、久美が半分顔をのぞかせている。

「ルーさん。これ」

隙間から腕をのばす。手に何かが握られている。彼女が差し出す何かを私はおそるおそる受け取った。ちいさく折られた紙だった。

「ルーさん。リカちゃんを離さないで」

隙間に顔を押しつけるようにして久美は言った。

「久美ちゃん……」久美は何を知っているのだろうか。私がここを逃げ出すことも気づいていたのか。

「大きくなるまでいっしょにいてあげて。三歳から先も、ずっと」

それだけ言うと久美は背を向け、ホームに走っていった。久美が渡したものが何かわからないが私はそれを握りしめ、薫を抱き上げるると、窓から見つけられることのないよう背をかがめ、窓から放ったボストンバッグをとりにいった。ママ、と言いかけた薫の口を片手でふさぐ。

正門と反対側、ちょうど施設の裏に、業者の出入りする裏門がある。ボストンバッグを肩に掛け、裏庭に向けて私は走る。ちょうど台所の裏手にある門には、台所の明かりが漏れている。芝生が窓のかたちに白く染まっている。台所の窓は開け放たれていて、数人の女たちが低く話し合う声が聞こえてくる。私は薫の口をふさいだままその場で息をひそめ、女たちが窓から離れてくれることを祈る。

私はしゃがみこみ息をひそめる。どのくらいそうしていただろうか、女たちの声がふとやみ、足音が遠ざかる。私は勢いよく走り出す。ママ、ママ。口をふさがれた薫が首をふり、私を呼ぶ。黙って。静かにして薫。裏門を開け、私は走り出す。ホームの明かりが遠ざかる。薫を抱いて、暗い道を走る。

「ママ、どこにいくの、あのね薫ね、マロンちゃんとね、ママ、暗くてこわい」

「うるさい！　もうあそこには帰らないの！」気がつけば私は怒鳴っていた。薫はぴたりと口を閉ざし、それから私の首に顔を押しあて泣きはじめる。薫に声を荒らげたのははじめてだと気がつくが、あやまりなだめてやる余裕がない。

「静かにして、薫。頼むから大きな声を出さないで」私は薫の耳元で言い、走り続ける。道は下りになる。街灯がところどころアスファルトを浮かび上がらせている。雑木林に点在するゴミが、闇に白く浮かび上がっている。虫の鳴く声がだんだん大きくなる。じーじーと鳴き、グエグエと鳴き、それがどこまでもついてくる。息が切れるが、足を止めるわけにはいかない。途中、さすがに腕がしびれ、薫をおろしておんぶする。薫の腕を自分の首でしっかり交差させ、片手で薫の尻をおさえ、暗い山道を私は走る。走って、走って、走って、ふりかえる。ホームの明かりが追ってくるように私を見下ろしている。

「ママ、暗いね」

ようやく泣きやんだ薫が、甘えるような声でささやく。ふと足を止め、空を見上げた。ずいぶんたくさんの星が見えた。荒い自分の息が耳に響く。

「薫、見て、星が」

「星」薫は私の言葉をくりかえす。

ああそうだ、この子は星を見たことがなかったのではないか。そんなことを思う。窓に切り取られた夜空しか見たことがなかったのではないか。こんな暗闇も知らないのではないか。

それだけじゃない。あの白い建物しか、この子は世界を知らないのだ。町も、海も、空も、山も、満月も、季節も、電車も、公園も、遊園地も、動物も、スーパーマーケットもおもちゃ屋も、この子は絵本でしか見たことがない。本物を何ひとつ知らない。私はこの子からそれらをすべて奪ってきたんだ。

「ママ、こわいね」

「こわくないよ、薫。ママがいるからこわいことなんかないよ」私は背中のあたたかさに向かって言い、大きく息を吸いこみ、また走り出す。

これから私があなたに全部あげる。今まで奪ってきたものを全部返してあげる。海も山も、春の花も冬の雪も。びっくりするほど大きい象も飼い主をずっと待つ犬も。かなしい結末の童話もため息の出るような美しい音楽も。

下り坂の向こうに町の明かりが見えてくる。行き交う車のライトが見えてくる。こわくないよ、薫。私がいるからこわくない。こわいことなんかない。私はつぶやきながら、痛みはじめた足を前へ前へと進ませ続ける。

八月七日

昨日、自分のいる場所がどこかわからないまま車道に出て、タクシーをつかまえ、大阪市内の繁華街まで乗った。できるだけ人の多い場所を目指して歩き、深夜営業のファミリーレストランに入った。薫は私にしがみつくようにして店内を見まわしていた。ホームから着てきたTシャツとトレパン姿の私は目立つのではないかと店内の様子をうかがうが、客は髪を染めた若者や、けばけばしく着飾った女たちばかりで、私に注意を向ける人はほとんどいない。煙草の煙で店内の天井は白く濁り、あちこちで馬鹿笑いのような声があがっている。

オムライスを薫と半分ずつ分けて食べた。薫は不安そうな様子だったが、十二時をまわるころ、疲れたように寝入ってしまった。おかわり自由のコーヒーを飲み、朝の六時過ぎまでそこで時間をつぶし、寝《ね》ぼけ眼《まなこ》の薫を抱いておもてに出た。十三《じゅうそう》という地域だと、道路標識の看板で知った。

その数に何か不吉なものを感じて、急いで移動した。

電車を乗り換え新大阪に着いたのが七時前、駅構内のコーヒースタンドで薫に朝食を食べさせてから、切符売場の時刻表で小豆島までのいきかたを調べる。新幹線には乗らず、在来線で岡山を目指した。薫ははじめて乗る電車におびえているのか、私の服に顔を埋めるようにして、決して外を見なかった。

フェリー乗り場までと告げて乗ったタクシーの運転手は、初老の男性だった。

「あんた、東京から来たん？」

訊かれ、どきりとする。何も答えずにいると、「おれもおったんよ、東京」と言う。「学校出てすぐ、杉並の工場で働きはじめてねぇ。知っとる？　杉並。人がようけおった、東京は。中野って知っとる？　よう飲んだなあ、あのへんで」運転手は気持ちよさそうにひとりで話しはじめ、安心する。

「岡山港いうことは、小豆島」

「ええ、あの、親戚がいて」

「そうじゃ。岡山も見てまわったん？　おえんよ、ちゃんと見ていかんと。倉敷歩いて、後楽園見て。バラ寿司食べにゃ。バラ寿司おいしいよーゆうて東京の人に教えてあげにゃ」

運転手はそう言うと、快活に笑った。

食堂から盗んだ袋には、七万円と少し入っていた。業者への支払いのためにまとまった額が入っていることは、ずっと前から知っていた。あとはこの二年半、ワークで貯めていた五万円ほど。それが今のところの全財産だ。

「なあお嬢ちゃん。岡山でちゃんとおいしいもんは食べたん?」

運転手に訊かれ、薫は私を見上げ腕をぎゅっと握ってくる。ものごころついてから女しか見ていない薫には、男性の運転手はこわいのかもしれない。

「すみません、人見知りで」私は笑顔を作って言った。

「ヒトミシリじゃないもん」薫が意味もわからず私の言葉をまねして言い、私も運転手も笑った。

「ヒトミシリじゃない!」笑われて顔を赤くし、薫はむきになって言う。

こぢんまりした港だった。フェリーチケットを買い、売店で新聞とパンを買う。薫は売店に興味を持って、珍獣を見るように遠巻きに、しかし執拗に眺めている。待合室で新聞を広げる。

「所得税減税1兆7千億　きょう幹事長・書記長会談」「インフルエンザ予防接種　秋から『保護者同意』」「国会空転打開　竹下氏　意表突く〝野党行脚〟」

ない。私のことは書かれていない。私は新聞の上部に視線を持ち上げ、日付を確認する。一九八七年八月七日金曜日。

「ママ、これ、開けて」

薫がチョコレート菓子の箱を私の膝にのせる。「ちょっと、どうしたの、これ」

「あははー、お金払うの忘れとるよー」売店のおばさんが、私に向かって笑いかけている。

私はあわててその箱を薫から取りあげ、売店に向かう。この子には、買うということもわからないのだと気づく。

「すみません、いくらですか」言われた金額をあわてて払う。

「薫、ああやってならんでいるものは、勝手に持ってきちゃだめなんだよ。みんな売ってるんだから、お金を出して買わなきゃならないの。わかった?」

椅子に座って足をぶらぶらさせながら、「わかったー」薫は言うが、どうもわかっているようには見えない。箱からチョコレートの菓子をつまみ出し、口に入れ、

「うわー、ママ、これ、おいしくてびっくりしちゃう」ませた口調で言いながら、目を丸くして私を見る。「ママにもひとつあげましょう。はい、どうぞー」一粒私に分けてくれる。口に入れると、懐かしい甘さが口に広がる。

フェリーに乗りこむのを薫はこわがって泣いた。乗ってもまだ泣いていた。フェリーは行楽に向かうらしい人々で混んでいた。若いグループ、カップル、家族連れ、老年の夫婦、グループ。船内には明るい声がはじける。窓際の席を確保し、

「薫、ほら、海だよ」

薫を膝に座らせ、動き出した窓の外を見せる。薫はまだ泣きながらも、しかし窓の外をじっと見ている。どこまでも広がる水を、食い入るようにして見ている。ママ、こわいとちいさな声で言う。

「こわいことなんかないよ。絵本で見たことあるでしょう。ほら、きらきら光って、きれいじゃないの」

薫をなだめながら、ゆうべ久美から受け取った紙をもう一度広げる。昨日久美がくれたのは、実家の住所だった。もしいくようなことがあったら私は元気だって伝えて。住所の上に、そう殴り書きがしてあった。

いくあてのどこにもない私は今、この紙に書かれた場所にすがっている。久美の家族に、久美は元気だと伝えるのだと、そんなことにすがっている。

フェリーはちいさな港に着く。陽気な声を響かせる人々のあとからフェリーを下りる。土産物屋の隅に、うどんやそばを売るカウンターがある。うどんとおにぎりを買い、空いている席で薫と食べた。薫はおにぎりを頬ばりながら、珍しがって店のなかを見まわしている。

港と反対側の出口を出ると、ロータリーが広がっている。タクシー乗り場があり、バス乗り場がある。ベンチで煙草を吸っていたバスの運転手に、久美の実家の住所を告げてみると、「草壁港」行きのバスを指さし、下りるべきバス停の名前を教えてくれた。

薫はバスに乗るのもこわがった。足を踏ん張って乗りこもうとしない。なんとかなだめ、バスに乗せる。バスが走り出すと、私にしがみついたまま、ちらちらと窓の外を見ている。その様子に心が痛む。この子を世界から隔離してしまったことに、深い罪悪感を覚える。

久美の家は、バス停の真ん前にある素麺屋だった。かなり広い店で、奥では素麺づくりの見学もさせているらしい。ガラス戸にはべたべたと貼り紙がしてある。素麺のポスター。消防署のポスター。パート募集。夏休みのふるさと学級。みな同じように日に焼け、色あせている。

　ガラス戸を開け店に入ると、

「はい、いらっしゃーい」三角巾をかぶった中年女性が愛想よく言った。

「あの、沢田久美さんのおたくはこちらでしょうか?」と訊くと、彼女は目を丸くして私を見、

「奥さーん」我に返ったようにあたふたと奥に消えていった。店の半分はテーブルが並んでおり、もう半分は素麺や素麺のつゆ、味噌や菓子が並ぶ陳列棚がある。

「あれ、あれ、あんた? 久美の友だちというんは」ふくよかな女性があらわれる。色あせたチェック地のエプロンを掛け、同じ生地の三角巾をかぶっている。目元がなんとなく久美に似ているような気がする。薫はさっと私の後ろに隠れる。

「あの、突然すみません。久美さんが、あの、自分は元気だからと伝えてほしいって言っていて……」

　久美の母親らしき女は目を見開き、そして口を開けた。ぱくぱくと幾度か口を動かしたあと、水道の蛇口をひねったようにいきなり矢継ぎ早に言った。

「久美はどこにおるん、何しよん、どんなお知り合いなん、元気にしよるってあの子が言うたん」

　久美の母親はにじり寄るようにして私の返答を待っている。エンジェルホームという名前を出

すのはさすがにまずいだろうと思った私はとっさに嘘をつく。

「あの、名古屋のほうにある会社でいっしょに働いていたんです。久美さんにはよくしていただいて」

「あの子の連絡先を知っとん？」

「それが」考えなくとも嘘はすらすらとでてきた。「会社が倒産してしまって、私たち寮で暮らしていたんですけど、みんな出されてしまったんです。久美さんは名古屋にとどまるようなことを言っていましたけど、連絡先までは……。でもあの、近いうちに必ず連絡するからって言っていました」

久美の母親は急にしゃがみこんだ。泣き崩れたのかとあわてて見ると、私の後ろにへばりついている薫をのぞきこんでいるのだった。

「あらぁ、かわいいなぁ。年なんぼ？　何いうお名前？」

薫は私を見上げ、女性は男性ほどこわくはないのかそろそろと前に進み出て、三本指を立て、

「薫」ちいさく言い、「リカちゃん」ともつけ加えた。久美の母親は、リカという名を人形のそれと勘違いしたようで、

「薫ちゃんというん。リカちゃんが好きなんやなぁ」と目を細める。「あんた、わざわざ久美の伝言を伝えにきてくれたん？」薫を見たまま私に訊く。

「ええ、あの、久美ちゃんから、この島のことはよく聞いていて、一度きてみたかったんです」

「へぇ、そうなん。あの子、ここのことを話しよったんや」薫の髪を撫でながら彼女はひとりうなずいている。

ガラス戸に貼ってあった色あせた紙が目の前をよぎる。私は思いきって言ってみた。

「ここで雇ってもらえませんでしょうか」

しゃがんでいた久美の母親は顔を上げて私を見る。

「あの、会社が倒産したばかりで、先のことが決まってないんです。それで、あの、そこに貼り紙があったので」

久美の母親は立ち上がり、エプロンのポケットに両手を入れて私を見る。

「あれなあ、二年前から貼ったまままなんや」

彼女は困ったように笑い、点検するようにさっと私の全身に視線を這わせる。そりゃあそうだろうと、落胆しつつも納得する。娘の友だちというだけの見ず知らずの女を、しかも子連れの女をかんたんに雇うはずがない。

「そうですよね」不自然に思われないように私は笑った。「いきなりすみません。先のことがなんにも決まっていなかったもので。久美ちゃんの伝言を伝えることができてよかったです。それじゃ、あの、失礼します」言いながらも、私は次にいくべき場所を必死に考える。岡山に戻るか、それとも、ここにくるまでにいくつも見た、海に浮かぶべつの島にいくか。

「お役にたてんで……」決まり悪そうな顔で、久美の母親は私を見る。「それであの、久美は、あの子は元気にしとるんかなあ、あの、何か困ったような……」

「久美ちゃんは元気です。きっと近く連絡がくると思いますよ」

久美の母親の言葉を遮って私は頭を下げ、薫の手を引いて店を出た。

そんなにうまくいくはずがない。薫の手を引いてバス停まで歩く。陽が照りつけている。蟬の声が降りしきるように響く。あとはなんにも音がしない。薫はびくびくとうかがうように私の顔を見上げている。何か声をかけてやらねばと思うが、そんな余裕がどこにもない。

行き先も確かめずバスに乗りこむと、さっき着いた港とはべつのフェリー乗り場に着いた。観光名所でもあるのか、夏休みらしい親子連れやグループが笑い声をまき散らしながら歩いている。フェリー乗り場で行き先と時刻を確かめると、高松行きのフェリーが夕方五時過ぎに出る。今夜はここに泊まろうか。泊まるようなところがあるだろうかと、海沿いの道を歩く。

夏だ。唐突に思う。蟬。海。空。陽射し。陽に焼けた若い人たち。生い茂る木々。力に満ちた光景だった。ああ、夏だ、夏だ。いく場所もないし、未来なんかないに等しいのに、目に映る光景は、ともすると縮こまりいじけそうな私の気分を、ゆっくりとほぐし、解き放っていくように思えた。目に映る何もかもがきらきらと光り輝いている。私のわきを、親子連れが通りすぎていく。ちいさな男の子は海水パンツをはき、浮き輪をおなかにかけている。水玉の帽子をかぶった母親はけだるそうに歩き、肩からカメラを提げた父親が海の彼方を指さしている。薫は不思議そうな顔で男の子を眺めている。

今自分を取り巻く状況が、急に現実離れしたものに思える。名前を偽る必要も、逃げ隠れする必要もない。私は幼い子どもを連れて、行楽シーズンの島を訪れている。この子に夏を見せるために。心のなかでそう言葉にしてみると、不思議なくらい気持ちが軽くなった。

「薫、暑いね、気持ちいいね」薫に言うと、

「ママ、マロンちゃんはどうしてるかな」薫はこめかみに汗をしたたらせてつぶやくように言った。


ホテルニューヨークは、海へと続く細い川をずっとのぼったところにあった。周囲には民宿や醬油工場、喫茶店やこぢんまりした寿司屋がぽつぽつとあるきりだ。建てられたばかりなのか真新しいが、学芸会の張りぼてみたいにも見える安っぽい建物で、屋上にずいぶんと太った自由の女神が立っていた。「従業員募集　客室清掃　フロント業務　住み込み可」という貼り紙が、建物を取り囲む塀にぺたりと貼ってある。私は薫と手をつないだまま、隅から隅までその貼り紙を眺める。

ラブホテルに住み込むなんて薫にとってぜったいによくないと私は思った。しかし私はこの島に魅入られていた。薫とここで暮らしたい——いや、私が薫に見せたいと思ったもの、空や海や、光や木々や、そんなものを、ここでなら存分に見せられるのではないかとも思っていた。海もこわいバスもこわいと両手で顔をふさぐ薫が、けれど指の隙間からそっと世界を見たときに、ここ

ならば安心するのではないか。そうして私があげたいと思ったものすべて、ここでなら薫は手に入れることができるのではないか。居場所なんかないけれど、いや、ないからこそ、私はここにもう少しいたい。この光り輝く夏のなかに。

私は薫を抱き上げ、思いきって入り口のスモークガラスのドアを開けた。室内の冷気が私を包み、おもてで聞こえてきた蟬の声がすっと遠のいた。

八月十三日

ホテルの裏に今にも崩れそうな木造アパートがあり、そこがホテルニューヨークの従業員寮になっていた。私たちが住めることになったのは一階の一番奥の四畳半。トイレはあるが、風呂はない。畳は歩くとべこべことへこむが、夏草の生い茂る狭い庭がある。

隣には真奈美ちゃんという女の子が住んでいる。まだ二十四歳だという。好きになった男と駆け落ちをしてきたものの、その男が麻薬の所持で逮捕され、今は四国の刑務所に入っているらしい。

その隣にはフロさんという五十代の男性。なぜフロさんかといえば風呂掃除の係だからで、この人は大阪で会社勤めをしていたという。電車で痴漢をして現行犯でつかまり、家庭も職も失い、こんなところで風呂掃除をすることになった。

初日にそう教えてくれたのは二階に住むカヨさんである。カヨさんは、エンジェルホーム風にいえば私の指導係で、部屋掃除の仕方、部屋の整え方を教えてくれるのだが、その合間合間に、社長家族のことやら従業員のあれこれをこと細かく教えてくれる。三十八歳だと言っているが、どう見ても五十代にしか見えない太ったおばさんである。

カヨさんの部屋の右隣、私の上階には、キミさんと呼ばれる中年女性と、その娘が住んでいる。キミさんはホテルニューヨークではなく、飲み屋で働いているらしい。髪を赤く染めた迫力のある女性で、部屋にいるときは化粧もせずムームーを着ているが、出勤するときは驚くほど変身する。近隣の島の、売春も斡旋するスナックで働いていたが、何か事情があってここまで逃げてきたらしいと、これもカヨさんの情報だが、どこまで本当かはわからない。

ハナちゃんと呼ばれるその娘は、二十歳前後かと思ったがまだ十七歳だという。高校は半年いってやめてしまったらしく、ずっと家にいる。私が働いているあいだ、薫をこのハナちゃんに預けたらいいと、これもカヨさんに言われた。カーリーヘアでいつも煙草をくわえ、人と目を合わすことなくめったに口も開かないこの娘に薫を預けるのはどうかと思ったが、しかし実際問題として、薫を保育園に入れてやることはできないし、私たちは暮らしていかなければならない。おそるおそる上階に頼みにいくと、ハナちゃんではなくキミさんが、「ええで。預かってやるわ」と二つ返事でそう言った。「一日千円でええから」と抜け目なくつけ足した。

労働時間は二パターンあり、朝の八時から夕方五時までと、夕方五時から深夜一時までとある。

早番のほうが時給が安く、真奈美ちゃんもカヨさんも遅番を希望することが多いので、ありがたく早番を譲ってもらっている。五時過ぎにキミさんの部屋まで薫を迎えにいくと、ハナちゃんと薫はテレビを見ていたり絵を描いていたりする。無口なハナちゃんは見かけと違い面倒見がよく、絵が驚くほどうまい。テレビアニメの絵をそっくりに描きあげる。ときどきハナちゃんと薫が外で遊んでいることがある。そういうときは、キミさんに男の来客があるとうすうすわかってきた。

宮田京子と偽名を書き入れた、でたらめばかりの履歴書をろくに見ることもせず私を雇い入れた社長は、五十がらみの太った男性で、口を開けば「カラオケはできるんか」「スナックいかんか」とそれしか言わない。みんなからおかあさんと呼ばれている社長の奥さんが、頼りない社長に代わって従業員の働きぶりに目を光らせている。

真新しい外装に惹かれるのかそれとも夏休みのシーズンだからか、ほとんど毎日客室は埋まる。泊まりの客が出払った九時過ぎに清掃にいくと、若い客の使った部屋は例外なく荒れている。持ち込み食料の食べ残し、つんととがったにおいのティッシュ、ときに汚物のついたシーツ、ぐっしょり濡れたタオル類。はいつくばるようにしてそれらをかき集め掃除をしていると、男と女の交わりというものがなんだか滑稽なものに思えてくる。たましいには男も女もないのだとホームで習った言葉を、ふと思い出したりする。

窓のない、精液のにおいが漂う部屋を黙々と掃除する。ときにおかあさんに叱りとばされながら、話しやめないカヨさんに適当に相づちを打ちながら、精液のにおいも性交の残り香も閉め出すように、できるだけ頭を空っぽにする。そうすると、一瞬、ほんの一瞬だが、妙なすがすがしさを感じることがある。日給にすれば一日五千円程度、しかもキミさんに毎日千円渡すから四千円、いつまとまったお金ができるのかわからないというのに、近い未来にきちんと貯蓄ができて、このおんぼろアパートを出ることができ、薫とともにまともな生活ができるに違いない、服も絵本も買ってやれるし、今よりは広い台所でいろんな料理を薫に作ってあげることができる、そんな確信を抱き、明日からの日々がわくわくと待ち遠しくなるのである。その気分を悲観で打ち消すことなく、これはきっと、ゆるい速度ながらも私たちの生活がまわりはじめたからだと思うようにした。ずっと長いあいだ、何を捨てても手に入れたかったもの、生活。私の子どもとのちいさな生活。

八月二十一日

近くでお祭りがあり、夜店が出るらしい。先週にも盆踊りがあった。どこで行われているのか、遠く祭り囃子や和太鼓が聞こえてきた。先週はあまりにも疲れていて出かける気になれなかったが、今日は薫にお祭りを見せに出かけるつもりで、上階のキミさん宅に迎えにいった。鏡に向かって化粧をしているキミさんは、人出が多くてあんなの疲れるだけやで、とつまらなそうに言う。遊んでくれていたハナちゃんに礼を言い、薫を連れていこうとすると、ハナちゃんが玄関先までついてきてじっと私の足元を見ている。

「ハナちゃんもお祭りにいく？」と訊くと、私の顔を見ずぶすっとしたまま、こくりとひとつうなずく。

「キミさん、じゃあハナちゃんといっしょにいってきますね」声をかけると、まるまった千円札がぽんと足元に投げられた。

「それで晩ごはん食べとき」キミさんはハナちゃんに言い、ハナちゃんはさっと千円札を握りしめてジャージのポケットにつっこんだ。

ゆっくりとかげっていく陽のなかを、大勢の人が歩いている。どこでお祭りがあるのか知らないが、人の波に続いて私も歩く。薫の足取りがだんだん重くなる。人出に物怖《ものお》じしているのかもしれない。それでも歩みは止めないので、薫に合わせ、私とハナちゃんはゆっくりと歩く。

ふと薫が足を止める。握っている私の手を強く引っ張る。薫のじっと見ているほうに目を向けると、白装束に杖をついたお遍路《へんろ》さんの一行が、お祭りに向かう人の波と逆行するように、こちらに向かって歩いてくる。六、七人ほどの女性が列になって、黙々と歩いている。にぎわいのなかでそこだけぽっかりと穴があいたように静かだった。私も薫のように立ち止まり、近づいてくる彼女たちを見つめる。私たちが立ち止まったのでハナちゃんも足を止め、煙草を出して火をつけている。

「どうしてお遍路さんがいるのかしら」ハナちゃんに訊いたが、ハナちゃんは何も答えない。

通りすぎていった彼女たちの後ろ姿をじっと見送る薫を、「さ、いこう」と促すが、薫はこわばったような顔で私を見つめ、動かない。「薫、さっきの人たちはね、お参りをして歩いているんだよ」薫は口を真一文字に結んで、私と遠ざかっていった一行を交互に見る。

「はよいって綿菓子食べんか。あんな、甘い、あまーいお菓子なんやで」

ハナちゃんがさっとしゃがみこみ、薫に話しかける。薫はおずおずとハナちゃんに手をさしだし、握ってもらうとようやく歩きはじめた。

やがて縁日の明かりが見えてくる。ぶらさがった提灯の明かりと混じり合い、あちこちで橙色の明かりがはじけている。浴衣に赤い兵児帯《へこおび》を締めた、薫と同い年くらいの女の子が、祖母らしき人に連れられて屋台のお面を選んでいる。つい薫を見てしまう。ホームから持ってきたままのTシャツとトレパン姿。はじめてのお祭りに浴衣も買ってやれないことが申し訳なくなる。

あれ、あんた、こないだの……。綿菓子の屋台で釣りを受け取っていると、背後から声をかけられた。ふりむくと、久美の母親である。ずいぶん派手なはっぴを着ている。

「どしたん、仕事見つかったん」

「はい、あの、住み込みの仕事があったので、今はそこで働いてます」

「住み込みいうて、どこで働きよん」

「あの、別当川《べっとうがわ》をあがったところにある、ホテルなんですけど」

「もしかして連れ込みのことなん？　あんた、そんなとこで……」久美の母親は目で薫の姿をさがしている。薫は少し離れたところで、ハナちゃんと綿菓子を食べていた。「あの子も？」

「私、いくところないんですよ」私は笑って言った。「両親とも亡くなってますし、夫ともいろいろあって……。名古屋に戻っても仕事が見つかるかわからないし、東京も住んでいたことはあるけれど帰るような場所でもないし……。しばらくこの島にいようかなって思って。ひょっとしたら久美ちゃんに会えるかもしれないし」

「どんなとこなん、その、住み込んどるとこは」久美の母親は眉をしかめる。

「ホテルの裏のアパートです。古いところだけど、住んでる人はみんな親切です。あの子も、上の階に住んでる人の娘さんで、よく薫の面倒を見てくれて」

久美の母親は、カーリーヘアでしゃがみこんで綿菓子を食べるハナちゃんを無遠慮に眺め、

「ふーん、そう……」つぶやくように言うと、ふと祭りの明かりに目を移した。

「いかんわ。私、手伝いしよんや。これ持っていかないかんのやった。ほなあんた、気いつけてな」久美の母親は早口で言い、人波に消えた。

八時過ぎ、部屋に戻り、少し歩いた民宿の外湯に入る。お祭りのあいだはかたまったようになんにも言わなかった薫が、上機嫌で話し出す。「綿菓子、甘くておいしかったね。明日も食べていい？　明日はママにも分けてあげる」と、眠るまで言っていた。

八月二十四日

朝から薫の元気がない。ぐったりしていて、朝食もほとんど食べない。おかあさんに連絡を入れ、一日休ませてもらう。働きはじめて一カ月もしないのにもう休暇なんて優雅なご身分だねと、ずいぶんストレートな嫌みを言われたが、ぐったりしている薫をハナちゃんに預けて、人の汚した部屋を掃除するなんてできない。遅番のカヨさんに体温計を借り、熱を計る。七度三分。まだ高くはないが、薫の様子を見ていると、これからもっと上がっていきそうだ。

薫を寝かせ、うちわで扇《あお》いでやる。開け放ったガラス戸から、蝉の声が入りこむ。どこかの部屋からラジオの歌謡曲が流れてくる。

「ママー」布団に寝た薫が呼ぶ。「テレビ見る」

「でもね薫、うちにはテレビがないからね」

「でもいつも見てるよ。Qちゃんが出るんだよ。ハナちゃんところでいつも見てる」

具合が悪いことをどれだけ自分で理解しているのか、薫はぐったりと寝そべったまま、しかし口調だけは元気がある。

「今日はハナちゃんところにはいかないの。薫は一日ここで寝ているんだよ」

隣から目覚まし時計の音が聞こえてくる。続いて、トイレに駆けこむ音。真奈美ちゃんはひとつひとつの動作が荒っぽい。

「薫、ママのこと待つ?」

「ママは今日は一日ここにいるの。だから待たなくていいんだよ」

そう言うと、薫は目を見開いてまじまじと私を見る。

「ママ、ずっといるの? お仕事、いかない?」薫は幾度もくりかえし訊き、私の答えを聞くと
「じゃあQちゃんはいいや、今日は」と大人びた口調で言うので、おかしくなるのと同時に、申し訳ない気持ちでいっぱいになる。

「薫、少しねんねしなさい」

「ママは薫がねんねするのを見る?」

「うん、ずっと見てるから、だいじょうぶ」

薫は目を閉じ、それからぱっと開き、また目を閉じ、私がいるのを確認するように薄目を開ける。

「ほら、ふざけてるとげじげじがくるよ」

薫は足をばたばたさせて、きゃーとかすれた声を上げる。この島にきてはじめて見た毛虫を薫は異様に怖がっている。

薫が寝入ったのを確認し、狭い台所でおじやを作る。みしみしと、頭上で人が歩きまわる音がする。卵を割り入れ葱を散らしたとき、玄関の戸が遠慮がちにノックされた。

ハナちゃんかと思いドアを開けると、久美の母親が立っている。エプロン姿で段ボール箱を抱えている。

「やっぱりここやったんやなあ」言いながら、無遠慮に首をのばし部屋の奥を眺めまわす。「どしたん、あの子」

「ちょっと具合が悪いみたいで、今日一日、寝かせてるんです」

それを聞くと久美の母親は、段ボール箱を上がりがまちに置き、躊躇なく部屋に上がって薫のわきに座りこむ。眠る薫の額にそっと手をあてている。

「あれまあ、ほんまや、熱いわ。夏風邪やろか。あんた、こんなとこでこんなちっちゃい子と暮らすんはいくらなんでも……」言いかけて口を閉ざし、決まり悪そうに玄関に戻ってくる。

「これなあ」久美の母親はしゃがみこんで段ボール箱の蓋を開く。「ずっと押し入れにしまっとんや。はじめての孫やから私らもうれしいてなあ、勝手にようけ買《こ》うてしもて、そんでもあの子ぜんぜん帰ってこんやろ、送ったりもしたんやけど、そなしよるうちに、太一はあっちにとられてしもたって聞いて……ほんでも捨てるに捨てられんやろ。男の子の服やけど、ぜんぶさらっぴんやから、着せてあげたらえいわ」それから私を見ずにあたふたと靴を履き、もう一度部屋の奥で眠る薫に目をやりながら、「このへんでは内野さん。熱がさがらんかったらすぐにつれていきよ、内野さんに。川沿いいったらすぐやから」それだけ言うと私の礼の言葉も聞かずに去っていった。

しゃがみこみ、段ボール箱の中身を床に広げる。アニメキャラクターのついたTシャツや無地のシャツ、半ズボンやジーンズ、Tシャツと同じキャラクター入りのちいさな靴。靴下もある。帽子もある。ホームに向かうバンに乗りこんできた久美の姿が思い出される。髪を茶色くして、子どもの雑誌を窓から投げ捨てた久美。ホームでともに暮らした久美も思い浮かぶ。ちいさな乳房を揺らしながら薫の頭を泡立てて、手放すのはむずかしい、と言った久美。私は久美の息子が着ることのかなわなかった服に顔を埋める。三歳から先もずっとリカちゃんといっしょにいてあげて。久美の声が耳元でささやく。

午後、薫はおじやをおかわりして食べたが、しばらくして吐き戻してしまう。頭のなかが真っ白になる。湯を沸かし、絞ったタオルで薫の体を拭き、久美の母親にもらった服を着せ、アパートを飛び出る。

薫を抱き川沿いの道を走りながら、どうすればいいと自問し続ける。土庄《とのしょう》行きのバスに乗る。赤い顔の薫は私の腕のなかでぐったりと窓の外を見ている。薫の体は熱く、私のシャツは汗で体にぴたりとはりつく。目をのぞきこむと、薫はじっと見つめ返してにこにこ笑う。目に力があることにややほっとする。

できるだけ遠くの、できるだけちいさな病院。呪文のようにくりかえしながら土庄の町を歩き、半ば廃業しているような古い医院を見つけ、その前をうろうろと往復したのち、意を決して門をくぐる。

水槽のように暗い待合室には、マスクをした老人がひとり座っているだけだった。受付の小窓に顔をつっこむようにして私は言う。

「すみません、夏休みでここにきてるんですけど、今朝がた急に子どもの具合が悪くなりまして、保険証も何も手元にないんですが診ていただけますか」

老いた看護婦は目を細めて私を見、「診察料、保険きかんけど、えいん」と言う。かまいません と答えると、用紙と体温計を渡された。待合室の、ひしゃげたような革張りソファに座り、震える手ででたらめの名前、でたらめの住所を書き入れていく。落ち着け、これでだいじょうぶ。薫はちゃんとみてもらえる。薬ももらえる。

白髪の老医師は薫をのぞきこみ、暑い？ 寒い？ お目め痛いか？ お鼻はどうや？ とやさしい口調で訊くが、やはり男の人がこわいのか、薫は私の胸に顔を埋め答えようとしない。下痢はしていないが吐いたこと、昨日までは熱もなくふつうだったことを、かわりに私が伝える。

「まあ、風邪やろうなあ」のんびりした口調で老医師は言う。「解熱剤《げねつざい》なあ、出してもええけど、出しとうないなあ、お子さんは胃腸が荒れるからなあ。まだ三十八度やし、解熱剤はやめよな。まだおるんでしょ？ もし今日、明日で熱が上がるようなことがあったらまた連れてきてな」

薬をもらい、受付で会計をすます。一万円を少し出てしまったが、お金のことを考えている場合ではない。バスに乗る前、すかさずお店を見つけた薫が「お菓子買う」と言う。いつもなら即却下だが、今日は薫に好きなお菓子を選ばせる。また連れてきて。また連れてきて。医師の言葉を胸の内でくりかえす。保険証がなくとも、少なくともこの数日間は、あそこの医院にいけばいいのだと思うと安心する。

八月三十日

薫が仮病を使うようになった。私に仕事にいってほしくないのだろう、朝、布団のなかでぐずぐずと、お目めが痛いとか、暑い暑いとか、言ったりする。表情が明るいのですぐに嘘だとわかる。ママがお仕事にいかないと、お菓子もごはんも買えないよと言うと、しぶしぶ起き出す。ハナちゃんに預けたら預けたで、けろりと私の手を離れるのだが、汚れた部屋をはいつくばって掃除していると、ときどき涙があふれてくる。薫に嘘をつかせるほどさみしい思いをさせていることがたまらなくなる。

この島についたときのにぎわいが、嘘のように消える。陽射しはまだ真夏のものだが、観光客の姿がまったく見られなくなった。ホテルも全室埋まることはまれである。

夕方、薫と近所の外湯を浴びにいった帰り、お寺に番号がふってあるのに気がつく。たとえば「小豆島霊場第二十一番　清見寺」といった具合だ。近くには、「二十二番　峯之山庵」があり、「十九番　木ノ下庵」の矢印もある。以前、お遍路さんの一行とすれ違ったことを思い出す。ひょっとしたらこの島にも、四国と同じように八十八カ所の霊場があるのかもしれない。

だとするならば、私もまわってみようかと思いつく。この島にどのくらいいられるかわからない、けれど、八十八カ所すべてまわり終えるまでは、ここにとどまることができるのではないか。参拝をする私を薫が不思議そうに見上げていた。

九月十八日

仕事を終えアパートに帰るが、薫の姿がない。階上に迎えにいくが、キミさんがシュミーズ姿で化粧をしているのみで、ハナちゃんと薫はいない。

「玉姫神社で遊んどるで。それより、これ、どんな、見て」出ていこうとする私を引き留め、キミさんは真っ赤なワンピースを胸にあてる。体の線が浮き出そうなワンピースには、金ボタンがついている。「どうや、似合うやろか、買うてもろたんや。このへんのもんやないで、大阪で買うてきてくれたんやで」

キミさんにはずいぶん派手だと思うが、「すごくすてき。似合うわ」と言うと、キミさんは少女のように頬に両手をあてて笑う。「あんたにも貸してあげてもええで。いちんち、そやな、五百円でええから」服を抱きしめて言う。

玉姫神社に向かうと、境内に、ハナちゃんと薫、それに見たことのない子どもが二人いた。薫より幼い男の子と、小学校に上がったくらいの女の子である。四人してしゃがみこみ、地面をじっと見つめている。久美の母親にもらった服を着た薫は、そうしているとまるで男の子である。野球帽にTシャツ、緑色のズボン。

「何してるの」

四人がのぞきこんでいる地面を見下ろすと、蟬の抜け殻が、数えてみると七つ、一直線に並べてある。かさかさに乾いた茶色い抜け殻は、精巧に作られた玩具のようにも見える。

「あんな、集めたん」

男の子が私を見上げて言う。

「蟬はずーっと土のなかにおって、出てきたらすぐに死んでしまうんで」

男の子の姉なのだろう、彼を制するような口調で女の子が私に言う。

「これ、死んでるの」

薫が不安げに私を見上げる。

「これは死んでないよ。土から出てきて、お洋服を脱いだんだよ」死ぬという言葉を、いつこの子は覚えたんだろうと思いながら私は答えた。「薫、ハナちゃん、帰ろうか」

「でもすぐに死んでしまうんで」

女の子はくりかえしている。きっと、だれかに教わったばかりなのだろう。七年土のなかにいて、外に出て七日目に死んでしまうという蟬の一生を。真偽のほどはわからないが、私もはじめて聞いたときはショックを受けた。長いあいだ待ったというのに、そんなに短い命しか与えられていないのかと。この女の子のように、私も周囲の大人に蝉は七日で死ぬのだと言った覚えがある。

ハナちゃんが立ち上がると、薫がその手をしっかりと握る。

「明日もくるん？」男の子が、薫とハナちゃんに訊いている。

「明日も集めよな」女の子もつられて言う。

「バイバーイ」薫がふりかえって手をふると、夕焼けで頬を橙色に照らした子どもたちが、しゃがんだまま両手をふる。バイバーイ。幼い声が背後で聞こえる。

夕食ののち、少し遠まわりして、十六番の極楽寺におまいりをする。薫は私の知らない歌をうたっている。ふと空を見上げ、ママ、星、と高く指をかざす。闇のなかで彼岸花がおそろしいほど赤い。

眠りに落ちるとき、夕方に見た蝉の抜け殻が閉じた目に浮かぶ。ころりと乾いた、茶色い殻。

十月六日

二階に薫を引き取りにいくと、ハナちゃんもいっしょに下までおりてきた。夕食の支度をはじめても帰らず、薫とお絵かきをして遊んでいる。気づくと、私の背後に立ちじっと私の手元をのぞきこんでいる。

「夕飯はカレーだけど、いっしょに食べていく？」と訊くと、

「あたし、サラダ作ったげよか」めずらしく口を開いた。

「うん、作って。助かる」

そう言うとハナちゃんは冷蔵庫をのぞきこみ、鍋のあくをすくう私のわきで、トマトとキュウリをざく切りにしはじめる。ずいぶん手慣れているところを見ると、いつも夕食を作っているのかもしれない。ひとり相手にされないのでおもしろくない薫が、私やハナちゃんの足にまとわりつく。

鍋の火を弱火にして、薫の相手をしながらハナちゃんの手元を見ていると、ふしを茹ではじめている。素麺の端っこの、Uの字になった部分で、袋詰めされて安いから買い置きしているのだが、ハナちゃんがふしを何に使うのか見当がつかずに訊いた。これには返事はなし。

ふしはサラダになった。ざく切りにしたトマトとキュウリの上に、盛大にふしをのせ、醬油ドレッシングをまわしかけたものが、ハナちゃん作のサラダだった。

「おいしいね、知らなかった。サラダにもなるんだ」驚いて言うと、ハナちゃんはふいと顔を背けたが、口元に得意そうな笑みを浮かべている。

「おいしいねー、ママ」

薫も目玉をきょろきょろさせて言う。

「あたし、ふしでナポリタンもカルボナーラも作れるんで」そっぽを向いたまま、でも得意げに

ハナちゃんが言う。

「へえ、私も今度やってみようかなあ。もとは麺なんだから、おいしいに決まってるよね」

「ねー」と薫。

「まねしちゃってえ」ハナちゃんが薫の頬をつつくと、薫はきゃっきゃっと笑い声をあげる。

ノックの音が聞こえる。食事を中断して玄関の戸を開けると、またもや久美の母親が立っている。先月きたときと同じように部屋の奥をのぞきこみ、

「あれ、ごはんの時間やった？　ごめんなあ」濃い化粧をしたハナちゃんを見ると顔をしかめ、ちいさく手招きをする。戸の外に出ると、久美の母親は玄関を閉める。

「あんた、うちで働きたいって言いよったやろ。今月でちょうどひとりやめるんや。お給料安いんやけど、あの子連れてあんなとこで働くよりはえい思うで」

「え……」

「一本松、知っとるやろ、あのあたりに、うちの親戚があるんやけど、そこの離れをな、離れっていうても、息子のために建てたプレハブやけど、そこ使ってもえいって親戚が言うとるし……。こんなとこじゃあ、あんた、あの子がかわいそうやで」

眉間《みけん》にしわを寄せて久美の母親は言う。

「でも、さっきのハナちゃん、いい子なんですよ。薫の面倒をずっと見てくれて」

思わずハナちゃんをかばっていた。

「そりゃあそうかもしれんけど、でも、ここいらへんはあれやろ、だれが住んどるんかわからんのやから、連れ込みのすぐ裏なんか、だれがいつ入りこんでくるかわからんやん」

「はあ……でも……いいんでしょうか」私は久美の母親の目をじっとのぞきこんで訊いた。何を思って正体も知らない女を雇ってくれようとしているのか、その真意がわからなかった。

「あんたさえその気ならいつでもええいよ。でもぐずぐずしよったら、新しい人をさがさないかんから、決まったら早めに教えてな。わかったな」

久美の母親はまるで娘の食生活を案じるような顔つきで言い、「ほな、ごはんどきにごめんな」早口で言って帰っていった。

部屋に戻ると、食事を終えたハナちゃんが、薫に自作の紙芝居を見せていた。画用紙五枚ほどで終わってしまうその紙芝居を、くりかえし見ながらカレーの続きを食べる。

「ハナちゃん、絵、うまいよね。漫画家とか、アニメの絵を描く人になれるよ」

「そんなんなれるはずないわ」ハナちゃんは画用紙を放り出してしまう。

「なれるって」

「も一回、見せて」薫が画用紙をハナちゃんに押しつける。

「ガッコ出てないんやもん、なれんわ」

「学校なんかいくのは取り柄のない人だよ、ハナちゃんはこんなに絵がうまいんだからなりたいものになんだってなれるよ」そう言う自分の口調が、ふと熱を帯びていることに気づき私は口を閉ざす。罪を犯したわけでも逃げているわけでもないあなたなら、なんだってなれると私は言ってしまいそうだった。

「帰るわ」ハナちゃんはすっと立ち上がり、まっすぐ玄関に向かう。サンダルに足を通しながら、「東京にはそんな勉強できるとこあるん?」むすっとした声でハナちゃんは訊いた。

「あるよ、いろいろあるよ。漫画家のアシスタントになるっていう手もあるし」答えてから、はっとした。「私が東京からきたって、どうして知ってるの?」

「べつに。おしゃべりババアが言いよったから」

出ていくハナちゃんを追って私は訊いた。

「なんて? カヨさんはなんて言ってたの?」

ハナちゃんは不思議そうな顔で私を見、「訛《なま》りがないから東京の人に違いないって、ダンナから逃げてきたんやろうって」ぼそぼそと答えた。

そうだ、わかるわけがない。ばれるわけがない。「そっか、そうだよね」私は笑ってみせた。「カヨさんにはなんだってばれちゃうよね。ダンナから逃げてきたって、知ってたんだね、カヨさん」ハナちゃんはうつむいて階段の途中に立っている。「ハナちゃん、今日もありがとう。サラダもごちそうさま」

ハナちゃんはちらりと私を見ると、そのまま無表情で階段を上がっていった。

「蟬、みんな死んじゃった?」

外湯にいく道すがら、薫がふと訊いた。そういえば蟬の声はもう聞こえない。ルールーと秋の虫がやかましく鳴いている。

十一月十四日

お寺をまわるごとにつけている正の字を数えると、まだ三十にも満たない。通り沿いのお寺は見かけるたびいくが、山を登った奥のほうになると、なかなかいく時間をつくることができない。先月から久美の母親である昌江さんの素麺屋で、宮田京子という偽名のまま働きはじめた。食堂の配膳と売店の売り子が主な仕事。素麺屋と工場、久美の祖父母と母親が暮らす沢田家は隣接しており、なんとなくごたまぜになっている雰囲気がある。売店が暇なときは、家の方の洗濯を任されたり、庭の掃除を頼まれることもある。昌江さんは、薫を連れてきてもいいと言い、そこまで甘えていいのか疑問だったが、留守宅に薫を置いていくこともできず、結局薫といっしょにさわだ素麺店へ出向いている。薫には友だちもできた。近所に住む子どもたちで、幼稚園に通う里美ちゃんや新之介くんやさくらちゃん、そのなかではリーダー格の有里ちゃんのおねえちゃんだ。ときどき彼らは薫を呼びにきて、どこかに遊びにいく。子どもだけで危険ではないのかと思っていたが、そもそも家に鍵をかけることが少ないこのあたりでは、あまり心配はいらないようだ。

昌江さんの言っていた民家の離れを借りることもできた。母屋の坂本さんは昌江さんの親戚で、離れはもともと倉庫だったのを、高校生の息子に請《こ》われて改築したのだそうだ。その息子は現在九州の大学に通っているという。

昌江さんは、仕事が休みの日に、ときたま私たちを車に乗せてあちこち連れていってくれる。寒霞渓《かんかけい》や岬の分教場《ぶんきょうじょう》、海に沈む夕日も眺めた。ロープウェイに乗っても薫は泣かなくなったが、しかし慎重なのはかわらない。自分が納得しないと、とにかく動こうとしないのだ。昌江さんも苦笑しながら、やたらに時間のかかる薫の行動をねばり強く待ってくれている。

友だちができてから、驚くほど薫は言葉を覚えた。「大きなったらママにおっきなおうちを建てたげる」と言われたときはびっくりした。

客のこない午後、昌江さんと、パートの伸子さんと、素麵をすする。先月行われた農村歌舞伎の話を、二人とも熱心にしてくれる。

「来年、薫ちゃんも出たらえいわ」と昌江さん。子ども歌舞伎は小学生以上が主に参加するらしいが、「薫ちゃんみたいにべっぴんさんならだいじょうぶや。来年は五歳になるんやろ」と、伸子さんが言う。

「いえ、来年の夏で四歳です」そう答えると、昌江さんはまぶしそうにおもてを眺めた。ひょっとしたら久美が帰ってきたのかもしれないとつられてふりかえると、ポスターの隙間から見えるガラス戸の向こうには、日にさらされた素麵店の看板があるきりだった。

「なあ、京子ちゃん、だれかに似とるってよう言われん?」ふと仲子さんが言い、どきりとする。

「だれかって、だれなん」

「ううん、それが思い出せんのや」

仲子さんと昌江さんのやりとりを聞きながら、「南野陽子かな? それとも中山美穂?」さわだ素麺店のテレビで覚えた芸能人の名前をわざと言うと、二人は顔を見合わせて笑う。「なんや、京子ちゃんゆうたら、えらいうぬぼれてるやん」

「だってだれかに似てるって言われたら、それくらいしか言われたことないし」私も笑う。

この平穏な日々はいつまで続くのだろう。毎夜私は考える。そんなにうまくいくはずがないと思う日と、いつまでも続くに決まっている、私と薫は何ものかに強く守られているのだからと確信するように思うときもある。

十二月三十一日

一年が終わる。午後、離れの掃除をしていると昌江さんがおせちのお裾分《すそわ》けと素麺をもってきてくれる。玄関先に座り、

「久美から電話の一本もあるかと思いよったけど、こんなあ」と、独り言のように言う。

「三が日のうちに、ひょっこり顔を出すかもしれませんよ」言いながら、こんなことを言っても

気休めにもならないだろうにと胸が痛む。それでも昌江さんは笑顔を見せ、

「そやな。帰ってくるかもしれんな」ひとりうなずいて帰っていった。

三時過ぎに掃除が終わったので、薫を連れ、ずっといこうと思っていた笠ヶ滝にいってみる。島にひとつだけある行場で、切り立った岩壁の上にご本尊が安置されていると、伸子さんに聞いたのだ。黒岩までバスでいき、そこから歩く。ところどころに、指のかたちの案内板がある。

「あんな、ママ」私の手にすがるように山道を歩く薫が言う。「しんちゃんは女の子なん？」そんなことを訊く。

「なんでよう。しんちゃんは男の子でしょう」

「ほんなら、薫、男の子なん？」

「薫は女の子でしょ。かわいいかわいい女の子」

「でもな、あんな」言ったきり、薫は黙ってしまう。はっとする。薫はエンジェルホームのことを言っているのだろうか。男も女もないと聞かされ、実際女の子どもしか見ていない薫には、男女の差というものが理解できないのかもしれない。しかも今、昌江さんにもらった服ばかり着ている薫は、格好だけ見れば新之介くんと変わらない。

「あのねえ、薫、ママも薫も女の子だよ。しんちゃんや、沢田のおじいちゃんは男の子」

「どう違うん？」薫は私を見上げて訊く。

どう違うのか。うまい説明が思い浮かばない。あんたは男か女かと、サライたちに訊かれたと

きのことを思いだし、思わず苦笑する。

「ママにもわからん」私は正直に言う。「きっと薫がもう少しおっきくなって、この人と結婚したいなあと思ったら、それは男の人だよ」

「ほならママは男なん？」

「ママは女の子だって」

「けど薫、ママと結婚したいもん」

私は思わず立ち止まり、薫を見下ろす。薫は真顔で私を見ている。「そしたらママ、女の手ひとつやなくなるやろ」

私は思わずしゃがみこみ薫を抱きしめる。さわだ素麺店に出入りする人たち、新之介や有里ちゃんの母親たちが私について交わす言葉、「女手ひとつ」を薫は聞いていたのだ。意味はわからないながらもその言葉に、何やら気の毒そうな響きを感じ取っていたのだろう。

「ママ、痛い痛い」薫は腕を突っ張って私から離れる。ひとりで先を歩き出す。

「薫はいつかやさしい男の人をうんと好きになって、それでお嫁にいくんだよ」ちいさな薫の後ろ姿を見つめて、私は言った。

「いかないよ、どこも」後ろ姿の薫は叫ぶように言って、ずんずん歩く。

滝湖寺《りょうこじ》を参拝したあと、灯籠《とうろう》に囲まれた長い石段を上がる。案内板の通り進んでいって、目の前にあらわれた岩山を見上げる。岩肌には杭が打ち込んであり、鎖が続いている。それをつかみながら急斜面を登っていくらしい。

「薫、ここで待っててくれる」

「うん、いいよ」薫はおとなしくその場にしゃがみこむ。私は鎖を強く握りしめ、急斜面を登りはじめる。薫がそこにいるかどうか確認するために、ずるずると斜面を登っては、薫！　と名を叫んだ。ママー！　そのたび薫は返事をした。

錆の出た鎖につかまり、娘の名を呼びながら急斜面を這い上がる姿は、人から見たらどれほど滑稽だろうかと思う。けれどそうして登っているうち、奥の院にお参りできれば私は薫を手放さなくてすむに違いないという、すがるような気持ちになっていた。

なんとかてっぺんまで登り、お参りをすませ、薫！　と名を呼ぶと、ややあって、ママ早くきてー、と弱々しい薫の声が戻ってきた。私はあわてて、鎖をたぐり今度は斜面を這い下りる。

鎖の這う岩山を下りたところに、観音様がまつられていた。子育て観音像と書かれている。私は薫の手をとって、薄く目を開いたその観音像をじっと見る。薫の手をそっと離して、手を合わせ頭を垂れる。どうか、どうかこの子と、一日でも長くいっしょにいることができますようにと、心のなかでくりかえす。

一九八八年二月十日

昼過ぎにきた客がテーブルに週刊誌を置いていく。後かたづけをしながら何気なく表紙を見て、あっと声を出しそうになる。「中学生、高校生を撲殺　理由は『目が合った』」の隣に「天使の要塞　拉致監禁・詐欺、女性団体に続々と浮上する疑惑」と文字が並んでいる。エンジェルホームのことだととっさに思う。そっと手をのばし、ページをめくる。目当ての記事が見つからずいらいらする。

「京子ちゃーん」名前を呼ばれ、私はあわてて週刊誌を閉じる。カウンターから昌江さんが顔をのぞかせている。「どしたん、へんな顔して」

「あ、いえ」盆にコップと皿をのせ、何気ないふりを装いテーブルを拭く。

「そこ終わったら、ちょっと裏いってくれん？　おばあちゃんが素麺の桶洗ってほしい言いよるから」

用事を済ませて店に戻ると、昌江さんと伸子さんが何やら話しながら店の掃除をしている。週刊誌をさがしたが見あたらない。「窓ガラス拭きましょうか」昌江さんに声をかけながら、私は何も見なかったんだと自分に言い聞かせる。

店番が終わるころになって、有里ちゃんたちに連れられて薫が戻ってくる。ズボンもセーターも、乾いた土や枯れ草がびっしりついている。

「あんな薫、言うたらいかんからな」新之介が薫に耳打ちするが、声がしっかり聞こえてくる。薫はくすくす笑い、首を小刻みにふってうなずいている。

さわだ素麺店を出、日方までバスに乗る。帰り道に、近隣の寺に寄るのが日課になっている。バス停を下り、暗くなりはじめた道を薫と歩く。

「薫はママにひみつがあるね？」

マリア観音のわきを抜けて、安養寺《あんようじ》に向かいながら薫に言うと、薫はびくっと体をかたくして、「ないない、ひみつ、ないで」真顔でくりかえす。そうしてしばらくもじもじしていたが、「ししがきで、競走したんや」とちいさな声で言う。

「ししがきって、何？」

「うーんとな、細い道。薫、こわかったけど、平気やった。でもな、ビリやった」薫は一生懸命そこまでしゃべると、怒られるとでも思っているのか、じいっと私を見上げている。

「そうか、こわかったけど、がんばったか。えらいなあ、薫」ししがきがなんだかわからないが、そう言うと、薫は顔をほころばせた。

安養寺の本堂でじっと手を合わせる。薫も私の隣でちいさな手を合わせている。

三月十五日

店の前の駐車場に子どもたちが集まり、遊んでいるのがガラス越しに見える。男の子の格好をした薫は、だれかに呼びかけられるまでじっと動かない。有里ちゃんが手を引き、薫を遊びに加わらせる。やがてばたばたと子どもたちが店に入ってくる。

「迷子やあい、迷子やあい」「こりゃ、わい等《ら》はなんとするのだー」「いざ尋常に腕！　まわせえー」口々にそんなことを言い合い、店のなかをぐるぐるとまわる。

「ほれ、あんたら、外で遊んでよ！　お客さんがおるやろ」カウンターから顔をつきだし昌江さんが怒鳴る。子どもたちは甲高い笑い声を上げながら店内を一周すると、またおもてへと出ていく。薫もよたよたとずいぶん後れをとりながら、「すすみしとおー」教わったらしいせりふを叫び彼らのあとを追っておもてに出る。

「歌舞伎の練習しよんやな」素麺をすすっていたひとりが笑い、

「意味もようわかっとらんのに、覚えてしもて」彼らにお茶をついでまわりながら、昌江さんが言う。

「肥土山《ひとやま》はじきやけど、そっちに出るわけやないんやろ」

「中山のやって、あの子らは出られんわ、まだちいさいしなあ」

二人のやりとりを聞きながら、ガラス戸の向こうに目を向ける。光のなかで子どもたちが走りまわっている。

薫とともに釈迦堂《しゃかどう》、明王寺《みょうおうじ》とまわり、まだ陽があるので案内板に導かれるまま光明寺《こうみょうじ》まで足をのばす。釈迦堂の前の池を見て、

「幽霊が出るんや」と薫が教えてくれる。子どもたちに聞いたのだろう。

「幽霊ってどんな人のことをいうの」と訊いてみると、「髪が長くて、足がないん。真っ白な人なんで」と薫はまじめな顔で答える。

帰るころには日はすっかり暮れてしまった。けれど帰り道は明るい。電照菊のビニールハウスが放つ光のせいである。連なるビニールハウスは、金色の光をあたりにまき散らしている。はじめ見たときは光るビニールハウスは異様な光景に思えたけれど、今は夜を拒むような光を見ると安心する。

四月八日

新之介くんとさくらちゃんの入学式。午後、有里ちゃんに連れられ、二人はぴかぴかのランドセルを背負ってあらわれる。さくらちゃんと手をつないだ里美ちゃんは、うらやましそうにランドセルをちらちらと見上げる。

「薫ー」店の戸を開け新之介くんが呼ぶ。

「薫は裏のおうちにいるよ」と教えると、全員で走っていく。ランドセルを見せたいのだろう。

今まで考えることを避けてきたことが浮かぶ。薫を小学生にしてやることが、果たして私にできるのだろうか。赤いぴかぴかのランドセルを背負わせてやることができるのだろうか。戸籍も住民票もないあの子を、どうやって学校に入れてやるのか。

幽霊、という薫の言葉を思い出す。足がなくて真っ白の人。しらばっくれても、逃げおおせた気持ちになっても、私たちはあの池に住むという幽霊のようなものだ。

「うちの、きとるー？」

パーマをあてピンク色のスーツを着た新之介くんの母親が店に顔を出す。

「裏におるで」昌江さんが答える。「あらあ、ユッコちゃんすてきやなあ」

「写真館いくんよー、これから」彼女は笑顔で店を出ていく。ガラス戸の向こう、遠ざかる母親の後ろ姿を私は見送る。陽射しのせいではなく、真新しいスーツはまぶしかった。

七月二日

虫おくりという行事があるから、店はおばあちゃんと伸子さんにまかせて、みんなでいこうと昌江さんが言う。何かのお祭りらしい。この島には、本当にたくさんお祭りがある。夕方、有里ちゃんや新之介くんたちが家族とともにやってきて、昌江さんの運転するバンに乗り、肥土山に向かう。

多聞寺《たもんじ》のあたりに人が集まっている。「綿菓子、あるかな」薫が言うと、「綿菓子は今日はないんで。あのね、お米が虫に食べられんようにってお祈りするんやからね」と、ませた口調で有里ちゃんが言い、みんな笑った。住職がお経をあげ、赤い手燭《てしょく》に灯明《とうみょう》を移し、みなぞろぞろと移動していく。いこう、いこうとせかす新之介くんたちを先にいかせ、人の少なくなった多聞寺で手を合わせる。第四十六番のこの寺にはまだきていなかった。もう慣れっこになってしまった薫が、私のわきにしゃがみこみやはり手を合わせている。

八幡神社に移動しふたたび読経《どきょう》があり、そののち、竹に移された火が配られる。子どもたちは先を競って火のついた竹を持ちたがるのに、薫はこわがって火に近づかない。里美ちゃんと新之介くんは、母親に支えてもらい二人で竹を運んでいる。

「ほれ、火手、あんたも持ちなさいな。ぜんぜん熱くないんやから」

昌江さんが火のついた竹の棒を薫に触らせようとするが、薫は逃げまわり、しまいにしゃがみこんで泣き出してしまう。火を持った行列はどんどん先に進んでいく。

「薫、だいじょうぶだよ、ほらおばちゃんが持ってくれるから、薫はママと手をつないで歩こうよ」薫をなだめ、なんとか立ち上がらせる。

「本当にこの子は、なんていうんか、慎重派やなあ」昌江さんが笑い、結局、竹の棒を持って歩き出す。橙色がかった空は次第にピンク色になり、そろそろと様子をうかがうように紫に色を変える。

灯明をかざして歩く行列に少し遅れて歩く。夕闇のなかを、灯明がふわふわと揺れている。水をはった田圃《たんぼ》にその光がにじんで揺れている。昌江さんはふりかえり、行列の先を指して、「きれえやなあ、薫、ほれ見てみ」とくりかえしている。太一の服を着た薫は、そのたびくちびるをかたく結んで、うんうんとうなずく。私が子どもと暮らすことを夢見たように、昌江さんもこうして孫に美しいものをたくさん見せたかったんだろうと、ふと思う。

「薫、こわないでー、いっしょに持とー」

列の先で、さくらちゃんが薫に向かって手招きしている。薫はさっと私の背後に隠れ、スカートの裾を握りしめる。

私は立ち止まる。延々とあぜ道を歩く光の行列を見やる。彼らに向かってかまえられたいくつものカメラに、今さらながら気がついたのだ。

「どしたん」

数メートル先で、立ち止まった私たちに気づいた昌江さんが呼びかける。

「ううん、なんでもないんです」

私は笑顔を作り小走りで昌江さんに追いつく。

カメラをかまえる人たちを注意深く見渡す。いくつものレンズが、世間の目と重なって見える。

足がすくむ。薫を抱き上げるためふりむくと、たった今私のスカートを握りしめていた薫は、そろそろとさくらちゃんに向かって歩きだしている。さくらちゃんの持つ灯明を、いっしょに持とうとしているのだろう、おそるおそる手を差し出しながら、近づいていく。その真剣な幼い顔を見ていたら、連れて戻ることはできそうになかった。

なんでもないに決まっている。そう言い聞かせる。みな軽装で、笑顔を見せているではないか。だれも私と薫に注意など向けていない。家族の写真を撮っているだけだ。世間の目なんかであるはずがない。

火のついた竹が、次々と川に流れていく。あたりはもうすっかり暗い。燃える火はゆっくりと遠ざかる。ゆらゆらと川面を流れていく光を見ていると、この世ではないどこかにきてしまったような心持ちになる。

「今日、カメラを持った人がずいぶんいましたけど」薫の隣にしゃがみこみ、うっとりした表情で流れる火を見つめる昌江さんに話しかける。「みなさん、島の人ですよね」

昌江さんは何を訊かれたのかわからないという表情で私を見上げ、

「秋祭りのときはもっとすごいで。テレビがくることもあるんやから」と言った。

火手を持つのをあんなにいやがったくせに、薫は流れていく火に向かって、名残惜しそうにちいさく手をふっている。

七月三十日

薫の、四回目の誕生日である。昌江さんからはピンク色のワンピース、仲子さんからはクレヨンと画用紙をいただく。夏休みの有里ちゃんたちもやってきて、においつき消しゴムや髪留めをくれた。みんなでお小遣いを出し合って買ってくれたのだという。「誓願寺《せいがんじ》にいってくるな」と言い残し、有里ちゃんたちは薫を連れて外に飛び出していく。

夏休みの観光客の数が次第に増えはじめている。店は忙しくなり、昌江さんは近所の高校生を臨時で雇った。ショートカットの弓ちゃんを見ていると、ハナちゃんのことを思い出す。そう遠くはないのだから、会いにいこうと思いながらなかなかいけずにいる。

「京子ちゃんな、お酒飲んだりするん?」洗いものをしている私に近づいてきて、昌江さんが訊く。

「お酒ですか? ほとんど飲みませんけど、飲めることは飲めますよ」何を訊かれているのかわからず答えると、昌江さんはその場に立ったままエプロンのポケットに手を入れたり出したりし、「京子ちゃんとゆっくりお話ししたいって人がおるんよ」と、上目遣いに私を見て言った。

「え、お話?」どきりとする。とっさにフェリーの時刻表が浮かぶ。草壁港に出るときぼんやり眺めているうち、ほとんど諳《そら》んじてしまった高松行きのフェリー時刻だ。

「薫ちゃんはそのあいだうちで預かっててもえいしな、お酒飲むだけやと思て、つきおうてあげたら？」

私は水道の蛇口を止め、昌江さんをじっと見る。

「内海《うちのみ》の役場で働いとる人なんやけど、えい人なんや。おかあさんが長いこと寝たきりやってな、ずっと面倒見てたんや。それで未《いま》だに独身ってわけなんよ。そのおかあさんも昨年亡くなってしもたしな」

「あの……」警察ではないと、頭では理解するが、昌江さんが何を言おうとしているのかまるでわからない。

「お素麺買いにきてな、えいなって思たんやて。ちょっと話してみたいんやて。一年かそこらやけどハジメちゃんも東京におったことあるから、案外話合うかもな。京子ちゃんやて、いつまでもひとりってわけにはいかんやろうしなあ」

ああ、そうか。そうかそうか。安堵のあまり、私は笑い出してしまう。この人は、親切な久美のおかあさんは、見知らぬ私の結婚まで気にかけてくれているのだ。笑いすぎて、目の端からにじみ出るように水滴が落ちる。

「もう、そんな笑わんでもえいやん。ハジメちゃん、まあ男前とは言えんけど、えい人やで、心根がやさしいっていうんかなあ」

「ありがとうございます。考えておきます」

私は頭を下げる。ほんまに、ほんまに考えておいてな。昌江さんは念を押し、私の洗った食器を拭きはじめる。

子どもたちが帰ってこないので、誓願寺まで迎えにいく。蟬の声を聞きながら歩くうち、ふと、そのハジメさんとやらと会ってみようかという気になった。恋や愛はもういい。けれど私たちには隠《かく》れ蓑《みの》が必要だ。役場の人ならば、そして心根のやさしい人ならば、こちらの話の持っていき方次第で、私たちの戸籍について便宜を図ってくれることはないだろうか。私の素性を訊く人はいなくなるだろうし、薫に赤いランドセルを背負わせてあげることができるかもしれない。そんなにうまくいくはずがないじゃないかという声と、私たちは何ものかに守られているのだからという声が、交互に胸に響きあう。

誓願寺の蘇鉄《そてつ》の裏で子どもたちは遊んでいた。「帰るよー」と呼ぶと、ふざけあいながらも集合する。

「なあ、おばちゃん、明日泳ぎにいってえい？」里美ちゃんが訊く。

「子どもたちだけは危ないからだめだよ、だれかいっしょにいってくれるならいいけど」

「おばちゃんもいっしょにいかんか。オリーブビーチで泳いだことないって、薫が」さくらちゃんが私の腕にぶらさがる。

「ママがえいって言うたら薫も連れてってえい？」と有里ちゃん。

「有里ちゃんのママがいっしょにいってくれるならありがたいけど、薫はこわがりだからなあ」

「薫、こわがりじゃないで！」

薫が口をとがらせて叫ぶ。

「じゃ、有里ちゃんたちに連れていってもらう？　薫、泳ぐ？」そう訊くと、波打ち際で泣き出すに決まっている薫は、

「泳ぐ！　薫、できるもん」と、大声を出す。

「おれは海なんかいきとうない。ししがき遊びのほうがえい」新之介くんが言うと、

「しっ！」とさくらちゃんが新之介くんを小突く。

「ししがきってなんなん？」訊いても、子どもたちはにやにや笑うだけで答えない。

陽がゆっくりと傾き、緑の田圃を金色に染め上げていく。雨降りのように蝉の声が重なり合う。

八月十五日

お祭りにはいかないと言ったら、めったにわがままを言わない薫が、お祭りにいきたいと顔を赤くして泣き出した。納涼祭りもこのあいだの安田小学校の盆踊りも、誘われても出かけなかった。そのどちらも薫はいきたいのをこらえていたのだろう、その気持ちが爆発したような泣き方である。「ごめん、薫、我慢して。絵本読んであげるから」薫を抱きしめてなだめても、私の腕をふりはらい、声を振り絞り吠えるようにして泣く。

「京子ちゃーん」母屋の勝手口から、坂本さんの声がする。「電話やでー、まあちゃんからー」

泣く薫をとりあえずそのままにして、母屋にいく。勝手口から上がり、廊下にある黒電話に耳をつけると、

「京子ちゃん、例の件、今日やったらいかんかなあ」昌江さんが電話口で陽気な声を出す。

「例の件って……」

「ほれ、役場の。あんたが帰ってすぐ電話があってな。新ちゃんたち連れてお祭りいくんで、ついでに薫ちゃんもいっしょに預かるしな」

安堵のため息が漏れる。これで薫をお祭りにいかせてやることができる。薫を連れて店に戻る約束をして、電話を切った。

「薫、お祭りにいけるよ。昌江おばちゃんが連れていってくれるって」

薫に言うが、泣きやむタイミングを逸したらしく、薫はまだえぇんええんと声を出し続けている。が、涙はもう流れていない。

役場に勤める大木戸一《はじめ》さんと、土庄にあるレストランにいく。外食も久しぶりだが、男性との食事はもっと久しぶりである。一さんはまじめそうな男性で、私の言ったなんでもないことに、大きな口を開けて笑う。もし私がこの島に生まれて——食事中、一さんの話を聞かず、そんなことを考えていた——もしこの島に生まれて、外の世界のことをなんにも知らずにこの人と恋愛をしていたら、さぞや幸せだったのではないか。あの人に会うこともなく、知らなくていい痛みを

味わうことなく、名を偽る必要もなく。けれど、と思い返す。けれどいくら幸せだったとしても、そうだったら薫には会えなかった。

もし、二手に分かれる道の真ん中に立たされて、どちらにいくかと神さまに訊かれたら、私はきっと、幸も不幸も関係なく、罪も罰も関係なく、その先に薫がいる道を躊躇なく選ぶだろう。何度くりかえしてもそうするだろう。そんなことを思う。

「天使の散歩道を知っとりますか。潮の満ち引きで渡れたり渡れなかったりするんです。今度、もしよかったら案内します。お子さんもぜひ連れてきてください」

汗を拭き拭き一さんは言う。体格がよく、体じゅう余すところなく肉のついた一さんが「天使の散歩道」と言うのがおかしくて笑うと、彼も盛大に口を開けて笑った。

食事を終え、お祭りに少し寄っていかないかと誘われたが、断った。午後九時近くなって、昌江さんに連れられ薫が帰ってくる。私のためにと、ピンク色の袋に入った綿菓子を大事に持っている。袋を開けると、綿菓子は半分くらいにしぼんでしまっていた。

九月一日

朝、店にいくと、昌江さんが飛び出してくる。「あんな、あんた、驚かんといてな、久美が、あの子が、電話してきたんや！」私の両腕を強くつかみ、叫ぶように昌江さんが言う。

「えっ、今どこに……」言いかけた私を遮り、

「広島やて！　秋祭りに合わせて帰るって言うんや！　今朝早《はよ》うに電話があってな、そりゃあもうびっくりして」昌江さんは私の両腕をつかんだまま、早口でしゃべる。「あんたのこと言うたらな、最初はわからんかったみたいやけど、薫ちゃんって言うたら思い出してな。あんたがここにおってくれて喜んどった。会いたいって言よったで」

そうだった、久美は「宮田京子」と言ってもわからないに違いない。久美から連絡があってうれしいはずなのに、彼女が私の本名を口にしたのではないかと気が気ではない。昌江さんは、出勤してきた伸子さんのところにも飛んでいって同じことを伝えている。

「エッちゃんに会えるよ」ぽかんとしている薫に言うが、薫は「わかんない」とだけ言う。もう覚えていないのだろうか。

久美の帰ってくる日がわかったら、私が彼女を迎えにいこう。そうしてここに着くまでになんとか口裏を合わせよう。久美だって、エンジェルホームにいたことは知られたくないに違いない。

帰り際、バス停まで昌江さんが追ってくる。「ありがとな」と、膝小僧に額をつけるほど深く頭を下げる。「あんたのおかげや。久美が帰ってきてくれるんは京子ちゃんのおかげやで」

「私はなんにもしてないですよ」と言っても、昌江さんはなかなか頭を上げなかった。

九月十一日

一安心したことがある。毎年行われる秋祭りを、天皇のご病気を考慮して今年は自粛することになったという。昌江さんも伸子さんも、有里ちゃんたちのおかあさんも、薫を出そうとなぜか妙に盛り上がっていて、薫も教えられたせりふを練習したりするものだから、内心ひやひやしていた。テレビカメラが取材に入ることもあるその場に薫を連れていくのはなんとしても避けたかったのだ。

久美から連絡があっても、祭りが中止になったことは内緒にすることにした。祭りがないなら帰らないと言い出すかもしれないからと、昌江さんが言っていた。

店が休みの今日、岬の分教場近くにある、堀越庵《ほりこしあん》、田《た》ノ浦庵《うらあん》とまわる。同行《どうぎょう》二人というお札の文字は、弘法大師と二人という意味だと聞いたが、私にはどうしても、薫と二人きりという意味に思えてしまう。私たちは二人きりで、ほかに人のいない道を歩いている。この先もずっと。

薫に請われ岬の分教場に寄る。夏休みシーズンが終わり、木造校舎はひっそりしている。ちいさな机に座った薫が、「先生をやって」と言う。有里ちゃんたちに教わった遊びだろう。教壇に立ち、「宮田薫さん」と呼ぶと、「はあーい！」椅子からずり落ちそうなほど身を乗り出して返事をする。

一《はじめ》さんに誘われた「天使の散歩道」とやらに、この子も連れていこうと、ふいに強く思った。

帰り道、ホテルニューヨークの裏のアパートに寄ってみる。キミさんの部屋をいくらノックしても返事がない。カヨさんの部屋も同様。真奈美ちゃんの部屋をノックすると、香水のにおいをぷんぷんさせた女性があらわれて、真奈美ちゃんもキミさん親子も引っ越した、どこへいったか知らないと、素っ気ないながら教えてくれた。

たった二カ月ほど住んだだけのアパートだが、もうだれもいないとなると不思議となつかしく思い出される。コンロがひとつしかないガス台や、蛾や毛虫が入りこんできた狭いトイレ。

「ハナちゃん、いないって」国道を歩きながら言うと、

「明日はきっといるよ」薫はすっかり大人びた、私を慰めるような口調で言う。

田圃のあぜ道に彼岸花が咲いている。はっとするほど赤いその花が、何か妙に不吉なものに思え、そのことにたじろぐ。去年はその赤さに驚いただけだったのに。

「赤いお花、きれいやなあ」薫の言葉で、少し気持ちが軽くなる。カナカナカナカナと蝉の声がする。声をひそめて鳴いているように聞こえる。

九月十二日

昼過ぎ、役場の車で一さんがやってくる。新聞を大事そうに抱えて店に入り、テーブルが濡れ

ていないか丹念に調べてから、もったいぶって新聞を広げた。目を落とした私は一瞬言葉を失った。私がそこに、いるのである。

「どしたん、ハジメちゃん、そんなん広げて……あれっ！」

奥から出てきた昌江さんが新聞を見て素っ頓狂な声をあげ、「あれすごい！　伸子さあん」洗い物をしていた伸子さんを大声で呼ぶ。私は愕然としてその紙面を見つめる。

全国紙の、アマチュアカメラマンを対象にした写真コンテストらしかった。隅にちいさく載った一枚には、佳作の文字がある。虫おくりの日だった。火手を持つのをいやがる薫に、私が顔を近づけ薄い笑みで何かささやいている一枚。祭りの日というタイトルがついている。無数の虫が、足元から全身を這い上がってくるような感覚を抱く。息が苦しくなる。あの日、カメラレンズと世間の目がちらりと重なったことを思い出す。

「気づかんかったんやけど、ちょっと前に四国の新聞に載って、評価が高かったんで全国大会にノミネートされたらしいですよ」

「けど、佳作やなんて。こっちの大賞よりもぜんぜんえいのになあ」

「あー、ママー」

「そうや、ママやで。薫ちゃんもおるやん」

「京子ちゃんの表情がえいなあ」

「背景の、行列の火がにじんどるのが幻想的やない」

「よう気づいたなあ、ハジメちゃん」

「いやあ、この賞は毎年目を通しとるんですよ。ほら、前にも入ったことあったやろう、歌舞伎の」

「ああ、あれは大賞やったかなあ」

「それで役場に貼り出すもんですからね」

みんなの話す声が遠くで聞こえる。どんどん遠ざかる。地鳴《じな》りのような轟音が耳にねじこまれるように入ってくる。

「うちにも貼ろか。ねえ、貼ろなあ」

やめてください。そう言おうとして、声が出なかった。新聞を引き裂きたかったが、腕が鉛のように重く持ち上がらなかった。一さんが食べていった素麺の器を片づけていて、コップをひとつ落として割った。昌江さんが私をのぞきこみ笑顔で何か言っているが、まるで聞こえない。学校を終えた新之介くんとさくらちゃんが薫を呼びにくる。ガラス戸の向こうに遠ざかる薫を、夢を見るように私は見送る。

逃げなくてはならない。逃げなくては。あんな写真が載ってしまったら、早晩私の素性はばれる。寺には寄らずに帰り、かんたんな夕食をとったあと、私は荷物をまとめはじめる。薫は私にまとわりつき、「どしたん」「何しよん」をくりかえす。食器はすべて置いていこう。服も数着だけでいい。化粧品もおもちゃもいらない。

「薫、明日、ここを出ようね。お引っ越しをしよう」そう言うと、意味がわからなかったらしい薫はぽかんとしていたが、私がボストンバッグに詰めた中身を猛然と引っぱり出しはじめた。子どものころに遊んだあひるや、男の子用の衣類が畳に散らばる。

「薫、どこにもいかない」つぶやくように言う。薫の耳が赤い。怒っているのだ、と思う。こんなにちいさいのに、全身で怒っているのだ。

「平気よ、薫。だいじょうぶ。ママといっしょだから」

「どこにもいかない！」薫はふりしぼるような声で言うと、散らばった衣服に突っ伏して泣きはじめた。私はかき集めた衣類を手に、背をふるわせて泣くちいさな娘を呆然と見る。

九月十五日

決めたことがある。ぎりぎりまでここにいるということだ。今までのことを思い出してみれば、私はやはりだれかに守られているように思えてしかたない。そのだれかは、きっと今回も私を守ってくれるはずなのだ。新聞に写真が載って以来、とくべつ変わったことはない。だからだいじょうぶ。だいじょうぶと言い聞かせる。それに、もうじき久美がやってくる。ここを出ていくのなら、久美に会ってからにしよう。今までのように、礼も言わず黙って逃げるのではなく、世話になった人たちに礼を言ってどこかへ向かおう。

仕事を終え、土庄の写真館にいく。薫を膝に抱き写真を撮ってもらう。来週できるという写真は、これから私のお守りになる。同行二人。シャッターが切られる瞬間、そんな言葉を思い出す。

九月十九日

早朝、母屋から、電話だと呼ばれる。時計を見るとまだ七時を過ぎたばかりだ。勝手口から上がり、朝食の後かたづけをしている坂本さんに礼を言い、廊下の電話に向かう。受話器から、ささやくような昌江さんの声が聞こえてきた。

「あんた、今日、休んでえいから」せっぱ詰まったような声である。胸の奥がざわりとする。

「何かありましたか」と訊く私の言葉を遮るように、

「えいから。今日は休んどき。な、わかったな」早口でささやくと一方的に電話を切った。壁に貼ってあるカレンダーの、今日の日付の下に書かれた仏滅という字が目に飛びこんでくる。

台所で、朝の光に包まれるようにして食器を洗う坂本の奥さんの背中に目がいった。水道の音、食器の軽くぶつかる音、廊下の奥から聞こえるテレビの音声。ここにいたい。ずっといたい。薫とここで暮らしたい。凪《な》いだ海と浮かぶ島々と、醤油のにおいとオリーブの白い葉と、照りつける陽射しと祭り囃子のなかで。

「電話、すんだ?」私の気配に気づいた坂本の奥さんがのんびりと訊く。「ありがとうございました」私は頭を下げ、離れに戻る。

タオルケットをかけて寝ている薫を起こし、顔を洗い歯を磨かせ、着替えさせる。下着と着替え幾枚か、あひるとおしゃぶりをボストンバッグに詰めこむ。流しの上に、月末に払うことになっている家賃分の紙幣を置き、着替えの終わった薫の手を引いておもてに出る。ここにいたい。ここで暮らしたい。しかしたぶん、それはもうかなわないと、直感が告げる。

片手にボストンバッグ、片手に薫の手を握り、私は足早に坂本家を出る。ひとけのない国道を急ぐ。ダンプカーが土埃を舞いあげて通りすぎていく。

「ママ、今日な、薫な、しんちゃんたちとな」私に手を引っ張られながら薫は言う。薫を抱き上げ、私は走り出す。さらさらした朝の陽射しのなかを走る。七時、七時五十分、九時。高松行きフェリーの時刻を胸の内でくりかえす。間に合うか。七時五十分のフェリーで、間に合うか。今まで会った人たちの顔がなぜか次々と思い浮かぶ。私の目を見なかった名古屋のおばさん、バンに乗りこんできた久美、マロンちゃんにダンさん、ずらりと並んだ顔のないエンゼルさんたち。昌江さん、有里ちゃん。ああ、久美、あと少しだったのに。あと少しで会えたのに。お寺ももうちょっとでまわり終えたのに。八十八カ所、ひょっとしてまわり終えていればこんなことにはならなかっただろうか。それに、写真。お守りになるはずの写真をまだ受け取っていない。薫と二人で撮ったたった一枚の写真。いや、写真ならまたどこかで撮れるはずだ。逃げおおせれば、どこでだって。私の首に腕をまわし薫は笑う。なんて重いんだろう。なんて大きくなったんだろう。

私に笑いかけた、許すように笑いかけたあのちいさなあたたかい子が。どうか、どうか、どうか、どうかお願い、神さま、私を逃がして。

蟬の声が追いかけるようについてくる。

そのときのことを私は覚えている。ほかの記憶は本当に曖昧なんだけれど、その日のことだけは、覚えている。だれもいないフェリー乗り場で、あの人は缶ジュースを買ってくれた。チケットを買って、船着き場にしゃがみこんで海を見ていた。私をぎゅっと強く抱きしめた。せっけんと卵焼きの混じったようなにおいがした。私はあの人を笑わせるために、何か言ったはずだ。あの人は声を出さずに静かに笑った。

だれもいなかったのに、いきなり知らない人たちがあらわれて、あの人を取り囲んで何か訊いた。あの人はあばれることもしなかったし、私に何かすることもなかった。ただ、私と引き離されるとき、大声で何か言った。

私は何もしていない、とか、その子を連れていくな、とか、きっとそんなことだ。

本当は、そんなにちゃんと覚えているわけじゃない。あとから聞かされたか、読んだか、したんだと思う。私が覚えているのは、ずっと静かだったあの人がいきなり大声で叫びだしたことだけ。

それから、私はあの人と引き離された。何が起きているのかわからなくて、私は人形のようにかたまっていた。車に乗せられ、べつの船着き場に着いた。あの人のことをさがしたけれど、どこにもいなかった。泣いたらだれかがチョコレートを買ってくれた。私はそれを床に投げつけて泣いた。大勢の大人といっしょに船に乗り、船をおりてから車。白い車。

車の窓から見た景色はくっきり覚えている。だって、驚いたから。川は私の知っている川よりだいぶ大きかったし、それから建物。背の高いビルが覆い被さるようにあって、空がうんと低くなって、人がわさわさ歩いていた。泣くのも忘れて、その見たこともない風景にただ目を凝らした。車を降りて、あ、においがなんにもしない、と思った。ずっとかいでいたにおいが、あのとき、ぱたりと消えてしまった。においが消えてしまうと、電気を消したみたいに町の色合いがふっと変わった。泣かなかったと思う。泣くこともできないくらい、こわかった。人や景色ばかりじゃない、においも、色も、知っているものがすべて消えてしまったから。

このときのことは、今までだれにも話したことがない。

2章

　アパートを出て自転車にまたがる。地蔵坂を過ぎて大久保通りを走り、神楽坂《かぐらざか》を下った路地の奥に私のバイト先はある。むんと煮詰まったような熱気が膜のように私を覆っていて、ペダルをいきおいよく漕いでもその膜を突き破ることができない。十分ほどの道のりだけれど、バイト先にたどり着くころにはTシャツが背中にぺたりとはりつく。大学は夏休みなのに、学生風の男女が夢中で何か話しながら歩いている。

「おはようございまーす」路地の突き当たりに自転車を止め、居酒屋の引き戸を開ける。夕方なのにここではおはようと挨拶をする。カウンターでスポーツ新聞を読んでいた店長が顔を上げ、「おはよっす」と挨拶を返す。数人のアルバイトたちが掃除の手を止め、やはりおはようと笑いかける。

　神楽坂にある居酒屋でのバイトは、今年、大学二年に進級してからはじめた。火曜日から土曜日の、五時から十二時。夏休みのあいだは、月曜日から土曜日まで。時給は千百円。九時からは千三百円になる。近くに大学が多いからか、アルバイトは学生が多い。ときどきバイト仲間で飲み会もやっているらしい。私は一度もいったことがない。みんな、つきあいが悪いとわかっているから、飲み会に私を誘うことはなくなった。

店が忙しくなるのは七時から十時まで。十時からラストまでは、人数は多くないものの酔っぱらいが増えるから別の意味で忙しい。意味もなく店員を呼んだり、トイレを汚したりするから。でも、忙しいほうがありがたい。よけいなことを考えなくてすむし、バイトの子たちのおしゃべりに加わらなくてもすむ。

十二時に上がり、着替えて外に出るとだいたい十二時二十分。お疲れさまでしたー、と声をかけ、外に出る。昼の熱気が路地に行き場なくたまっている。自転車の鍵をしゃがみこんで開けていると、背後で声がした。ふりむくと知らない女が立っている。二十代半ばくらいに見える。ストレートのロングヘアに、ジーンズ姿。

「ね、リカちゃんでしょ」女はにこにこ笑って言う。人違いらしい。自転車を押し、無視して通りすぎると、女は私の前にまわってきて、「リカちゃんでしょ？　私のこと、覚えてない？　マロンだよ。覚えてないかなあ」馴れ馴れしく言う。女を避けて大通りを歩きはじめる。女はしつこくついてきて、「ねえ、秋山恵理菜さんでしょ」今度は私の名前を言った。ふりむく。街灯の白い光が女を照らしている。女は何がうれしいのか満面の笑みで私を見ている。

「エンジェルホームにいたじゃない。いっしょの部屋で暮らしたこともあったじゃない。ねえ、ぜんぜん覚えてないの？」

エンジェルホーム。その名前なら知っている。その名前を聞くときいつも、得体《えたい》の知れない嫌悪感がわき上がる。けれどこのとき、嫌悪感より先に、目の前をちらりとかすめる光景があった。白い人形、光る芝生、それからちいさな女の子。マロン。覚えているとは言えないが、しかし何かひっかかるものがある。

「ねえ、何年ぶり？　十五年？　今が二〇〇五年だから十八年か」女は私の腕にそっと触れる。「少し飲まない？　すぐそこに居酒屋さんがあったから」私の返事も聞かず、自転車のハンドルを握り、引っ張るように歩き出す。

表通りにあるチェーンの居酒屋は学生たちで混んでいた。カウンターで隣り合って座る。ビールジョッキが運ばれてきて、女は陽気に私のジョッキにジョッキをぶつけてくる。

「本当の名前は千草っていうの。安藤千草。私はあんたのことよく覚えてる。顔、ぜんぜん変わってないよね」何品かつまみを注文したあとで、女はなめらかに話し出した。「リカちゃんが――覚えてないかもしれないけど、あんたリカちゃんって呼ばれてたんだよ。むかつくならその名前は口にしないけど。とにかく、あんたが出てったころ、私は十一歳か十二歳か、そのくらいだったんだよね」

飲み屋のカウンターに、よく知らない女と二人で座って酒を飲んでいるという現実感がまったくもてない。けれどそんなのはよくあることだ。授業を受けていたって、岸田さんと食事をしていたって、ときどきすっぽりと袋をかぶってしまったように現実感が消失する。

「ねえ、思い出してよ。お姫さまごっことかよくやったじゃん。あんたは子どもなのにお姫さまになりたがらなくって、ばあやとか家来とか、そんな地味なのばっかなりたがってさあ」

女の言葉に引きずられるようにして、またしても光景が点滅する。プラスチックのお茶碗とか、つるつる光る廊下とか。けれど私は、「いやあ、覚えてません」と、意味もなく笑った。

「そっかあ、覚えてないかあ。そうだよね、まだちっちゃかったもんね。庭にキショい人形があってさ、おばさんたちがそれ毎朝磨いてさあ」

運ばれてきたモツ煮込みや刺身をせわしなく食べながら、千草はなかなか話しやめなかった。そのほとんどが思い出せなかったし、彼女がなぜ私に会いにきたのかもわからなかったけれど、私は曖昧な笑みを頬に貼りつけたまま、ビールをひたすら飲み続けた。

知らない人が会いにくるということに私は慣れている。そういうときの対処法も身につけた。何も訊かず、何も答えず、ただへらへらと笑っていればいいのだ。そうすればたいてい相手は焦れて去っていく。要するに根比《こんくら》べ。

三杯目のビールをおかわりしたとき、千草は笑顔のまま私をのぞきこんだ。そして言った。

「ね、何も訊かないんだね。なんで？」

「なんでって、覚えてないから何を訊いていいかもわからないし」

「覚えてないんだったら、思い出したいって思わない？」

「何をですか？　その、ナントカホームのこと？」

「ホームのことだけじゃなくて、もっと、全部。私はそうだったの。私は私の知らないことを知りたかった。エンジェルホームはなんだったのか、母はなんであそこに入ったのか、毎日私はどんなふうにして暮らしていたのか、知らないことを知りたいし忘れていることは思い出したかったの。私、なんで？　ってずっと思ってた。なんで私はふつうのうちでふつうに育たなかったの？　あそこで育ったことに、なんか意味があるの？　ないの？　なんで私だったの？　って。それを知りたかったんだよね」

知らないことを知り、忘れたことを思い出してなんになる――心のなかでそう思いながらも、私は笑顔を作る。

「それで、ひょっとして、ホームにいた人をこうして全員さがしあてて、話をしてるんですか？」

新しいビールジョッキが目の前に置かれる。私はそれを手に取り三分の一ほど一気に飲む。千草はそれには答えずに、

「知れば知るほど、なんで？　って疑問符は、増えるばっかだったけど」

ふいに真顔になってつぶやくように言った。そして足元に置いたかばんをごそごそといじり、本を一冊取り出してカウンターに置いた。見たことのない単行本だった。「天使の家」というタイトルで、帯に「女性限定の集団生活　元メンバーが語るその真実」とでかでかと書かれている。聞いたことのない出版社の名前が記されている。

「ほとんど自費出版。しかも、出版サイドからあれこれ注文がついて、私の本当に書きたいこと

は書けなかったんだ。でも私はこれを書きたかった。なんで？　が増えるだけにしても、知らなきゃなんなかったんだよね」酔いのまわったらしいとろんとした目を向け、やけに熱のこもった調子で千草は言った。

「へえ、すごいですね」私は言い、本を開かずにわきへよけ、ジョッキに残ったビールを飲み干すと、もう一杯おかわりをした。

「私も！」競うように千草が言い、ジョッキに残った液体をあわてて流しこんでいる。

「それでねえ、今度は私、あんたのことを知りたいの。それであんたに会いにきたのよ」

カウンターに残った、丸い水滴のあとを指でなぞり、千草は言った。

「あの事件のことを、書きたいんだ」

上目遣いに私を見、くふん、と酒臭い息をはいて笑った。


自転車に乗らず、ハンドルを押して坂道を上がる。片手でかばんをさぐり、携帯電話を取り出す。メールを受信している。岸田さんからだった。仕事が終わって帰るときは連絡ください、とある。私は立ち止まり、自転車によりかかるようにして、メールを打つ。

今から帰るよ。おやすみなさい。

すぐに返信がくる。ディスプレイがぴかりと光る。

気をつけて帰るんだよ。おやすみ。

私は携帯をしまうと、自転車にまたがり、足に力を入れてペダルを踏みこむ。

夏休みに入って、日曜以外のすべての日にシフトを入れたのは、なんの予定もなかったからというより、岸田さんと会わなくてもいいようにするためだった。岸田さんとは平日の夜しか会えない。夏休みが終わるまで、だから岸田さんと会うことはないだろう。あと約一ヵ月。そのくらい会わなければ、私はたぶん岸田さんを忘れてしまう。

アパートの階段を上がり、ドアを開ける。暗い部屋が私を迎える。四畳半の台所と、それに続く六畳間の明かりをつけ、冷蔵庫からミネラルウォーターを出し、ペットボトルからラッパ飲みする。ユニットバスでシャワーを浴びて髪を乾かし、昨日から敷きっぱなしの布団に横たわってテレビをつける。テレビの光だけが反射する薄闇のなかで手をのばし、無理矢理千草に渡された本をかばんから取り出す。下手な天使の絵が表紙に描かれている。頭の上にかざして眺めるが、やはり開いて文字を追う気になれない。私はただ表紙をなでさする。

エンジェルホームと名乗る団体の施設に自分がいたことは知っている。もちろん両親は隠していたけれど、中学生になってから手にした何冊かの本で知った。あの事件のことを扱った本があることは、子どものころから知っていた。ジャーナリストやノンフィクションライターが書いた本や雑誌記事を、母は私に「絶対に見るな」と言ったけれど、当の本人は、こっそりそれらを買っていた。そうして、読んでいるうちに理性が吹っ飛んでしまうらしく、「馬鹿にして！」と、ときに泣きながら、ときに顔をゆがめて、びりびりに破った。私が見ていてもおかまいなしだった。なんというかあの人は、そういう人だった。こっそり買ってきているのに、結局私たちの目の前でそれを破ってみせる。そんな具合に、言うこととすることとがことごとく矛盾しているのだ。

本は、だから図書館で読んだ。中学の授業が終わると市立図書館にいき、自習用の机で本を広げた。ある本は蛇のように執念深い女として、ある本は愛憎劇を演じたエリートＯＬとして、ある本は気の毒な恋愛被害者として、誘拐犯を描いていた。そうしてどの本も、誘拐された子どもの記述は希薄だった。「Ａ子」として書かれていることによって、それは単なる記号のように思えた。だから、と言えるのかどうかわからないが、すでに書かれている「あの事件」は、私にとって人ごとめいた印象ばかりを残した。

自分がずっと、少なくとも中学に上がるころまで、いやひょっとしたら高校生になるまで、好奇の目にさらされていることは理解していた。両親は――とくに母は、それから私を守ろうとしてくれたことはたしかだ。ただ彼女は、自分の抱く矛盾を克服できるような人ではなかった。守ろうと思いながら私を矢面《やおもて》に立たせるようなことは、しばしばだった。引っ越しても、学校を変わっても、忍び寄るようについてきた「誘拐犯に育てられた子」というレッテルは、私にはうっとうしいものでしかなかった。払っても払ってもつきまとう蠅のようなものだった。いや、その程度でしかないことなのだと思いこもうとしていた。その、私の感じていたうっとうしさと、本に書かれた事件とは、私のなかで結びつかなかった。

けれど、ほとんど覚えていない幼少時の記憶を、それらの本が補足してくれたことはたしかだ。

見た覚えがないのに、本で読んで見たような気になっていることもある。それでもやはり、誘拐犯に育てられた子どもと、今ここにいる私とのあいだに、つながる線は見つからない。

おぼつかない足取りで店を出ると、タクシーをつかまえ、「またねえ！」と手をふり去っていった千草を思い出す。またね、ということは、またあらわれるのだろうか。

テレビを消し、冷房の設定温度を少し上げる。からからと室外機がまわる音が部屋にも入りこんでくる。うっすらと何か思い出しかける。暗闇にそっと響く、おさえたような笑い声。ねえ、もう寝た？　私に問いかけるかすれた幼い声。だれがだれだか今や判別がつかないが、私に向かって差し出された、ちいさな手のひらを私はいくつも思い出すことができる。それはときにはカオル、と私を呼び、ときにはまた違う名前で呼ぶ。

知らないことを知りたかった、忘れていたことを思い出したかったと、千草と名乗る女は言った。私はそんなふうに思ったことはない。知らないことを知って、忘れていることを思い出して、いいことなんかひとつもないと思っていたし、今でも思っている。しかし今、目を閉じて眠りを待つ自分の内に、彼女の言葉がちいさく、しかし執拗に響いている。なんで？　なんで私だったの？

アルバイト先の居酒屋に、岸田さんが飲みにきた。十一時近くに入ってきた客に、反射的に「何名さまですか」と問い、「恵理ちゃん」と名前を呼ばれてようやく気がついた。カウンター席に案内し、メニュウを手渡す。

「びっくりした」小声で言うと、

「だって、会えないからさ。会いにきたんだよ」メニュウを受け取り、かたわらに立つ私を見上げて岸田さんは言う。「ビールと、枝豆と、あとは何がおすすめ？」

「自家製豆腐とか、あとはつくねとか」私はぼそぼそと答えた。

「十二時までだろ？　終わったら、ちょっと時間、いい？」

私はそれには答えず、カウンターの奥に向かって「ビールと枝豆、つくねをいただきました」と叫ぶ。ありがとうございますッ、と、フロアのあちこちにいる店員から声がかかる。私は岸田さんにお辞儀をして急いで奥に引っこんだ。

私のアパートにくるつもりなんだろう。あわただしく私と寝て、時計を確認しながら一時過ぎには帰っていくのだろう。私はきっと、それを断らないだろう。会わなければ忘れてしまうことができる。けれど会ってしまえば、百個のことを忘れていてもべつの百五十のものがいっぺんに思い出される。

冷やしたジョッキにビールをそそぎ入れ、岸田さんのもとに持っていく。

「帰らないなら、きてもいいよ」カウンターの内側にいる店長に聞こえないよう、私は早口で言った。

「帰らないよ」岸田さんは静かに笑う。

嘘ばっかり。岸田さんはすぐに嘘をつく。嘘だとわかっているのに私は何度もだまされてきた。そうしてきっと、今日もだまされてしまうんだろう。

岸田さんとは去年、アルバイト先で知り合った。ひとり暮らしに大反対していた両親は、学費以外の仕送りを拒否した。結局、家賃だけは払ってくれることになったけれど、生活費は自分で稼がなければならず、大学に入学してすぐ、小中学生を対象にした大手の塾で、事務のアルバイトをはじめた。岸田さんはそこの講師だった。

誘われていっしょに食事をしたのは去年の五月だ。バイト代は生活費にあてると言ったら、その後もちょくちょくごはんをおごってくれるようになった。はじめて岸田さんとラブホテルにいったのは夏期講習のころで、岸田さんが妻帯者であると知ったのは夏休みが明けてから。三十歳の岸田さんには、ひとつ年下の奥さんと、二歳になる子どもがいるらしい。それを知ったとき、自分でもどうかと思うけれど、私は笑ってしまった。本で読んだ誘拐犯、私を育てた「あの人」と、自分の姿がだぶったのだ。血のつながりなんかないのに似ちゃってるよ。自分を茶化すように私は笑ったのだった。

家族のいる人との恋愛よりも、「あの人」と同じことをしているというほうが、嫌悪すべきことがらだった。塾のバイトをやめたのは、そうすれば岸田さんと会わずにすむと思ったからだ。もちろんそんなにかんたんには終わらなかった。岸田さんは相変わらず私の携帯を鳴らし続けたし、私はそれを無視することができなかった。

好きになる、と、好きでいるのをやめる、ということがどういうことなのか、私にはわからない。はじめて男の子とつきあったのは高校生のときで、初体験もそのときすませた。岸田さんがはじめての人、はじめての恋愛というわけではない。けれど今もわからない。会わなければ忘れられるはずなのに、会いにこられたらどうすればいいのかわからない。

「会いたかったな」

注文の品をカウンターに置くと、ぼそりと岸田さんが言う。私はちらりとカウンターの内側を見る。店長はバイトの子と談笑している。

「恵理ちゃんは会いたくなかった？」

会いたかったよ、という言葉をぐっと飲みこみ、「仕事中だから」私は無愛想に言ってカウンターに戻る。積み上がった皿を、片っ端から食洗機に並べていく。

また去年とおんなじことがはじまるのか。半ば諦めるような気持ちで着替える。岸田さんを部屋に招き夜のうちに帰るのを見送って、こちらからは連絡せず連絡がくるのをただひたすら待って——それはべつにいいのだ。そんなこと、きっと私はへとも思わずやってのけられる。ただいやなのは、岸田さんと会えば会うだけ、必要だと思えば思うだけ、「あの人」のことを思ってしまうことだ。私の父を馬鹿みたいに愛した「あの人」。私たち家族をめちゃくちゃにした「あの人」。そうしてだれかをうんと愛したとき、きっと私も「あの人」のような行動に出るのではないか。その考えに私は心の底から恐怖を覚える。

「お疲れさまでしたー」更衣室からフロアに向かって叫ぶと、「お疲れー」とあちこちから声が返ってくる。岸田さんはたぶん、お勘定を終えて外で私を待っているだろう。迷惑なのと待ち遠しいのと、どちらもが入り交じった気分で裏口を出ると、

「リカちゃん」このあいだの女が、また立っている。「ねえ、また飲みにいかない」にこにこして言う。

「なんのために……」と言いかけたとき、路地の先に立つ岸田さんが、視界の隅に映った。「うん、いこう」私は自転車の鍵を外す。「いこういこう」私は意味もなくくりかえし、自転車を押す。

「すみません、友だちと待ち合わせしてたんで、今日はごめんなさい」

路地に立つ岸田さんに頭を下げ、急いで通りすぎる。千草は岸田さんに無遠慮な視線を向けながら、ハンドルに手をかけ私と並んで歩く。ふりかえりたい気持ちをこらえる。

「リカちゃん、さっきの人、彼氏？　なんか暗い感じ」路地を抜けると、うしろをふりかえって千草は言う。

「リカちゃんって呼ぶの、やめてくんない」私は言った。耳に届く声はとがっていた。

「ああ、ごめん。じゃあなんて呼んでほしい？」千草は馴れ馴れしく私をのぞきこむ。

「べつに。秋山さんでいいよ」

「なんか、機嫌悪い？　ひょっとして彼氏もいっしょのほうがいい？　私はそれでもいいけど」

千草は本気でそう思っているらしく、後ろをしきりにふりかえるので、私はあわてて笑ってみせた。

「いいんだよ、あの人、彼氏じゃないから。それより早くどっかに入ろう。あの人くるかもしれないし」

「あ、ストーカー？　じゃ、リカ……じゃなくて秋山さんちまで送っていってあげようか」

私は自転車を挟んで隣に立つ千草をしげしげと眺め、そうして、「うん、そうして」と答えていた。


送ってくれとは言ったが、部屋に上がって酒を飲めとは、まして泊まれとは言っていないのに、千草は図々しく私の布団で大の字を書いて眠っている。私はまったく眠気を感じず、千草の足元で、音声をしぼったテレビと向き合っている。

なんとなく千草を拒む気持ちになれないのはどうしてだろうと考える。クラスメイトたちのように私の無言の拒絶を感じ取って遠巻きにすることをしないからか、それとも、彼女が言うように、かつていっしょに暮らしていたことがあるからか。そのころの記憶がまったくないにしても。

本を書きたいというのは、本当のことらしかった。今度は自費出版ではなく、大手出版社から出版したいのだそうだ。ある出版社に持ちこんだ企画はほとんど通っていて、そこの編集者とともに私の実家、通う大学まで見つけ出した。千草は夏休みの大学前で張りこんで、サークル活動に通う学生に片っ端から私のことを訊いてまわり、神楽坂のアルバイト先にたどり着いた、らしかった。

正直、鼻白んだ。今まで私たち家族を追いまわしたその他大勢とおんなじじゃないかと思った。いつまでも飛びまわる小蠅。それでも千草を追い返さなかったのは、このあいだ彼女が言った言葉が、耳にこびりついていたせいかもしれない。

なんで? なんで私だったの?

床に落ち、だらしなく口を開けた千草の鞄から中身が飛び出している。ノートやペンケース、携帯電話に分厚いファイル。私は眠る千草をちらりと見てから、その鞄に手を伸ばす。ふくれあがったファイルを抜き出し、そっと開いてみる。案の定、「あの事件」を扱った週刊誌や新聞の切れ端が透明のファイルに詰まっている。予想していたことなのに、めくってもめくってもあらわれる記事に私は動揺する。動悸が早くなる。不鮮明なあの人の写真を正視することができない。活字を、意味のある言葉として理解することを頭が拒む。

あの人の顔を思い出そうとすると、今では決まって、週刊誌や新聞にのった、この不鮮明な写真の顔が浮かぶ。本当はどういう顔をしていたのか、もはや思い出すことはできない。声も背丈も。

それは私自身についても同じことだ。私は自分がどういう顔をしているのかわからない。もちろん鏡を見れば顔は映る。卵形の、二重の、唇の薄い、ショートカットの女だとわかる。けれど鏡の前を離れてしまうともう思い出せない。いや、たった今鏡で見た顔が自分の首の上にのっかっていると、どうしても思えないのだ。鏡のないところで自分の顔を思い出そうとすると、頭に浮かぶのはいつも、凹凸のない真っ白なのっぺらぼうだ。それが私の思い浮かべる私自身だ。

もしかしたら、と私は思う。千草に、私が覚えているかすかなことを私自身の言葉で語って聞かせたら、自分の顔が見えてくるだろうか。記事や本で後付けしたのではない私自身の過去の時間が見えてくるだろうか。丸く切り取られた写真ではないあの人の顔も、思い出せるのだろうか。

明かりを消し、あいているスペースに寝ころぶ。ちかちかと色を変えるテレビの光で、私はファイルの文字に目を落とす。なかなか意味を持って頭に入ってこない活字に、懸命に意味をつけてみる。

野々宮希和子。

一九五五年、神奈川県小田原市生まれ。地元の公立中学から私立の女子高に進学、T女子大に入学したのを機に上京。同級生の希和子に対する印象は、まじめ、親切、物静か、優等生。

他校のスキーサークルに属し、交際している人もいるようだったが、恋人を友人に紹介したり、ダブルデートをするようなことはなく、だから希和子の恋人の存在を具体的に知る同級生はいない。「美人だったからもてたと思うけれど、彼女が本気で好きになったことはなかったんじゃないでしょうか」と元同級生のひとりは語る。

卒業後、大手下着メーカーK社に就職、商品開発部に配属される。この年、希和子の母、澄子が脳溢血で亡くなっている。四年後、広報部に異動。マスコミへのPRや対応、カタログや定期刊行物の発行を行う部署で、希和子は毎月発行する社内刊行物の編集にも携わっていた。

その社内刊行物に、社員の紹介ページがあった。中途入社や転勤で東京本社勤務になった社員たちをかんたんに取材し、写真つきでのせるコーナーで、ここで希和子は、長野支社から転勤してきた秋山丈博に会う。

希和子より四歳上の秋山丈博は、長野県で生まれ公立高校卒業後、一九六九年K社に入社、長野支社の営業部に配属される。七九年、二十八歳のときにK社でアルバイトをしていた津田恵津子と結婚している。津田恵津子は一九五三年生まれ、丈博より二歳年下である。

その後八二年、好成績を評価され丈博は東京本社に転勤になる。

その号の、希和子の取材記事にミスがあった。丈博の写真と、その後に紹介した別の社員との写真が入れ違ってしまったのである。謝罪にいった希和子に、「じゃあお詫びに食事をおごってよ」と丈博が冗談交じりに言ったことが、接近のきっかけだった。

このとき丈博は短期間だが単身赴任の状態にあった。本社に転勤になったものの東京での住まいが決まらず、恵津子を長野に残したまま、いったんK社の保有する独身寮に仮住まいをしながら、週末ごとに部屋をさがしていた。

丈博の言葉を真《ま》に受けた希和子は、律義《りちぎ》に彼を食事に誘う。あくまでも謝罪の気持ちでしたことだったが、思いの外《ほか》、楽しい時間を過ごした。

その後、丈博が誘うかたちで二人はデートをするようになる。休日、丈博は希和子を上野動物園にデートに誘い、そこで自分が妻帯者であることを告白する。希和子は「この人を恋愛対象として見るのはやめよう」と決めるが、その二週間後、希和子の誕生日である六月末に二人は肉体関係を持つ。

その後丈博は希和子が暮らす武蔵野市吉祥寺東町のアパートに入り浸り、半同棲状態になる。休日には二人でよく不動産屋まわりをしていた。妻の恵津子を呼ぶための部屋さがしなのだが、希和子は自分たちの新居をさがしているように錯覚した。

丈博の、がむしゃらに上を目指すようなところが希和子には魅力的だった。支社から本社に抜擢される社員は、その当時K社では珍しかった。何ごとにつけ無難な選択をしてきた希和子には、丈博のある種の強引さは、男らしさとして映った。東京に出てきたばかりの丈博は、何もかもが目新しく、当時流行の兆しを見せはじめていたカフェバーやディスコに希和子を誘い、そうしたいささか派手な遊びも、希和子には新鮮だった。

八二年七月、ようやく丈博は杉並区永福に部屋を借り、恵津子を呼び寄せる。新居が落ち着くと、恵津子は近所のスーパーマーケットにパートに出ている。東京での秋山夫婦の生活は安定したかに見えた。それでも丈博は希和子と会うことはやめず、二週間に一度は希和子のアパートに宿泊していた。

このころ、丈博は離婚という言葉をよく口にするようになる。「きみに先に会うべきだった」「離婚を考えるようになった」「子どもがいないうちにちゃんとしたほうが、妻のためでもあるように思う」などと希和子にくりかえし告げ、希和子は次第に、丈博との将来を現実的に考えるようになる。

希和子が丈博の子どもを身ごもるのは、知り合ってから一年半後、八三年秋のことである。

狭い台所で千草が動きまわっている。流しの下の戸棚を開けたり、冷蔵庫を開けたりし、「ちょっとー、なんにもないじゃないのよう。あんた、いっつも何食べてんの？」

部屋に寝そべる私をふりかえり、呆れた声を出す。

「ここで料理しないんだよ。コンビニまですぐだし、夜はバイト先で賄《まかな》いが出るし」

「まったく最近の若い子ときたら」

自分だってまだ二十代のくせに千草はそんなことを言い、「モーニング食べいかない？」と陽気な声を出す。なんで朝からそんなに元気がいいのか不可解である。ゆうべほとんど寝ていない私は、無視してタオルケットを頭からかぶるが、

「ねっ、いこうよ、いこうよ、いこうったら」

千草はタオルケットをひっぺがし、しゃがみこんで私を揺らす。

「ああもうっ、うるさいなあ。わかったよ、いくよ」私はしぶしぶ起きあがる。

ちらほらと席の埋まる、暗い雰囲気の喫茶店で千草と向き合って座る。千草はモーニングセットを頼んだが、私はコーヒーだけにした。入り口のわきに丸いかたちの窓がある。窓の向こうは光景が見えないほど真っ白に光っている。

「ねえ、千草さん、仕事何やってんの」訊くと、

「なんにもやってないよ。だって本、書くんだもの」と、得意げな顔で答える。

「じゃあどうやって食べてんの」

「すね、かじってる」

「え、親、何やってんの」

「マンション持ってる。あの人さ、ダンさん、って言っても覚えてないか。ダンさん、ホーム出てからずっと私に罪悪感持ってんの。あんなところで何年も生活させたことが申し訳ないって。だから、私が働かなくてもなんにも言わない。びびってんだよ。だから私も、すねをかじってやってんの。それであの人の罪悪感が消えるならばさ」

腰の曲がった老婦人が皿を運んでくる。私の前にコーヒーを、千草の前にトーストとオムレツののった皿を置く。千草はトーストに苺ジャムをべったりと塗りつけて食べはじめる。店内にはどことなく大仰なクラシック音楽がかかっている。

「ねえ、母親のこと、嫌い？」

指に垂れたジャムをなめとる千草に訊いた。千草はきょとんとした顔で私を見、

「嫌いとか好きとかない。母親は母親」早口で言い、「最近そう思えるようになった」とちいさな声でつけ足した。そのまましばらく黙って、皿のなかのサラダを見ていたが、ふと顔を上げ、「どうだった」と私に訊く。

「どうだったって、何が」

「昨日、読んだんでしょ。あのファイル」千草は目を見開いて私を見ている。そのとき耳の奥でリカと私を呼ぶ幼い声がはっきり聞こえた。丸い顔。陽に透けて茶色く光る髪。

「でも、あんなのはもう読んだことあるもん。目新しいことなんかなんにもない」

「え、読んだことあるの？」

「うちの親、よく買ってきてたから。隠したり破ったりするんだけど、ばればれだからさあ。何が書いてあるのかって子ども心に思うじゃん。それで、中学くらいのとき、図書館で読んだ」

「きえー」千草は妙な声を出し、椅子の背に大きくもたれた。「じゃ、リカ、じゃなくて恵理菜ちゃん、ルーさんのことも、みんな知ってるんだ」

「ルー？」

「えーと、誘拐犯。野々宮希和子」

「ああ」私はジーンズのポケットから煙草を取り出す。「知ってるよ。福田和子を知ってるのと同じ程度には」

煙草に火をつけて思いきり吸いこみ、煙を吐き出すと、隣の席で新聞を広げていたスーツ姿の男がわざとらしく咳をする。私はかまわず、煙草を吸っては煙を吐く。眉間にしわを寄せ私を見ている千草に気づき、「何よ、ここ禁煙じゃないでしょ」と言うと、

「だってあのちびっこかったリカが、いっちょまえに煙草吸ってんだもん！　びっくりするよ」と、目をまん丸くして言った。

「ねえ、ああいう記事をはじめて読んだとき、どう思った？　あるいは今読んで、どう思う？」

千草はテーブルに身を乗り出して訊く。鞄をさぐりノートを取りだしている。ノンフィクションライターを気取っているらしい。

「べつに。なんか知らない人みたい。っていうか、知らない人だけど。それよりも私は、そうだな、おとうさん、父親のことのほうがなんかいやだったな。あんな顔して、こんなこと言ったんだとか。でも、ああいう本とか記事とかって、どこまで本当かわかんないよね。だって野々宮希和子は逮捕されてからほとんど自分のことをしゃべっていないんでしょ。うちの父は馬鹿だからべらべらしゃべったかもしれないけど、なんか話ができすぎてるっていうか。書いた人の主観とか推測とか、わりと混じってると思うけどな。だとしたら、書き手のほとんどはすっごい単純な人だと思う」

千草はノートとペンを握りしめたまま、じっと私を見ている。「何よ」と訊くと、

「なんか、すごいね」とつぶやくように言う。

「何がすごいの」

「うーんと、なんていうか、ものすごく客観視してるっていうか、冷静」

「だって人ごとみたいに思えるんだもん。とくに、父とあの人の昔の話なんかは。実際人ごとだしね。私には関係のないこと。私が知っている『あの事件』は、不倫だとかそういうこととはやっぱり関係がないっていうか……」

不思議だった。ずっとだれにも話したことがないことだ。私が何を思ったか。どう受け止めたか。どんなふうに感じていたか。この先、だれかとどんなに親しくなっても――だれかと親しくなれたとして――絶対に言わないだろうと思っていたことだ。なのに今、薄暗い喫茶店の片隅で、ほとんど知らない女を相手に私は話し、話しながら安堵している。こうして話しはじめたことを、気持ちのどこかで喜んでいる。もっと聞いて。もっと聞いて。全部、ひとつ残らず話させて。そんな気持ちになっているのだ。

隣のスーツ姿が立ち上がり、会計をして去っていく。私たちはなんとなく出ていく彼を目で追う。ドアが開くと、真っ白な光が入りこんでくる。瞬間ちかりと目が痛む。カウベルの音とともにドアが閉まり、ゆっくりと薄闇が戻ってくる。

「じゃあ、あんたが知っている『あの事件』ってのは、何」

ゆっくりと私に視線を戻し、千草が訊く。

「それはやっぱり」言いかけたとき、バッグのなかで携帯電話が鳴った。あわてて取り出すと、メールを受信している。きっと岸田さんだろう。内容を確認しようとすると、

「あのね、お電話は、外でお願いね」背中のこんもりと丸い店主の老婦人が近づいてきて、ちいさな声で言う。

「あっ、すみません」私はあわてて携帯電話の電源を切り、バッグにしまう。千草を見ると、ちいさく舌を出して笑っている。私も笑う。

「続きは?」千草が促し、私はさめたコーヒーを一口飲んで、また口を開く。

私にとって「あの事件」とは、知らない大人たちに連れられてべつの港に向かい、フェリーで岡山港に着き、そこから車に乗せられ、生まれてはじめて新幹線に乗った、あの日からのことを指す。あの日の前に起きたことではなくて、あの日のあとから続くこと。


新幹線の窓に目を向けると、信じられないようなスピードで光景が流れていた。四歳の私はそれがこわくて、窓の方をけっして見なかった。光景が流れるその速さが、今までいた場所から引き離される距離と等しく思えたのだ。女の人が私の隣に座り、やさしい声でずっと話しかけてくれた。私は何も答えなかった。新幹線を、だれかに抱えられるようにして下りた。あたりがぴかぴかと発色し、世界が終わるんじゃないかと思った。それがカメラのフラッシュだと、そのころの私にわかるはずもない。私を抱えた人が、私の顔をぐっと自分の胸に押しつけた。息苦しくて顔を横に向けると、見たこともないほど大勢の人が私にカメラのレンズを向けていた。全身にぞわりと鳥肌が立った。叫びそうになるのを必死にこらえた。

それからあとのことは、順序立てて覚えていない。細切れになったフィルムをつなぎ合わせたみたいな記憶しかない。

どこかのホテルで、見知らぬ人たちが私に会いにきた。削った鉛筆みたいなおばさんと、背の高いおじさんと、それから私と同い年くらいの女の子。おばさんは部屋に入ってくるなり突進してきて私を抱きしめた。聞き覚えのない名前を連呼しながら。おばさんは泣いていた。おじさんは困ったような顔で私を見ていた。おじさんと手をつないだ女の子は、私のことをちらちらと見ていたが、目が合うとさっと顔をそむけた。私を抱きしめたおばさんは吠えるように泣き、私は大人の号泣に恐怖を覚え、そこでわけのわからなさが頂点に達し、無言で体をこわばらせたまま、おしっこをもらした。私を抱きしめていたおばさんは、それに気がつくとさっと体を離し、驚いたように私を見た。私と、私の足を伝い絨毯に広がるしみを、交互に見た。いろんなことがあいまいななかで、あの目だけは鮮明に覚えている。やわらかいと思って触れた動物の毛がごわごわと不快な手触りだった、そのことにたじろいだような顔だった。

おばさんはすぐに笑顔を見せ、着替えだのおむつだのと大声で騒いだ。部屋にいた大人たちがあわてて部屋を出ていった。私はその部屋で、みんなの見ている前で、おばさんによって着替えさせられた。おむつをはかされたことが耐え難く恥ずかしかった。そんなものは必要ないと、けれど私は言えなくて、ゴムの食いこむ紙おむつをやむなく身につけていた。

そのおばさんが私を産んだ秋山恵津子であり、おじさんが父、秋山丈博、女の子がひとつ違いの妹、秋山真理菜であると知るのは、それからしばらくあとのことで、でも彼らが自分の家族であると私が実感するのには、もっと時間がかかった。ひょっとしたら今も、その実感はもてていないかもしれない。

ホテルに何泊か泊まった。ときどき見知らぬ大人が私を呼びにきて、体重や身長を測ったり、健康診断のようなものを受けさせたり、それから、今までのことについて質問をしたりした。そんなざわざわしたなかで、父と母という人から、私は正真正銘彼らの子どもで、生まれてすぐに悪い人にさらわれたのだとくりかえし聞かされた。上目遣いにじっと私を見る子どもが妹であることも。

そのころ父母は八王子のアパートに住んでいた。ホテルにしばらく滞在したあと、私は彼らに連れられてそこに移った。二階建ての木造アパートの、二階の部屋だった。ドアを開けると台所と食堂があり、その向こうに和室がふたつあった。どの部屋もごたごたと散らかっていた。ダイニングテーブルには食パンや汚れた皿や手紙や判子や新聞がつねにのっていた。

今思えば、あのとき、父も母も、妹も、突然の私の出現にとまどっていた。もちろん母の涙は本物だろう、私が帰ってきて彼らは心から喜んでいただろう、しかしその喜びとは別のところで、突然あらわれた娘をどのように扱っていいのかわかりかねていたのはたしかだった。

母は、赤ん坊に話しかけるようなやさしい口調で切れ目なく私にしゃべりかけたり、かと思うと、じっと黙りこんでめずらしい生きものを見るように私を凝視していたりした。笑顔で何か言ったと思ったら、突然私に背を向けて泣き出したり、父親に向かってヒステリックに怒鳴りだしたりした。だから、私も母にどう接していいのかまったくわからなかった。笑顔を期待して思い切って話しかけてみても無視されることはたびたびあったし、その逆に、おとなしくテレビを見ているとしつこいくらい話しかけてきた。父は、母に比べればまだましだった。態度が一貫していたからである。遠慮がちに、見知らぬ子どもにそうするようにそっと笑顔で何か言う。泣くことも声を荒らげることもない。ただし私は男の人に慣れていなかった。おだやかでやさしい人だったのかもしれないが、父の野太い声、高い背丈、がっしりした体つき、私に向かって伸ばされるごつごつした指は、私には恐怖でしかなかった。父に頭を撫でられたり、あるいは抱っこされたり、ときには近づいてこられただけで私は泣いた。私が泣くと、父は途方に暮れたような顔で私を数秒見つめたあと、何かしら用事を見つけて私のそばを離れた。

私を迎えた秋山家の心象を具現化していたのが妹の真理菜だった。まだ三歳の真理菜は、なぜ突然自分以外の子どもが家にやってきたのか、両親から聞かされてわかってはいたらしいが、理解できているはずもなかった。しかも、その見知らぬ子どもの機嫌をとるように両親は甘い声を出し笑顔を見せふつう以上にかまう。おもしろくないのは当然だった。真理菜は私に近づかず、父や母の足にしがみついてちらちらとにらむように私を見ていた。赤ちゃん返りも起こした。母の姿が見えないと部屋じゅうの空気をふるわせるような大声で泣き続けた。

そこは、今までいた場所と何もかもが違いすぎた。虫の鳴き声と湖のような静けさのかわりに、テレビの音と子どもの泣き声と両親の話し声と食器のぶつかり合う音が部屋を満たし、私を呼びにくる子どもたちはおらず、ぼんやりと私の周囲には膜がはられたように感じられ、窓の外に目を向ければ木々の緑も青い空も見えず、ひっかき傷のような電線と隣のビルのグレイの壁が見えた。そして私は外に出ることを禁じられていた。今までと何もかも違うところに閉じこめられたような気がした。

そしてまた、八王子の家にはいろんな人が訪ねてきた。その人たちが訪ねてくると、部屋の空気はぴんと張りつめる。私と真理菜はテレビのある和室に入れられ、ふすまの向こうで大人たちの話す声が聞こえた。それは昌江おばさんがやってくるような雰囲気とはまるで違った。そうして彼らが帰ったあとは必ず母の機嫌が悪くなった。

八王子のアパートに移ってしばらく、口をきいた記憶がない。何を言っていいかわからなかったのだ。話しかけられても、父や母が何を言っているのか、何を訊いているのかも、理解できなかった。今考えればおかしなことだが、私はさらわれたのだと思った。悪い人にさらわれて戻ってきたのではなく、今、悪い人にさらわれているのだと。

あれはいつのころだったんだろう。寒かったから、冬になっていたのか。私は家出をした。帰ろうと思った。あの人とおばさんたちと有里ちゃんたちが待つあの場所に。

和室に敷きっぱなしの布団で、私と真理菜は昼寝をさせられていた。私たちの真ん中に母が横たわって寝かしつけていた。真理菜が眠ってからしばらくして、私の背を撫でていた母もつられるように眠ってしまった。私はむくりと起きあがり、音をたてないようにふすまを開け、ごたついた台所をそっと抜けて、玄関の戸を開けた。太陽がまぶしくて、光景が白んで見えた。階段をゆっくりと下り、いちばん下までいき、歩きはじめた。家々が積み木みたいに並んでいた。それまで暮らしていた場所は、そうしてまっすぐ歩いていけば海が見下ろせた。海沿いの道路をさらにずっと歩いていくと、新之介たちが駐車場で遊ぶ素麺店があった。

しかし歩いても歩いても家々はとぎれなかった。私のいく手を阻むように立ち並んでいる。車が土埃をあげて幾台も通りすぎる。自転車がすれ違う。私の知っている緑がない、嗅ぎ慣れたあの甘辛いにおいがない、歩いても歩いても海は見えない。セーターしか着ておらず、痛いくらい寒かった。あの日乗った新幹線のことを思い出した。こわくなるほど速く流れた窓の外の景色。あのくらい速く走らなければ帰れないのかもしれないと思いつき、私は走り出した。走って、走って、走り続けた。道のずっと先に、あの人が両腕を広げて私を待っているはずだった。きらきらと輝く海を背景にして。

もちろん私は帰れなかった。疲れてしゃがみこんでいるところで、警察官に声をかけられた。昼寝から目覚めた母は私が見あたらないと大騒ぎして、早々と警察に連絡をし、付近を警察がさがしまわっていたのだった。

「どこにいってたのよっ」と、母はものすごい形相で私を叱った。

「こんなに心配をかけて！　どんだけ悪い子だ！　そんな悪い子はうちの子じゃないっ」

母は制御できないように怒鳴り、そう言ってはっと口を閉ざした。そしてやおら私を抱きしめ、髪や背中や腕を撫でさすりながらやさしい声で言うのだった。もう心配させないで。もうどこにもいかないで。ママ頭がおかしくなるかと思ったよ。恵理菜がまたいなくなったらママ死んじゃうよ。

うちの子じゃない、という言葉が耳にはりついていた。そうだよ、私はここんちの子どもじゃないよ。だから帰らせて。もう少し私が大人だったら、もう少し気持ちに添った言葉を操れたら、私はそう言っていただろう。けれど私は何も言うことができなかった。何を思っていいのかすらもわからなかった。ただ、耳元でくりかえされる母のやさしい声に、恐怖を感じるばかりだった。私のいる場所はもうここしかないのかもしれない。その日、アパートに連れ戻された私はようやく理解しはじめた。

千草と喫茶店を出ると、太陽は高い位置で、怒りをふりまくみたいに照っていた。冷房で冷やされた肌は、むわんとした熱気に包まれる。

「大丈夫?」千草は私をのぞきこんで訊く。何が大丈夫と訊かれているのかわからなかったが、「ぜんぜん平気だけど」と答えた。二人で坂を下りはじめる。

「また、話を聞きにきてもいい?」千草が訊き、

「だってそのために会いにきたんでしょ」私は言った。このまま坂を下りると飯田橋の駅に出る。

なんとなく千草と別れがたかった。「お昼ごはんどうするの」それで、訊いた。

「今、朝ごはん食べたばっかりじゃん」千草は笑い、くるりと体の向きを変えて私と向かい合う。

「泊めてくれてありがとね。またね」ノートをしっかりと胸に抱えて言い、後ずさりながら手をふる。

「ねえ、事件の記事のファイルを持ってるでしょ。それを貸してくれないかな」

千草を追いかけて私は言った。千草は立ち止まり、しばらく私を見ていたが、かばんから分厚いファイルを取り出して私に手渡す。

「ありがとう。ちゃんと返すから」

千草はなぜだか泣き出しそうな顔で私を見ていたが、にっと笑顔を作り、また手をふった。ファイルを抱えたまま、私も手をふり返す。千草はくるりと背を向けて、人の群を泳ぐようにぬってかけていった。ファイルはずしりと重かった。

額から、こめかみから、おもしろいように流れる汗を拭ってアパートを目指す。木々の生い茂る神社からは、かたまりみたいな蟬の声が聞こえてくる。さっき喫茶店でメールを受信したことを思い出し、携帯を出して確認する。送り主はやっぱり岸田さんで、
いつ会えるかな。えりちゃんに会いたくて、おかしくなっちゃうよ。

とあった。会えないと忘れるのではなく、おかしくなってしまうのか。私だって会いたくないわけじゃない。会いたい。岸田さんに会いたい。頭を撫でてもらって強く抱きしめてもらって

恵理菜が好きだと、いちばん好きだと言ってもらいたい。でもきっと、会えなかったらではなく、会い続けていたら私はおかしくなる。あの人みたいになりたくないのだと、でも岸田さんに説明することなんかできやしない。岸田さんは、私が、かつて全国に知れわたった有名な事件の当事者であることを知らない。あのとき誘拐された子どもだと知らない。やっとここまできたのだ。自分の足で、自分だけの力で。

返信をせず携帯電話をバッグにしまおうとしたとき、着信音が鳴った。岸田さんかと思ったが、ディスプレイにはマリナという文字が点滅している。妹からだった。

「おねえちゃん？」電話に出ると、真理菜はのんきな声を出した。「今、いい？」

「いいよ、何」歩きながら話す。

「荒木町って、どこの駅が近い？」

「荒木町って新宿区の？　四谷三丁目じゃないかなあ。丸ノ内線の」

「四谷三丁目ね。サンキュー」

「飲み会？」

「うん。合コン」

「帰り、遅くなったら泊めてあげるよ」

「平気だと思うけど。そうなりそうだったら電話するね。ありがとね」

それだけ言って真理菜は電話を切る。腕時計に目を落とすと十二時半だった。昼休みなのだろう。

私が家を出てひとり暮らしをすることに、父と母は猛反対した。父はしばらくのあいだ口をきいてくれなかったし、母はそんなにこの家が嫌いなのかと泣いてわめいた。そのくせ、家を出てしまったらほとんど連絡をよこさない。家族で私に連絡をしてくるのは今では妹の真理菜だけだ。高校卒業後、運送会社に就職した真理菜は、今も立川の実家で暮らしている。新宿でわかりやすい待ち合わせ場所はどこかとか、立川から青山までの乗り換え順序を教えてとか、どうでもいいことですぐ私に連絡をしてくる。そのことが知りたいのではなくて、気をつかっているんだと思う。家に居場所を見つけることができなかった姉に、でも私たちは家族なんだと教えてくれているんだと思う。

飲み会のためにしょっちゅう都心に出てくる真理菜は、遅くなったら泊めてね、と言うけれど、私のアパートにきたことは一度もない。だから私も、妹から電話をもらって部屋を片づけたことはない。

窓を閉め切って冷房を入れ、昨日千草が寝た布団に横たわり、煙草に火をつけ、天井に向けて煙を吐き出す。放り投げるように置いたファイルを眺め、手を伸ばしてそっと表紙をめくってみる。文字が言葉として目に映るより先に、猛烈な睡魔が襲ってきて、私は煙草をもみ消し目を閉じる。どうぞ夢を見ませんように、と強く願いながら、私は眠りに覆われるのを待つ。

野々宮希和子は丈博に妊娠を告げる。しかし、それが彼の離婚のきっかけになるかもしれないという希和子の期待とは裏腹に、丈博は子どもをおろすよう希和子を説得する。最初のうちは子どもを産みたいと言い張っていた希和子だが、丈博はその都度彼女を説得し、懇願した。「おれもキワちゃんの子どもはほしい。でも今産んでしまったら、ようやく動き出した離婚の計画が台無しになる。子どものことが妻にばれたら、彼女は意地でも離婚に同意しなくなるだろうし、ひょっとしたらおれときみ双方に慰謝料の請求をするかもしれない。お願いだから今回は見送って、もっといろんなことがきちんとしてから子どもを作ろう。そのほうが子どものためでもある」という丈博の言葉を聞いて、最終的に希和子は堕胎を決意する。自分が子どもを産むことではなくおろすことで、丈博との将来が現実に近づくと考えたのだ。

八三年十一月、希和子は妊娠第十週目に人工妊娠中絶手術を受ける。このころ、丈博はめったに希和子宅に顔を見せず、希和子はてっきり、離婚準備を進めているのだろうと納得していた。ところが翌八四年一月、希和子は丈博から、妻恵津子が妊娠したことを告げられる。自分が子どもを失ったのはつい二ヵ月前のことである。恵津子の妊娠を聞かされた希和子は、丈博と別れる決意をし、仕事帰りに待ち合わせてそのことを告げるが、丈博は「別れたい」と言う希和子に、「離婚の意志は変わっていない。東京まで連れてきてたった一年半で放り出すのかと思ったら妻が不憫に思え、子どもをおろせと言えなかった」と涙ながらに訴え、希和子の別れる決意は揺らぐ。結局この日丈博は希和子宅に泊まり、二人の関係は元通りになってしまう。

妻の恵津子が、帰りが遅く、ときに外泊することもある夫に疑いを抱きはじめたのは、その直後である。浮気をしているのではないかと問いつめる恵津子に、丈博は希和子との関係をうち明ける。憤慨する恵津子に、丈博は近く希和子とは別れることを約束する。

希和子に恵津子から電話がかかるようになるのは、八四年二月である。終わると思っていた夫の恋愛が終わったようには思えず、希和子の住所と電話番号を知った恵津子は、連日のように希和子に電話をかけ、ときに手紙も書いている。夫と別れてくれと懇願することもあったし、希和子を悪し様《あざま》にののしることもあった。とりわけ希和子を傷つけたのは子どものことだった。

恵津子は親しげな口調で、その日受けた検査のこと、夫と考えている子どもの名前などを一方的に希和子に話した。また別の日には、希和子の堕胎について言及し、「子どもをおろすなんて信じられない、私だったらどんなことがあっても子どもは産む」と言い募ることもあった。のちの裁判で、希和子の弁護側がこのことについて尋ねたとき、恵津子は「マタニティブルーで不安定だった」と言っている。「つわりがひどく、心細いのに、夫が家におらず、どうしていいかわからなかった。希和子に夫を返してほしかった」

このころ恵津子は、丈博に引っ越しを提案している。恵津子としては、距離をとることで希和子と夫を引き離したかったのである。希和子には離婚をほのめかしている丈博だが、実際は離婚する気は毛頭なく、将来の一戸建て購入にそなえて、貯蓄のために家賃をおさえることを恵津子と話し合い、その結果秋山夫妻は日野市のアパートに引っ越す。通勤に時間がかかるので、寄り道をすることはないだろうと恵津子は考えたのだったが、しかし丈博には逆に好都合であった。残業や接待で終電を逃した、タクシー代より安いからカプセルホテルに泊まると言い、希和子宅に宿泊することがしばしばだった。丈博は希和子に、「妻が勝手に引っ越し先を決めてしまった。そういうところがついていけないんだ」と愚痴をこぼし、その丈博の思わせぶりな態度と、恵津子から浴びせられる心ない言葉が、次第に希和子を追いつめていく。

八四年四月、三人の膠着状態に変化が訪れる。ひとり暮らしをしていた希和子の父が、癌で入院する。恵津子からの電話で精神的に参っていた希和子は、丈博と離れるいい機会だと思い、仕事を辞め実家に帰ることを決意、吉祥寺の部屋を引き払い、小田原の実家に戻る。末期と宣告された父を見舞うため、毎日病院に通っている。ところが社内名簿から実家の連絡先を知った丈博は、希和子に連絡をし、出張と偽って小田原まで会いにきている。ほとんどひとりで父を看ていた希和子は、不安と孤独感から丈博を拒むことができず、結局、希和子の決意はまた覆されることになる。

五月になって、希和子は生理不順のため、父の見舞いのかたわら婦人科の診察を受けている。ここで子宮内腔《ないくう》癒着《ゆちゃく》という診断を受ける。前年に受けた中絶手術が原因で、子宮内腔が癒着し閉鎖してしまっていた。剝離手術を受ければ妊娠できる可能性はあると医師から説明を受けたにもかかわらず、希和子は「あのとき子どもを殺してしまったから罰《ばち》があたった、子どもを産めない体になってしまった」と思いこんだ。その直後、出張がやけに多くなった丈博を疑った恵津子は、希和子の実家の連絡先をつきとめ、またもや嫌がらせ電話をかけている。

逮捕直後から公判のあいだ、秋山丈博、恵津子夫妻との関係において、ほとんど口を開かなかった野々宮希和子が、ひとつだけくりかえしていたことがある。「空っぽのがらんどうと恵津子さんに言われました。私が空っぽの体になったのは子どもを殺した罰だと言われ、その言葉を思い出しては、病室で父が寝入ったあとにこっそり泣きました」。何を訊かれても「その通りです」としか発言しない希和子が、このときだけは強い口調ではっきりと言った。第六回公判では、「（恵津子から電話で）正確になんと言われたのか覚えているか」という弁護側の質問に対し、やはりまったく同じことを口にした。これに対し、「そんなことは言っていない。あの女の被害妄想だ」と秋山恵津子は語っている。

八月三日、希和子の父が亡くなる。胃癌で、六十九歳だった。七月の中旬から、希和子はほとんど病院に泊まりこんでおり、丈博とも連絡をとっていない。丈博もまた、妻の出産準備で忙しく、小田原を訪ねることもなかった。恵津子は八月十八日に陣痛を覚えて入院、翌十九日に長女恵理菜を出産。約一週間の入院を経て、日野市の自宅に戻る。

このころ、丈博との連絡は途絶えていたのにも拘わらず、希和子は以前丈博から聞いた住所を頼りに、日野市のアパートを訪ねている。二十五日、赤ん坊を抱いた恵津子が丈博とともに帰宅するのを目撃している。

洗濯をしているとインターホンが鳴った。てっきり千草が訪ねてきたのだろうと思い、ドアアイものぞかずドアを開け、絶句した。立っていたのは岸田さんだった。Yシャツは汗がにじんでいる。片手に上着をかけている。ケーキ屋の箱を目の高さに持ち上げ、

「おみやげ」と言って笑う。

「どうしたの、こんな時間」訊くと、「今日、全国模試があるんだけど、今回は試験官、やらなくてよくなったから」私の肩越しに部屋をちらりと見、「いい？」と訊く。

帰って。会いたくないの。言葉はむなしく散らばっていく。「ちょっと待って。片づけるから」私は言い、ドアを閉め、床に散らばった千草の資料を押し入れにつっこむ。部屋の隅に山を作っている、何日か前にとりこんだ洗濯物も、まとめてその上にしまう。早くもわくわくしはじめている自分を、岸田さんの指の感触やくちびるのやわらかさを思い出している自分を、馬鹿みたいと冷笑しているもうひとりの自分がいる。

「あの事件」に関する本を読んだ中学生のとき、すべてがあまりにも私とは遠いできごとで、野々宮希和子も仮名で出てくる父も母も、小説の登場人物のように感じられた。だから私は自分が何を読んでいるのか忘れ、いらいらしっぱなしだった。なぜこんなに嘘ばかりつく男を好きでいたんだろう。希和子も、妻だった母もだ。取り合うような魅力のある人には思えないし、思いやりがあるようには思えない、女にだらしのない、なんにも決められないクズみたいな男の人を、どうしてこの二人の女は見限らなかったんだろう。とくに希和子だ。妻からの嫌がらせ電話も解

決してくれず、実家まで追いかけてきたくせに父親のお葬式には顔も出さないような人のことを、どうして忘れることができなかったんだろう。

でも、今ならわかる。もちろん全部はわからない。ただひとつだけ、嘘ばかりつく、女にだらしのない、なんにも決められない人でも、好きになってしまうこともある、ということはわかる。わかる自分に心底嫌悪を覚えるとしても。

「おまたせ。暑かったでしょ」私は玄関を開ける。廊下に立っていた岸田さんは、部屋に上がるなり私を強く抱く。ケーキの箱が落ちる。「ケーキが」と言いかけた私の口をくちびるでふさぐ。「会いたかったんだ、すごく」岸田さんはうなるように言う。男の人の汗のにおいを私は思いきり吸いこむ。苦いような重いような、男の人の、岸田さんの汗のにおい。

風呂場から聞こえてくるシャワーの音に耳をすませながら、しわくちゃのシーツに鼻を近づけてみる。もうすっかり消えていた岸田さんのにおいがする。これで当分、私は岸田さんを忘れることができなくなるだろう。冷蔵庫を開け、さっきもらったケーキの箱を取り出す。蓋を開けると、岸田さんが落としたせいでケーキはぐちゃりとつぶれ、右端にはりついていた。

きっとこんなふうだったんじゃないか。ひしゃげたケーキを見下ろして私は思う。野々宮希和子という人と、秋山丈博という人のことだ。誘拐犯になる前の、私の父になる前の、私の知らない二人は、こんなふうだったんじゃないか。とくべつな大恋愛でもなく、深刻味があるわけでもなく、ただ会って、やることをやって、ケーキを食べて、今日で最後にしようと思いながら、でも会って思いだしてしまうことのくりかえし。相手が不誠実だとか、嘘つきだとか、きっとこういうふつうの時間のなかではどうでもいいことだったんじゃないか。

「シャワー、ありがとう。あ、ケーキ食べる?」脱衣所から岸田さんが顔を出す。

「でも、こんなになっちゃったよ。さっき岸田さんが落とすから」

「平気平気。味は変わらないって」岸田さんは言いながら、トランクスをはき、ランニングを着、Yシャツに袖を通す。髪から落ちる水滴がYシャツにちいさな水玉を作る。「ああ、仕事戻りたくないな」

「じゃ、戻らなければ?」

「そういうこと言うなって。ほんとに戻りたくなくなっちゃうよ」ズボンのベルトを締め、岸田さんは脱衣所から出てくる。つぶれたケーキを皿に移し、私はちいさなテーブルへとそれを運んだ。

「ほら、うまい具合にショートケーキとタルトが混じってるじゃん。両方味わえるよ」あぐらをかいて座り、岸田さんはつぶれたケーキを食べはじめる。

「ねえ、私のどこが好き?」私は岸田さんに訊いた。岸田さんは顔を上げ、しばらく私を見ていたが、

「帰り際にふりむかないところが好きだな」そう言って笑った。「恵理ちゃんはおれのどこが好きなのよ」

「ばればれなのに嘘をつこうとするところ」

まじめに答えたのに、岸田さんは笑い転げた。

本当は、岸田さんのことを好きになったときのことを、先週のことみたいに覚えている。はじめていっしょに食事をした日、岸田さんは新宿西口にあるレストランに連れていってくれた。駅構内は混んでいて、私は岸田さんと並んで歩いていた。向こうから歩いてきた中年男性が勢いよくぶつかってきて、私は数歩よろめき、男は舌打ちをして通りすぎようとした。そのとき岸田さんは、反射的に男の腕をとり、「ぶつかったのはあなたですよ」とつぶやいた。男はもう一度舌打ちをし、岸田さんの手をふりほどいていってしまった。岸田さんは私を見て困ったように笑い、「自分が悪くないときは謝らなくてもいいんだよ」と言った。

食事をしているあいだ、私は幾度も、岸田さんのその言葉を思いだしていた。自分が悪くないときは——それは私にとって呪文のようだった。閉じこめられた場所から出ていくための、呪文のようだった。

両親がひとり暮らしに反対して、生活費を自分で稼いでいるという話を、あのとき岸田さんにしたのは、もっと言ってほしかったからだ。きみはなんにも悪くないのだと、あの家があんなふうなのも、家を出ることだけが私の希望だったことも、みんな忘れてしまっていいのだと、もうだれもきみの過去を知らないんだから安心していいのだと、言ってほしかったからだ。「生活費をくれないなんて、ひどい両親でしょ」と、私は岸田さんの前で笑うことすらできたのだ。まったくふつうの、十九歳の娘のように。そして岸田さんは「音《ね》を上げて、すぐに帰ってくると思ったんじゃないかな」と言って笑った。「でもそれはご両親の間違いだったね。きみ、たくましく生きてるもんな」そうつけ加えた。

今まで幾度、私は岸田さんのあの日の言葉を反芻してきたことだろう。謝らなくてもいい。きみはたくましく生きている。その言葉を胸の内でくりかえしていれば、私はずっと遠く、いきたいと望んだ場所にきちんといくことができると信じることができた。

きっとほかの人に話したら、「それくらいのこと」と言われるだろう。「それくらいのことで、好きになったの？」と。おんなじことを、ほかの人が言ったとしても、好きにならなかったかもしれない。あるいは岸田さんが、違う日に、違う場所でそう言ったら、なんとも思わなかったかもしれない。でもあの日、私のなかで、すべてがぴたりと重なり合ってしまったのだ。

でも、今、ほかの人が言うかもしれないことを、私は自分自身に向けて言う。そんなことで好きになったの？　嘘ばかりつくこんな人を、それっぽっちのことで好きでい続けるつもり？

帰り際、岸田さんは玄関先で私を抱きしめて、「ただいまってまた帰ってきたいよ」と耳元で言った。私はなんにも言わず、ひんやりした感触のYシャツに顔を押しつけた。ドアが閉まり、階段を下りていく岸田さんの足音が聞こえる。

私はそんなの信じたりしないよ。岸田さんにではなく、記憶のなかの野々宮希和子に私は言う。粗い写真のなかでこちらを見据える三十代の野々宮希和子。私はあなたとは違うから、男の言葉をそんなにかんたんには信じないんだよ。あなたみたいに馬鹿じゃないから。

ここしかいるところがないんだと明確に理解するのと、だとすれば私はこの家の人たちに好かれなければならないと気がついたのは、ほぼ同じ時期だった。小学校に入学するころだ。

私たちは八王子に住んでいたが、私が小学校に入学する直前、川崎に引っ越した。あとでわかったことだけれど、近所にまんべんなく広がっている私たち一家の噂話から逃れるためだった。あのまま同じ町にいたら、同級生たちに事件をタネにいじめられたりからかわれたりするのではないかと思ったのだと、のちに母が言っていた。さらにもっとあとになってから、私を守るためというより、自分たちを守るためだったことを私は知る。時間がたつにつれ、「あの事件」の細部はどんどん明るみに出て、野々宮希和子が何をしたのか、と同時に、彼女と不倫をしていたのがどんな男だったのか、その男の妻がどんな人間だったのかも知れ渡っていた。「あの事件」を書いた本や記事のいくつかは、本物の被害者である父と母が加害者であるかのように描いていた。希和子をたぶらかし、子どもをおろさせ、二股《ふたまた》を続けていたどうしようもない男と、連日連夜希和子に嫌がらせをし続けた悪魔のような妻。私も妹も知らなかったことだけれど、父や母は、自分たちをなじったり罵《ののし》ったりする匿名の電話や手紙も、そのころずいぶんと受け取っていたらしい。そんないっさいからこそ、彼らは逃げ出したかったのだ。

川崎の家は、駅からバスに乗って、さらに五分ほど歩いた住宅街にあるアパートだった。けれど町の感じも家の間取りも、七歳の私には八王子と同じに見えた。あいかわらずごちゃごちゃした海のない町、散らかった騒々しい部屋。それでも以前より、訪ねてくる人も少なくなったし、電話が鳴り響く回数もずいぶんと減った。

事件のあと、父は下着メーカーを退社し、学校教材を扱う営業マンになっていた。私が小学校に上がってから、母は近くのスーパーでパートタイムの仕事をはじめた。噂から逃れるために引っ越したのに、どこからかひそやかにそれはついてきて、父と母は幾度か仕事を変えている。私が誘拐された子どもだということも学校には知れ渡っていた。私もなんとなくそれを理解していた。父や母が心配したように、いじめられるということはなかった。みんな近づいてこないだけだった。だれもが私を遠巻きにしていた。きっと、子どもにとっても「あの事件」は理解を超えていたんだと思う。誘拐された過去を持つ、自分と同い年の子どもにどう接していいか、みんなわからなかったのだ。

外の世界は、けれど私にとってさほどつらいものではなかった。学校でも、放課後の校庭でも、ただぼんやりしていればよかった。本を読んだり、空を眺めていれば時間は過ぎた。だれも近づいてこないのはありがたかった。何も訊かれないのはありがたかったのだ。

つらかったのは家だった。私は父と母に好かれなければならなかった。けれど父と母が私を好きになってくれるのか、私にはまったく判断がつかなかった。このころ、私の口をついて出たのは島の言葉だった。何か話しかけなければいけないと思い、帰ってきた母にまとわりついていく。「あんな、今日学校でな、テストがあったんよ」それを聞くと母はものすごい形相で私を見た。「あのね今日学校でテストがあったの」わざわざ私の言葉をまねて、アナウンサーのようにはきはきと言ってみせる。母にしたら、その言葉遣いは忌わしい記憶を呼び起こす、許せないものだったんだろう。

「テレビを見てもえい？」「テレビを見てもいい？」「あんなおやつをこうてきたいんやけど」「あのね、おやつを買ってきたいんだけど！」「さっき真理菜がな」「さっき、真理菜ちゃんがね！」いちいち叫ぶように母は訂正した。私はひとりでいるあいだ、懸命に言葉を練習した。校庭の隅で、たったひとりで帰る通学路で、母のまだ帰ってきていない台所で、布団をかぶったちいさな闇のなかで。あのね、私の名前は秋山恵理菜っていうのよ。小学校の一年生なの。妹がひとりいて、真理菜という名前なの。父と母の会話を聞き、妹と家族の会話を聞き、テレビで流れる会話を聞き、その発音を、言葉遣いを、私はひとつずつつくりかえした。それなのに、父や母から話しかけられるたび、失敗すまいと緊張しすぎて、すぐに「あんな」が出てしまう。

「もういいじゃないか」私の両腕を押さえ正しく話させようとしている母に、父がそう言ったことがある。「この子、こわがってるよ。好きなように話させたらいいよ。そのうちなおってくるだろう」

すると母は父に向かって怒鳴るのだ、「私たちの子どもがどうして私たちの聞いたこともない言葉で話してなくちゃいけないのよ！」それから床に突っ伏して泣き出す。

感情の起伏の激しい母もこわかったけれど、おだやかな父もだんだんこわく思えてきた。そのおだやかさは無関心と諦観のまじりあったものだと、きっと感じ取っていたんだろう。

父は、事件のすべての原因が、希和子ではなく自分にあると指摘されることを心底恐れていた。だからこそ、事件のあとで、父と母は、自分たちはすべての意味合いにおいて等しく被害者であると、ことあるごとに確認しあっていた。けれど母は、感情のコントロールがきかなくなると、あなたのせいだと言わんばかりの嫌みを言ったし、父は父で、無関心と諦観でそれをやり過ごそうとしていた。

私が唯一緊張せずにすんだのは、ひとつ下の妹である真理菜との時間だった。真理菜は最初、突然あらわれて両親の愛情を独り占めにしたかに見えた私を疎んじていた。私の持ち物を隠すこともあったし、自分で転んだのに転ばされたと言って、わざと大声で泣きわめいたりした。けれど川崎に引っ越してから、おそらく家の雰囲気がいつもぴりぴりしていたせいで、私との距離を縮めてくるようになった。パートの仕事から母が戻ってくるまでのあいだ、私たちは押し入れのなかにもぐりこんで、秘密の話をした。真理菜相手なら私はいくらでも話すことができた。池に住む幽霊の話、海の近くの小学校の話、海の向こうに沈んでいく夕日の話。私は遠い国に生まれた王女で、その国が戦争に負けたから、子どもたちは私を含め全員日本にもらわれてくることになったのだと嘘を話した。真理菜はなんでも信じた。「パパたちには言っちゃだめやで」と真顔で言うと、真理菜も負けず劣らずまじめな顔をして幾度もうなずいた。「恵理ちゃん、いつかその国に帰っちゃう？」と声をひそめて真理菜は訊いた。「帰るかもな」というと真理菜は泣きそうな顔をし、「二度と帰れんの」と言うとほっとしたような顔になった。

真理菜に話した嘘の話を、本当だと自分で思いこんでしまいそうになることもあった。何しろ、川崎での暮らしは、記憶に残るそれまでの暮らしと、あまりにもかけ離れていたから。

八王子のときは、まだ身辺がざわざわしていて、また事情がまったくのみこめなくて、何がなんだかわからないまま日が過ぎていった。川崎に引っ越してからは人の出入りも少なく、母も働きだして、真理菜も私といっしょに小学校に通いはじめた。表面的にはごくふつうの暮らしがはじまったわけである。それまでは、部屋のなかの散らかり方や窓の外の光景や、目に映る違いにしか気づかなかったが、生活そのものの違いにも気がつくようになる。

たとえば朝、だれも起こしにこない。起きると父はおらず、母は眠っている。真理菜は私が起こすまで寝ていた。遅く起きれば当然学校には遅刻をする。目覚まし時計の設定を覚えるまでは、私には毎日が賭けみたいな気分だった。学校に明日は間に合うか、間に合わないか。緊張しすぎて眠れなかったことが幾度もあった。それまでしたこともないおねしょを、小学校二年に上がっても私はやっていた。

朝起きても食べるものがない。炊飯器は空っぽだし、冷蔵庫には生卵や生野菜くらいしかない。お菓子があれば真理菜とともにお菓子を食べた。校庭で私を待つ真理菜を連れて家に帰る。母は日が暮れるころ帰ってきて夕食になるが、夕食にはスーパーの出来合の総菜がパックごとテーブルに出される。それも、コロッケだけとか、煮物だけとか、おかずが一品とごはん。テレビを見ながらそれを食べ、食べ終えるころ父が帰ってくる。父が帰ってくると、今度は母が出かけていった。毎晩ではないが、週の大半はそうだった。夜も仕事をしているんだと、私も真理菜もずっと思っていた。そうではなくて、母はただ夜遊びをしていたらしいとしばらくして知った。近所の飲み屋に酒を飲みにいくか、このころできはじめていたカラオケボックスに友人といくか、ディスコにいくか。

「どうしていいかわかんないのよ」と、母が私に言ったことがある。中学生になったころだったろうか。「あんたを見ると、あの女を思い出す。あの女のことを思い出すと、おとうさんのことが憎たらしくなってくる。どうして私ばっかりこんなつらい思いをしなきゃなんないのって思うと、家にいるのがたまらなくいやんなるのよ」

つまり母は、逃げていたのだ。私の戻った本来の家庭から。

母が出かけたあと、父は食卓で飲んでいることが多かった。風呂に入ったかとか、宿題はやったのかとか、テレビを見ている私たちに思い出したように訊くだけで、岩のように動かず酒を飲んでいた。父もまた、逃げていたんだと思う。逃げることしか知らないような両親だった。

父も母も掃除をしないから、部屋はいつも埃っぽくて散らかっていた。おねしょをした布団は、小学生のころから自分で干していた。そうしないと、その日も濡れた布団に眠ることになったから。

朝は起こされ、目が覚めたらごはんがあり、昼には子どもたちが私を呼びにきて、全員でわいわいと食事をし、夜母に連れられて歩き、決まった時間に夕食が出てきて、眠るまで母が物語を読んで聞かせてくれる。家のなかはいつも整えられ、窓の外には緑の木々が見え、道行く人は私に笑いかけ、少し歩けば海が広がっている……遠い国の、それが王女の暮らしだった。私が手放した暮らしだった。

外出した母は、私たちが寝入ってから帰ってくることが多かったが、たまに早く帰ってくることもあった。そんなときはしつこいくらい私に干渉した。急に抱きしめてなかなか離さなかったり、いっしょに風呂に入って体の隅々まで洗ってくれたり、同じ布団にもぐりこんできたりした。「ねえ、恵理菜、ママのこと好き?」幾度も訊いた。「恵理菜を連れていった悪い人より、ママのほうがやさしい?」「ママは恵理菜が帰ってきてうれしいけど、恵理菜はママとおんなじくらいうれしい?」そんなふうに訊いて、泣き出すこともあった。母に泣かれると私はつらかった。自分が大失敗をやらかしたような気がした。

小学校五年になったとき、はじめて友だちができた。真部《まなべ》聡美ちゃん。東京から転校してきた子だった。みんなが知っている私の過去を知らないらしく、ひとりでいる私に彼女から近づいてきた。私が自分の過去、あの事件のことを客観的に理解できたのは、このはじめての友だちによってだった。

聡美ちゃんは庭のある一軒家に住んでおり、幾度も遊びにいった。いつも母親が出迎えてくれ、二人では食べきれないほどのおやつを用意した。ある日曜日、誕生日パーティに招かれて彼女の家にいくと、クラスの子は私ひとりで、あとは両親と彼女だけが私を待っていた。彼女の父親も母親も、家のなかも、なんだかテレビドラマみたいに思えた。冗談を言って笑い合ったり、手作りのごちそうが並んでいたり、知らない世界にきてしまったみたいに緊張したのを覚えている。部屋を暗くしてみんなでビデオを見た。父親が作った聡美ちゃんの成長記録のビデオで、赤ん坊のころから今までの聡美ちゃんの姿がとぎれとぎれに映っていた。お風呂場で泣く赤ちゃん、はいはいをする赤ちゃん、よちよちと芝生を歩く赤ちゃんを、彼ら家族と一緒に見ながら、私は唐突に、自分の過去というものをはっきりと理解した。

「あなたは子どものころ、世界一悪い女に連れていかれたの」それまで、父にも母にも、両方の祖父母にも言われていたことが、そのときすとんと、隅々まで理解できたのだ。何もかもつじつまがあった。おかしいと思っていたことの理由がわかった。私は遠い国の王女なんかじゃなかった。あの家こそが私の家なのだ。父が私を知らない子どものように扱うのは、母が怒鳴ったり泣いたり夜にいなかったりするのは、「あの事件」のせいだ。あの事件、いや、私の記憶にかすかに残るあの女こそが、私たちの家をめちゃくちゃにしたのだ。今まで友だちがひとりもできなかったのも、体育の時間だれも私と組んでくれなかったのも、家のなかがめちゃくちゃなのも、私が強い罪悪感にさいなまれるのも、ぜんぶぜんぶ、私ではなくあの女のせいだ。

聡美ちゃんちの薄暗い部屋でビデオを見ながら、数え切れない「もし」があふれかえった。もしあの女がいなかったら私たちはふつうの家族だったはずだ。もしあの女がいなかったら父も母も私をふつうに愛しただろう。もしあの女がいなかったら友だちが見えない壁を作ることもなかっただろう。もしあの女が、もし、もし、もし。

　まるで世界がゆっくりと反転していくようだった。世界一悪い女。父と母が言っていることが正しいと、このとき私ははじめて知った。

　お誕生日会が終わって、聡美ちゃんの父親がアパートまで車で送ってくれた。車から降りて聡美ちゃんに手をふり、車が遠ざかるのを見送って、猛烈な吐き気を催した。私はその場にしゃがみこんで食べたばかりのものを吐いた。聡美ちゃんのおかあさんが作った、フライドチキンやちらし寿司や、卵のサラダや真っ白いケーキを、暗いアスファルトにすべて、吐き出した。

　五年生が終わるころ、聡美ちゃんは私から離れるようになった。べつの友だちと楽しそうに帰る聡美ちゃんを私は視界の隅で見ていた。きっとクラスの子から何か聞かされ、私から離れたのだろうはじめての友だちを、私は恨んだりしなかった。私が憎み恨んだのはただひとり、私からことごとく「ふつう」を取りあげてしまったあの女だった。


　二ヵ月間、生理がきていない。九月にこなかったときは単に不順なんだろうと思っていたけれど、今月も、予定日を十日過ぎてもまだきていない。今月もしらんふりをしてしまいたいが、生理がない、という事実を認めないわけにはいかない。

八月に夏休みが終わったあとは、私の生活は呆れるくらい元通りになった。朝起きて学校にいき、授業を受け、気まぐれに誘われる飲み会を断り、週五日、バイトに向かう。月曜日はときどき岸田さんと会った。外で食事をおごってもらったり、うちでビールを飲んだりした。

生理がこないことを認めてしまうと、とたんにこわくなった。授業の内容も耳に入らない。先生が何か言って教室を去り、同級生たちは席を立ってにぎやかな話し声をまき散らしている。

遅れているだけだ。明日にはきっとくるに違いない。夏休みのあいだ、ちゃんと昼ごはんを食べなかったから、栄養が足りなかったんだ。あわただしく考えるが、セーターの下で私の腕はびっしりと鳥肌をたてている。

気がついたら、教室には知らない顔ばかりが座っていた。教壇でも知らない教師が何か話している。どうやら考えごとをしているあいだに四限が終わり、五限目がはじまってしまったらしい。私のまわりに座っているのが一年生なのか三年生なのかもわからない。なんの授業なのかもわからない。大教室ではないから、立ち上がり出ていくのも気が引けた。私はうつむいたままじっとその席に座っていた。教師の発する言葉は日本語なのに、何ひとつ意味を持って私のなかに入ってこなかった。窓の外に目をやると、さっきは銀杏《いちょう》の葉が陽射しを浴びていたのに、もう薄い闇に隠れようとしている。

このまま生理がこなかったらどうしよう。おなかのなかに見知らぬだれかが宿っていたらどうしよう。あの人のようにはならないと、あの人みたいに馬鹿じゃないと、得意げにつぶやいたのはだれだったんだ。体の芯がぞくぞくと寒いのに、うつむいた顔からぽとりと汗の滴が落ちる。

授業が終わり、私は鞄を抱えて教室を飛び出る。大勢の生徒たちが行き交う廊下の隅で、アルバイト先に電話をかけ、具合が悪いから休みたいと早口で伝える。お大事にね、という店長の声を聞いて通話終了ボタンを押し、そして震える手でアドレスをスクロールする。だれかに会いたい。だれかにだいじょうぶだと笑い飛ばしてもらいたい。登録してある名前がディスプレイに次々と出てくる。秋山父、話せない。母携帯、話せるわけがない。マリナ、何からどう話せばいいのか。岸田さん、岸田さんに何を話す？　うれしいニュースがあるのよ、とでも言うのか。アルバイト先の人の名前や、一年生だったときに番号を教えあったクラスメイトの名前がいくつか出てくるが、まるで外国のペンフレンドのようにしか感じられない。千草。千草――千草にだって、いったい何から話せばいいのか――そう思いながら、しかし私の指は発信ボタンを押していた。


学生街の焼き鳥屋で、カウンターに並んで座り、隣に千草がいることに私は深く安堵している。

「何よ、あらたまって話なんて。新しく何か思いだしたことでもあった？」ビールと焼き鳥の盛り合わせを注文すると、千草はそう言って鞄からノートを取り出す。千草のノートを私はじっと見下ろした。

運ばれてきたビールを一口飲んでから、

「子どもができたかも」私は言って、笑った。笑えたからびっくりした。

「へっ」ジョッキを持ち上げたまま静止し、千草は私をのぞきこむ。

「わかんないけど。生理ないのまだ二カ月だし。もうすぐくるかもしれないし。若いときは不順だっていうもんね」

目を丸くした千草がそのまま表情を崩さないので、あわてて言った。それでも千草はまだ、かたまったまま動かない。

「そこまであの女のまねすることないって言いたいんでしょ。血もつながってないのにね」

もう一度笑ってみせると、千草はようやくジョッキをカウンターに戻した。

「あの、ずっと前路地で見かけた、暗そうな人？」ようやく口を開いた千草がそんなことを言うので、笑ってしまう。

「ビール、飲んでいいの？」

笑い続ける私に、心配そうに千草が訊いた。

「いいよ、がぶがぶ飲んでやる。ビールの海で溺れ死んじゃえばいいんだ」

冗談で言ったつもりだったのに、耳に届いた自分の語気は思いの外強く、ぞっとした。二カ月生理がないだけなのに、それが単なる遅れや不順でないような気がずっとしていることを、認めてしまったような気分だった。そうして、死んじゃえばいい、というのが自分の本心なのだと、自分の声に思い知らされた。

「やめなよ、そんなこと言うの……」自分が泣きそうな顔になって千草はちいさな声で言った。

「ねえ、今からあんたんちにいこう。帰りに薬局で妊娠判定薬買って、それで、私もいっしょにいるから、ちゃんと調べよう、ね?」私の腕を強くつかみ、声を落として千草は言う。

店員がカウンターに焼き鳥の並んだ大皿を置く。

「とりあえず食べようよ、焼き鳥」私は串に手をのばして言った。串を持つ手が震えているのが千草に悟られないように、カウンターに肘をつき、千草に隠すようにしてそれを食べた。なんの味もしなかった。

地下鉄に乗ろうと千草は言ったが、歩いて帰ると言い張ると、おとなしく千草はついてきた。千草は薬局のビニール袋を提げている。さっき買った妊娠判定薬が入っているきりの、ちいさな袋だ。夜風は冷たかったが、ビールでほてった顔には気持ちがよかった。ゆるやかな上り坂を千草と並んで歩く。歩道を歩く人の姿はなく、行き交う車が私たちを幾度も浮かび上がらせる。

「さっきさあ、『そこまであの女のまねすることないって言いたいんでしょ』って、言ったでしょ? あれってどういう意味?」

ちいさな声で千草が訊く。

「ああ、そっか。言ってなかったよね。前に路地に立ってた暗そうな人、今つきあってる人、奥さんと子どもがいるんだよ」

できるだけなんでもないことのように私は言った。千草がさっと私を見て、決まり悪そうに目をそらしたのがわかった。

「結局、やってることはあの女とおんなじ。馬鹿だなあって思うでしょ。自分でも思うよ」

「その人のこと、好きなんだ」

「好きかどうか、もうわかんないや」私は言った。本当のことだ。「なんかさ、毎日会って話をする人って、いそうでいないと思わない？　大学でおんなじ顔ぶれに会うけど、そんなの通勤電車に乗ってるのとかわらないんだよね。そうじゃなくて、会って、話して、笑ったり、質問したり、そういう人ってめったにいないでしょ？　昔っから、そんな感じなんだよね。だから、たとえば岸田さんと、あ、岸田さんって例の暗そうな人だけど、あの人と毎週会ってると、なんていうか安心するんだよ。先週の自分と今週の自分が同じだって、ちゃんとわかるっていうのかな」

「私がいるじゃん。私だってずっとあんたと会ってるよ」

真顔で千草が言うので、私はつい笑ってしまった。

「だって千草は女でしょ。恋人とかそういうのとは違うよ」

千草は黙りこんだ。自分の足元を見て歩いている。少し先にコンビニエンスストアの白い明かりが見えた。コンビニに寄っていっていいか、と言おうとしたとき、千草のほうが先に口を開いた。

「私、男の人とつきあったことないんだ。経験もないよ」軽い口調でそんなことを言い出すので、千草もまた、できるだけなんでもないことのように言おうとしていることがわかった。「だから、わかんないんだ、男の人といっしょにいたいって気持ちも、恋人とかそういうのも、エッチするとかそういうことも、ぜんぶわかんない。だから、あんたの気持ち、わかってあげらんない」

「うん」私はちいさくうなずいた。

「そんなこと自分で選んでないのにエンジェルホームで育ったことで、むかつくこと、いっぱいあるんだ。学校なじめなかったりとか、いじめられたこともあるし、でも、そんなのはもうぜんぶ、どうでもいいんだ。ただね、男の人を好きになれなくて、どうしてもこわいと思ってしまって、このままだったら私、恋愛とかまったくせずに、ずっとひとりで生きてくのかな、って思うと、ときどき、すうーっと気が遠くなる。そのことがどうしても私は許せないし、未だに、なんで？　って思う。なんでふつうの世界を見せてくれなかったのよ、って」

うつむいたまま、石を蹴るようにして千草はしゃべった。

「ねえ、コンビニでビール買ってこうよ」うん、とうなずくかわりに私は言った。

「まだ飲むの？」呆れたように千草は言った。

コンビニエンスストアで買ったビールを、公園で飲んだ。寒いよ、とか、暗いよ、とか、早く帰ろうよ、とか、千草は言ったが、結局ついてきて、私の隣に腰掛けて缶ビールを飲んでいる。白い街灯が申し訳程度の砂場を照らしている。公園を囲むような木々が、通りの明かりを遮断して公園内はすとんと暗い。植え込みのなかに青いビニールシートが四角を作っていた。だれかが住んでいるんだろう。

「帰りたくないんでしょ」私の隣で千草が言った。「帰って検査するの、こわいんでしょ」

そう言われて私ははじめて自分の心持ちに気づいたのだが、それには答えなかった。冷たい空気のなかで飲むビールはあまりおいしくなかった。それでも私は缶に口をつけた。

「蝉の話聞いたことある？」冷たい缶を手のひらで玩《もてあそ》び、私は千草に訊いた。千草は私を見る。

「蝉って、何年も土のなかにいるのに、地上に出てきたらすぐに死んじゃうって知ったとき、びっくりしなかった？」

「何、突然」

「三日だか、七日だか、ちゃんとは知らないけどさ、ずうっと土のなかにいたのに、生まれてきてそれっぽっちで死んじゃうなんて、あんまりだって、私、子どものころ、思ったことがあるんだよね」

前方をふさぐような黒い木々を見上げて私は言った。数ヵ月前まで、この公園のわきを自転車で通るたび蝉の声が響き渡っていた。私はときどき自転車を止め、陽射しに目を細め木を見上げて、蝉の姿をさがした。どこで鳴いているのか、なかなか見つからなかったけれど。

「でもね、大人になってからこう思うようになった。ほかのどの蝉も七日で死んじゃうんだったら、べつにかなしくないかって。だってみんな同じだもん。なんでこんなに早く死ななきゃいけないんだって疑うこともないじゃない。でも、もし、七日で死ぬって決まってるのに死ななかった蝉がいたとしたら、仲間はみんな死んじゃったのに自分だけ生き残っちゃったとしたら」三分の一ほど残ったビールを足元に流す。液体はかすかな音をたてて土にしみこんでいく。「そのほうがかなしいよね」

千草はなんにも言わなかった。私はもう一度視線をあげて、闇に沈んだ木々に目を凝らす。夏に死ねなかった蝉が、息をひそめて幹にしがみついている気がした。生き残ってしまったことを悟られないよう、決して鳴かないよう声をひそめて。

「ね、帰ろうよ」千草はひっそりと言った。

「私トイレいきたくなった。あそこのトイレにいってくる。ついでにさっきので、調べてみようかな」

わざとふざけて言ってみた。

「こんなとこで?」

千草は心配そうな顔をする。

「今、酔っぱらってるから、きっとどんな結果でもあんまこわくない。部屋に帰ったら、きっとこわくてできなくなる」

そう言うと、千草はあわててビニール袋から判定薬を取り出した。細長い紙の箱を開け、中身を取り出す。ちいさく折り畳まれた説明書きを広げ、街灯にかざすようにして読んでいる。

「ここにね、おしっこをかけるんだって」と、体温計に似たプラスチックの棒を私に差し出す。

それを受け取り、私はふらふらとトイレに向かって歩いた。公園の隅にあるトイレは、降り立った宇宙船みたいに白く発光している。いやなにおいのたちこめる、落書きだらけの個室にこもり、しゃがみこんで用を足す。そうしている自分がおかしくなってくる。

水滴を滴《したた》らせているプラスチック棒を持っておもてに出、私はたまらず笑い出した。心配そうに千草が駆け寄ってくる。

「五分待つんだって。それでもこの窓に印が出てこなかったら、だいじょうぶだから」

千草は私を引っ張って街灯の下に連れていく。私たちはじっと黙ってちいさな小窓を凝視する。こんなところで妊娠を確認しようとしているって、なんて私らしい、なんて私にふさわしいんだろうと思った。だから、頼りなげな街灯の下、プラスチックの棒の小窓に、陽性を示す青い線がゆっくりと浮かび上がってきたとき、私は不安も恐怖も感じなくて、やっぱりこうなるはずだったんだと、そんなふうに納得した。

父の葬儀を終えた希和子は、しばらくして都内に戻ってくる。以前丈博の住んでいた杉並区永福にワンルームマンションを借りたのが八四年の十月である。父の残した土地建物は、父の妹に相続され、希和子自身は父の生命保険金、預貯金のみを相続している。

しかし希和子は新しい連絡先を秋山丈博には教えなかった。丈博は、てっきり希和子との関係は自然消滅したのだろうと考えていた。希和子は二月までに数度、日野市の秋山宅を見にいっている。

　そうして一九八五年二月三日、希和子は秋山丈博宅に忍びこむことに成功する。

「最初は、本当に赤ちゃんが生まれたのかどうか知りたかった。一度住まいを見にいってしまうと、もう一度いきたくてたまらなくなった。赤ちゃんが男の子なのか女の子なのかも知りたくなったし、近くでよく見たいと思うようになった。午前八時十分すぎに秋山さんが家を出ること、最寄り駅まで奥さんが車で送っていくこと、その際部屋の鍵をかけないことは、何度かいくうちに知った。車で秋山さんを送るとき、いつも赤ちゃんを連れていないのが不思議だった。私を鬼と断じた人が、なぜ赤ちゃんを放っていけるのかと不思議だった」と希和子は裁判で語っている。

　しかしながら乳児連れ去りは計画的ではなかったと希和子は主張した。「赤ちゃんを見てみたかった。遠くからではなくて、間近で見てみたかった」

「部屋に入ったときは、膝が震えた。悪いことをしているとわかっていた。生活の様子がいきなり目に飛びこんできて、パニックになった。何も考えられなかった。赤ちゃんの泣き声だけが聞こえて、部屋の奥に寝ている赤ちゃんを見つけた。抱き上げたら、もうだめだった」

　当初希和子は放火を否定している。「火をつけようとか、そういう気持ちはなかった。赤ちゃんのことしか考えられなかった」、そう言っていたが、裁判の争点が放火に絞られ、無意識にも復讐をしたいという気持ちがあったのではないか、という度重なる検察側の質問に対し、第八回公判で、「そうかもしれません」と主張を覆す。弁護側は一貫して、「つけ放しの電気ストーブが何かの拍子に倒れ、敷きっぱなしの布団とカーテンに引火した」と主張していたが、当の希和子が「蹴躓《けつまず》いたりしてストーブを倒さなかったとは言い切れない」と言い出したので、弁護側はそれ以上の主張ができなくなった。

ともあれ、赤ん坊をさらった希和子はその日の夜、学生時代の同級生宅へ逃亡する。同級生であるAは、希和子を犯罪者と知ってかくまったわけではないと証言している。「一緒に暮らしている恋人が暴力をふるうので、その子どもと逃げてきたという彼女の話を信じていた。赤ちゃんは彼女になじんでいたし、彼女もかわいがっていたので、へんだとは思わなかった」

また、希和子も秋山夫妻も語らなかった、誘拐に至るまでの事情、秋山丈博と希和子の関係や、秋山恵津子の希和子への接近などは、彼女の供述がきっかけで明らかになっている。

彼女はほとんどの取材を断っているが、希和子の実刑が確定したのち、一度だけ某雑誌記者に感想を求められ、答えている。「自分に子どもが生まれたとき、彼女を呼んで赤ちゃんを抱かせたり、いっしょにおむつを替えたりした。今思えば、そんなことも彼女を追いつめたのではないか。もしもう一度会えたらあやまりたい」というのが彼女の言葉だった。

希和子はA宅に六日滞在したあと、永福のアパートを引き払い名古屋に逃亡する。八〇年初頭、土地の高騰で買収された一区画があった。ほとんど住人が立ち退いた町に、立ち退きを拒否していた女性が住んでおり、希和子はそこに身を寄せる。

希和子の名古屋への逃亡、ひいては四年間にわたる逃亡を可能にした背景には、事情があった。夫を送ったのち、買い物をするためコンビニエンスストアに立ち寄ってから戻ってきた秋山恵津子は、自宅アパートから煙が出ていることを発見する。恵津子が戻るのと前後して、近所の人が呼んだ消防車が到着し、消火活動を行う。全焼はせずにすんだが赤ん坊がいない。恵津子はパニックに陥り、あわてて夫に電話をかけながら、これはある男の仕業に違いないと、早合点をしてしまう。

杉並区永福に引っ越してきたとき、周囲に友人も親戚もおらず、夫の帰りは毎日遅く、ときには帰らないこともあり、恵津子は鬱々としていた。働けば友人もできるのではないかと思ってスーパーマーケットのパートに出ている。そのスーパーで、恵津子はBという男性と知り合い、親しくなった。恵津子より五つ年下のBは当時二十四歳、短期のアルバイトでスーパーに出入りしていた。恵津子にしてみれば、ほんの気晴らしのつもりではじめた交際だった。妊娠をきっかけに恵津子はパートの仕事を辞め、Bにも別れを切り出すのだが、Bは別れることをさんざん渋り、捨てぜりふに「このままですむと思うな」とすごんだ。恵津子が引っ越し先として夫の職場にはほど遠い日野市を選んだ理由は、別れ話で態度を豹変させたBから報復されるのではないかという懸念によるものでもあった。

赤ん坊が部屋にいなかったと知ったとき、恵津子がまず思い浮かべたのがこのBだった。「このままですむと思うな」が招いた事態だと思いこんだのだった。捜査本部は、恵津子が放火・誘拐の犯人だと思いこんだBという存在に躓《つまず》いてしまう。

アルバイト暮らしを続けていたBは、このとき運悪く、行方がわからなくなっていた。繁華街で知り合った女性宅に居候《いそうろう》をしていただけだったのだが、Bをさがしだすのに思いの外時間がかかった。最初のうち、秋山丈博が野々宮希和子の存在についてロをつぐんでいたため、捜査本部は容疑者をいったんBに絞りこんでしまっていた。恵津子は頭から犯人をBだと決めてかかっていて、かつての夫の浮気相手にまで頭がまわらなかった。

捜査開始から八日目にBの所在が明らかになり、Bは事情聴取を受けている。岐阜の実家を出て二十歳で上京したBは、金がなくなればアルバイトをし、ときには親しくなった女性に養ってもらうようなその日暮らしを続けていた。恵津子との関係について、「食事を奢ってくれることもあるのでいっしょにいた。別れることを渋ったのは、手切れ金がもらえるのではないかと期待したから」と答えている。当然、Bの容疑は早々に晴れている。


なんでも頼んでいいよ、とメニュウをかざして岸田さんが言う。「いっしょにごはん食べるの、久しぶりだからなあ。極上カルビでも極上ハラミでも」

なんにも答えないでいると、岸田さんは手をあげて店員を呼び、勝手に注文をしてしまう。

焼き肉屋は家族やグループ連れで混んでいる。仕切りの向こうから笑い声がはみ出してくる。

「話があるんだ」私は火の入ったロースターを見下ろして言う。

「まずは乾杯。乾杯しよう」運ばれてきたビールジョッキを岸田さんは持ち上げる。私のジョッキにジョッキをぶつけて口をつけ、一気に三分の一ほど飲んでしまう。

「話があるんだ」私はくりかえした。笑顔で。

「何？　悪い話？」岸田さんは箸入れから箸を取り、私に手渡し、手をのばして私の小皿にたれをつぎ、せわしなく動き続けている。この人、こわがってるんだ、と気づく。十歳も年下の女の子の話をこわがっているんだ。とたんに岸田さんが気の毒になる。岸田さんが今まで私にしてくれたたくさんのいいことが思い浮かぶ。この人をこわがらせてはいけないと私は思う。困らせてもいけない、気の毒な目にあわせてもいけない。私は笑顔のまま、まるでロースターに話しかけるように早口で言う。

「もしさ、私に子どもができたらどうする？」

「えっ」と言ったまま、岸田さんは動きを止める。

「だから、もしもだよ。もしできたらどうする？」

「だって恵理ちゃん、学生だろう。それに……」

「学生だけど、でも小学生ってわけじゃないからね」冗談でいったつもりなのに岸田さんは笑わない。当たり前か、と思う。「産んで、って言う？　それとも、おろして、って言う？」

　口を開きかけた岸田さんは、お店の人が近づいたのを察してあわてて口を閉ざす。テーブルに置かれた大皿から、タンやカルビをトングでつかみ、妙な慎重さでロースターに並べていく。

「そりゃ産んでほしいけど、でも、今すぐってぃうのは現実的に考えて無理だと思う。だってそうだろ？　きみには将来があるし、おれもいろんなことをなんとかしようと思っているけど、明日あさってに離婚が成立するわけじゃない。今、っていうことで言うんなら……」

声をひそめて岸田さんは言う。ロースターから盛大な煙が流れ出る。仕切りの向こうから、きゃあっと女の子たちの歓声が上がり、岸田さんはかたい表情で声のほうをふりむく。

「ふうん。じゃあいつかなら、いいんだ」

「そりゃもちろんそうだよ。おれ、恵理ちゃんと暮らしたいもん。きみが卒業して、うちのチビももう少し手がかからなくなったら、ぜんぶちゃんとしようと思ってるって、おれ何度も言っただろ」

「うわ、このタン、おいしい！　岸田さんも食べてみなよ、早くしないと焦げちゃう」

岸田さんは無言のままタンに箸をのばし、それをのみこんでから、私を上目遣いに見る。

「できたの？」

「できないよ。だから、もしもって言ったじゃん。クラスの子がね、生理がないって言うからさ。今度いっしょに病院にいってあげようかと思って。それでいろいろ考えたってわけ」

肉をひっくり返しながら言い、ちらりと岸田さんを見遣《みや》る。安堵の表情がわかりやすく広がっていく。

「脅かすなよ、もう。これ、こんくらいのレアがおいしいよ」

カルビを箸で挟み、岸田さんは私の皿に入れてくれる。

次々と皿が運ばれてくる。キムチにサンチュ、ハラミにロースにミノ。夏休み前とまったく変わらない食事だった。私も顔を覚えている講師や職員の噂話、生徒たちの奇行をおもしろおかしく岸田さんが話し、私は学校であったことやバイト先の風変わりな客のことを話す。仕切りの向こうから聞こえてくるのと同様の笑い声を私たちもあげる。岸田さんは肉が焼けるたび手をのばして私の皿に入れてくれる。こんなに食べられない、と思った皿は次々に空になっていく。

「めしもの、食べる?」ファミリーレストランのように大きなメニュウを岸田さんが広げ、私は答える代わりに、さっき笑っていた顔のままで言う。

「岸田さんに、もう会わないよ」

え、とつぶやいて、メニュウの端から岸田さんが顔をのぞかせる。

「だからもう電話しないでね」

「え、ちょっと、どうしたの、突然。おれ何か言った?」

「おなかいっぱいだから、ごはんはいいや。今日は最後だからごちそうしてね」席を立つ。ちょっと、という声を背後に聞きながら、出口に向かって歩きかけ、そうだまだ言っていないことがあったと思いだし、数歩戻って岸田さんのわきに立つ。

「今までどうもありがとう。本当にありがとう」

私は深く頭を下げて、そのまま岸田さんを見ないで歩き出した。ちょっと、という声を振り払って店を出、駅に向かって歩きながら、携帯の電源を消した。

誕生日を祝ってくれた。花火大会に連れていってくれた。クリスマスには私の部屋をいっしょに飾りつけして、ちいさなパーティを開いてくれた。新年にはいちばんにメールをくれた。桜を見に連れていってくれた。だれかと食卓を囲むことのたのしさを教えてくれた。大好きだと言ってくれた。私が話したがらないことは、決して訊かないでいてくれた。私の過去を知らないままでいてくれた。人を好きになるという気持ちを教えてくれた。会いたいと願う気持ちを教えてくれた。

会わなくなるなんて、終わるなんて、私には絶対にできないと思っていた。でも、できた。私はたぶん、もう二度と岸田さんに会わない。会いたいという気持ちに勝つことができる。だって、ひとりじゃないから。ひとりぼっちでは、もうないから。

先週、乗ったこともない電車に乗り、降りたこともない駅で降り、歩いたこともない町を歩いて、いちばんはじめに目に入った産婦人科に飛びこんだ。看護師もお医者さんも白髪だった。おめでたよ、お嬢ちゃん、と白髪の先生は女の人みたいな口振りで言い、にっと笑った。緑のきれいなころに生まれるねえ。

おろそうと思っていた。だって不可能だ。父親もいない、両親に言うこともできない、私はまだ学生で、ちゃんとした収入すらない。岸田さんだってきっと困る。手術のお金だけ借りておろそうと決めていた。けれど、緑の季節に生まれると聞いたとき、その気持ちが一瞬にして吹っ飛んだ。今ここにいるだれかは私ではないんだ、と思った。この子は目を開けて、生い茂った新緑を真っ先に見なくちゃいけない。

見知らぬ町を駅まで歩きながら、不思議な気分を味わっていた。今まで感じたことのないような気持ちだった。私は今、ひとりではないという強烈な自信。会わないことで岸田さんを忘れようと思っていた夏休みのときより、ずっとずっと強くなった気がした。終わることができる。駅が見えてきたとき、すとんとそう思った。

焼き肉屋をずいぶん離れてから、そっとふりかえった。道行く人々のなかに岸田さんの姿はなく、ほっとする。通勤客たちに混じって、地下鉄乗り場に続く階段を私は小走りに下りる。

床に落ちた雑誌やCDケースを隅に重ね、千草はいつも持っている鞄からパンフレットの分厚い束を取り出して、広げる。

「自宅出産はまあ無理でしょ？　セレブ出産ってのもあるけど、まあそれも無理よね。自然分娩がいいか、それとも無痛分娩を選ぶか。とはいえあんまり遠くだと通うのがたいへんでしょ。とすると、ここか、ここか、ここあたりになるわけね」色とりどりのパンフレットをより分け、「ここはネットで調べたら看護師さん超厳しいらしいよ。出産したその日に歩かせるって。でもあんたは若いからきっと平気だよね」

六畳間と台所の仕切りに立って、私はパンフレットを並べ替えたり仕分けたりする千草を見つめる。

「親に言うのしんどいのわかるけど、お金だってかかるんだし、やっぱ言わなきゃだめだよ。あんたが産むって決めたんなら無理矢理おろさせることなんかできないんだし」

なんだかおかしくなってしまう。妊娠という事態が、千草にとってより現実的であるようで。

「何にやにやして」千草は眉間にしわを寄せ私を見上げる。

「ねえ、ごはん、焼きそばでいい？　野菜炒めとごはん、てのもあるよ。材料いっしょだけど」

「いいよ、私が作る。妊婦なんだから座ってな」

いよいよ私は笑い出す。「千草、なんだか姑とかそういう人みたい」

「私がごはん作ってるあいだ、これ見ておいてよ」千草は笑う私を通りすぎ、台所に向かう。冷蔵庫を開け、野菜を検分しながら取り出して、何気なさを装って訊く。「あんたが携帯の番号を変えたの、別れたってことと関係ある？」

あるよ。床にしゃがみ、パンフレットを手にとって答える。

「でもさ、その人大人なんだから、なんか力になってくれるんじゃないのかな。お金のこととか、もっといろいろ」

「ならないよ。たぶんここにもうこないと思う」私は言う。「面倒なことからは逃げる人だもん」

パンフレットの合間から千草がこちらをのぞきこんでいてぎょっとする。片手に半切りにしたキャベツを持った千草はまじまじと私を見て、言う。

「面倒なことからは……って、よくそんな人、好きになったね。ていうか、そんな人とわかっててよく、って言ったほうが正しいかな」

私は千草を見て数回瞬《まばた》きした。ああ、そうか。何気なく自分の口をついて出た言葉で、私はなぜ岸田さんを好きになったのか理解する。面倒なことからは逃げる人だからだ。私の両親とおんなじように。

「そういう人のほうがもてるんじゃないの、奥さんもいるんだしさ」

「クールなお嬢さんですこと」呆れたように千草は言い、台所に戻る。やがて包丁を扱う音が聞こえてくるが、不慣れなのだろう、どん、どん、と不安になるくらい不安定だ。「ねえ、つわり、ないの」背中を向けたまま千草が訊く。うん、まだないよ、と答えると、「一月には安定期に入るでしょ?」とさらに訊く。安定期が何かもよく知らないが、そうだね、と答えると、千草は包丁を片手にふりかえる。

「ねえ、安定期に入ったら、いっしょに旅行いかない? 取材旅行」

「何それ、どこいくの」

「だからさ、エンジェルホームがあった場所とか、それからあんたが住んでた島とか、見にいってみない? いろいろ思い出すかもよ」

「包丁、危ないよ」私は言ってパンフレットをばらまき、畳に寝転がる。「そんなのいくわけないじゃん。お金だってないし、それに見たいものなんかない」

そっか。千草は案外あっけなく引き下がり、また不器用な音をたてはじめる。脚をのばして窓を少し開けてみる。寝転がっているから夜空が見える。何かの明かりに照らされて夜空は明るい。電線が黒々と夜空を区切っている。「ねえ」窓の外を向いたまま千草に話しかける。「ねえ、なんであんたは私によくしてくれんの」

「えー、なにー」千草が台所で声をはりあげる。

「だからー、なんであんたは私に親切にしてくれんの？　取材対象だから？　私のあれこれを本で暴くことの罪悪感から、とか？」

「あちっ！　ちょっとどうしようっ」

千草が叫び、ふりかえるとガス台からもうもうと白い煙が立っている。あわてて台所に駆けこむと、空焚《からだ》きしたフライパンから威勢よく煙があふれているのだった。

「もうー、何やってんの！　フライパンあっためるの早すぎるって！」私は急いでガスを消し、換気扇をまわす。「もう、私がやるからいいよ、千草はテレビでも見てな」私は千草から包丁を取りあげ、分厚く切られた人参を細かく切りはじめる。

どうしてそんなに親切にしてくれるのか、という私の問いに千草が答えたのは、食事を終えて洗いものをしているときだった。

「親切をしてるのかどうかはわかんないけど、私はあんたといっしょに出ていきたいんだと思うよ。閉じこめられたような場所から、もっと違うところに出ていきたいんだと思うよ」

皿を洗っていた千草はいきなり言い、なんのことか一瞬わからなかった。

「どこを出ていくの？」

ようやく千草の言葉の意味を理解し、そう訊くと、濡れた皿を私に手渡しながら、

「今、いるところ」と千草はぽつりと答えた。「そういう意味では、あんたのことを利用してるのかもね。ひとりじゃ出ていけないけど、あんたといたら出ていけそうな気がする。正直言うと、あんたに会ってそう思ったの。あ、この子となら、私出ていけるって。ずっと抱えてるものを手放すことができるって。会えば会うほどそう思うんだ」

ふうん。私はできるだけ興味なさげに相づちを打ち、渡された皿を拭き続けた。千草の言っていることは理解できた。理解できて、そして思っていた。そんなの、無理だよ、と。あんたがどう思うかは勝手だけど私は出ていけないし、私といるかぎりきっとあんたも出ていけっこないよ、と。思った通りを言葉にしないほどには、私は千草を好きになっていた。

「ねえ、知ってる？」最後の皿を私に手渡すと、水道の蛇口を閉めて千草は言った。知ってるかどうかを訊くというよりも、自分に言い聞かせるように。「エンジェルホームの女たちはみんな子どもを亡くした女か、子どもを産めない女たちだったって」

私は受け取った最後の皿を拭いて棚に戻し、インスタントコーヒーの瓶を取り出して、

「だから？」

と千草に訊いた。そのことは千草の書いた本とファイルの記事で知っていた。でも、それを知ってどうということは私にはなかった。記憶にないその施設が、不妊の女たちの集合体だろうが

あやしげな宗教施設だろうが。

「だから、って」千草は私の手にした瓶に視線を合わせて弱々しく笑った。「どうということはないけど」そう言ってやかんに水を入れ、ガスにかけた。私はマグカップを用意してコーヒーの準備をする。岸田さんと使っていたそろいのマグカップ。


捜査のつまずきのせいでともかく希和子は逃げ延びることができた。九日間希和子に宿を提供した中村とみ子は、逃亡中の希和子の様子についての証人として、また犯人隠避《いんぴ》の疑いのため、希和子の供述に基づいて捜索されたが、希和子逮捕の前年、八七年九月に、神奈川県川崎市の老人介護施設で死亡したことが確認された。

中村とみ子宅から逃亡した希和子は、通りかかったエンジェルホームのバンに乗りこみ、その施設で二年半ほどを過ごすことになる。

奈良県生駒《いこま》市に拠点を置いていたエンジェルホームは、希和子がさらに逃亡を図る八七年まで、一般的にほとんどその存在を知られていなかった。希和子の逃亡とほぼときを同じくして、個人財産の詐取疑惑や未成年の監禁疑惑などでマスコミに騒がれ出し、希和子逮捕によって世間に名を知られるところとなった。

エンジェルホームはもともと、一九四五年に生駒市出身の長谷川ミツが開いた「天使の家」という教会だった。農家の娘だった長谷川ミツは三十七歳のとき突然「私は神に遣わされた天使である」と言いだした。神と人間の仲介役としての天使の存在を主張、困った人を助け正しい道に導くことが天使の任務であると、聖書の独自の解釈を近隣に説いてまわった。翌年ミツは「婦人身上相談」の看板を掲げ、戦争で夫や子どもを亡くし、行き場を失った女たちが集って共同生活をするようになる。「助け合うこと、助け合うためには手放すこと」とミツは説いた。関西圏を中心に信者は次第に増え、信者のひとりから土地の提供を受けて施設建設も行っている。しかし五〇年代の半ばを境に、信者の数は次第に下降の一途をたどる。

一九四八年、ミツは女性信者から預かった少女を養女にしている。長谷川ナオミ、のちのエンジェルホームの代表者である。

ナオミは一九六〇年、靴下工場を営む男性の元に嫁いでいるが、翌年には離婚し天使の家に戻っている。六二年にミツが亡くなり、翌六三年、ナオミは「エンジェルホーム」の看板を掲げる。ナオミはミツのように天使を名乗らなかった。布教をすることもなかった。ナオミがミツから受け継いだのは「婦人身上相談」の看板だけであった。

天使の家の施設で、残っていた数人の女性信者とともに、自給自足の集団生活を行いながら、ナオミは女性を対象にしたよろず相談所を開いている。身内の病気、家庭内暴力、体調不良など悩みを訴えにくる女たちに、ナオミは水子の祟《たた》りを口にした。流産や堕胎経験のある女性は、疑うことなくそれを信じた。

ナオミは彼女たちから寄付を募り、元天使の家の敷地内にエンゼル像を置くようになる。つるりと顔のない、地蔵ほどの大きさの白い人形である。ナオミは当初天水と名づけた水を売り、それでエンゼル像を磨くことで生まれなかった子どもたちから許しを得ることができると説いた。

六八年以降、近隣の山が崩され、ニュータウンの建設がはじまるころ、世のなかの急速な変化とともにエンジェルホームも変化していく。おもてだって水子供養を口にすることはなくなり、かわりにナオミは「すべてのこだわりを捨て、真の健康を」というスローガンを打ち出していく。水子地蔵の役割を果たしていたエンゼル像は執着のない天使のような心の象徴であり、それを磨くことで心に付着した執着を落とすことができると、ナオミの言葉は変わる。ホームに集う女たちに課されることも、エンゼル像磨きや祈禱《きとう》ではなくなり、野菜栽培や食品加工へと移っていく。

七〇年代に入ってじょじょに火がついた健康ブームで、エンジェルホームの経営は軌道に乗りはじめる。野菜、米やパン、食肉、飲料水。ナオミたちは敷地内で収穫できるものは収穫し、できないものは農家と直接契約をして、巡回販売、通信販売を行うようになる。もともと「天使の家」時代から持っていた女性向け身上相談の性質は、この巡回販売でも発揮された。ドメスティックバイオレンス、ストーカー、不倫、そんな言葉のなかった時代である。それらに対する対策も、避難場所も決して一般的ではなかった。逃げ場所としてエンジェルホームを訪れる女性も少なくなかった。彼女たちにナオミは、「性差や出自、財産や執着、名前をも含めいっさいを手放すことで、人間に課せられた苦しみからも解放される」と説いている。

一見「門をたたけ、そうすればあけてもらえるであろう」を実践しているかに見えたが、ホームはだれにでも開かれているわけではなかった。幹部女性による面談、健康診断等で、流産・堕胎経験があるか、先天的・後天的に不妊であるかを、告白するか診断されるかした女性しか、メンバーになることを許されていなかった。メンバーたちにその事実は知らされておらず、幹部女性等とメンバー歴の長い数人のみの了解事項だった。

なぜナオミがそこにこだわったのか。中絶経験や不妊ということが入所の条件であること自体をナオミが否定しているから真実は不明である。経験のある女性に共通の痛みにつけこんだのかもしれないし、あるいは結婚後一年で戻ってきているナオミに、そのようなことがあったのかもしれない。ともあれ、何も知らないまま希和子が逃げこんだのは、皮肉にもそういう背景を持った場所だった。

希和子がメンバーとなった八〇年代、エンジェルホームは自然食の販売にくわえ、自己啓発的な性質も持つようになっている。希和子はメンバーになる際、財産委託の誓約書を書かされているが、このシステムはまだはじめられたばかりだった。八〇年代前半に一度、財産返還をめぐるいざこざがあって、あわてて取り入れられたものと思われる。

八七年に、ホームは未成年の少女をメンバーにしている。家出をしたこの少女の家族が、娘が監禁されているという騒動を起こした。彼らは財産返還を求める元メンバーをも巻き込んでマスコミに訴え、ホームは弁護士や行政の立ち入り、続けて警察の任意捜査も許している。希和子が逃亡した直後である。学齢期の子どもたちが未就学のままホームで暮らしていたこと以外、法的に問題となる点はこの捜査では見あたらず、マスコミが騒ぎ立てたほどには、大きな問題にはならなかった。

希和子の逮捕後、二年あまりの逃亡生活を送った場として、またしてもエンジェルホームはその名を浮上させる。代表者である長谷川ナオミ、幹部メンバーであった佐々木万里子、長塚治江、さらに数人が希和子の正体を知っていて匿《かくま》ったのではないかと事情聴取されている。

エンジェルホームは、テレビやラジオ、新聞雑誌など、いっさいの情報から隔絶された場所だった。しかしながらナオミは、メンバー希望者が研修を受けているあいだ、集まった人々の素性を調べあげていたと言われており、また巡回販売を行っていたメンバーや、アウトワークと呼ばれる外の世界でのアルバイトに出ていたメンバーは、希和子の入所後にその正体を知った可能性が高い。しかし、調べに対し、希和子が何ものか知っていたと答えたのはナオミひとりだった。希和子がメンバーになったあとで、彼女が誘拐犯であると知ったと主張、「だからといってメンバーを追い出すわけにはいかなかった」と言っている。

集まった信者たちに、聖書からとった新たな名を与えることは、天使の家時代から行われていた。養女になる前、信者が産んだナオミの名付け親は、ミツである。ナオミは名付けの習慣をエンジェルホームでも継承している。男性名をも与えていたのはナオミ自身が性差を否定していたからだろう。そしてナオミが希和子に与えたホームネームは「ルツ」だった。ナオミとルツとくれば、旧約聖書のルツ記が思い起こされる。夫と子どもを失ったナオミと、血縁のない義母の元に残った、夫を失ったルツ。

ナオミは「聖書の人物の性格や行いを、メンバーに投影してネームを授けることはない。気をつけているのは重複がないようにということだけである」と語っている。しかし、希和子の正体を知っていながら受け入れ、彼女になんらかの期待をかけた可能性は高い。希和子の財産の額の大きさもあるだろう。名前も学歴も捨てることをモットーとしながら、現実世界での学歴や職歴を重視する面が実際にはあったから、そういう面で希和子に一目置いたということも考えられる。また脱退不可能な彼女に利用価値を認めたのかもしれない。

唯一、犯人隠匿を認めた長谷川ナオミは、懲役八ヵ月、執行猶予二年の有罪判決を受けている。


「暮れにはうちに帰ってくるのかって、おかあさんが言ってたよ」真理菜は言う。電話の向こうは静かだ。自分の部屋からかけているのだろう。

「帰んない、と思うけど」

私はこたつに首まで入って寝そべり、おなかをさすりながら答える。十六週目に入っているが、大きめのトレーナーを着ているぶんにはおなかのふくらみはあまりわからない。それでもばれないことはないだろう。家に帰れるわけがない。

「たまには帰ってきたら？　お雑煮くらいなら私が作ったげるからさ。お年玉ももらえると思うよ」

「じゃ、お年玉だけ、現金書留で送ってって言っておいて」私は笑う。真理菜も短く笑ったあと、「しょうがないよ、あの人たちは。そう思ってあげなよ」と、ふとまじめな声になって言う。

「そんなの、私昔っから知ってるよ」

「そっか。そうだよね」真理菜はちいさく笑い、「でも、近くなんだし、気が向いたらいつでも帰ってきなよね」そう言って電話を切った。

うんしょ、とかけ声をかけて上半身を起こし、こたつの上に出しっぱなしの通帳を開く。何度見ても、もちろん残高は変わらない。

八週目までなんともなかったのに、九週目に入ったら急ににおいに敏感になった。やむなくアルバイトはやめた。千草が、中高生を相手にした通信講座の添削《てんさく》の仕事をさがしてきてくれて、先月からそれをはじめたが、一カ月で十万円ほどにしかならない。そろそろ先のことを真剣に考えなくてはいけないと頭ではわかっているのに、大学が冬休みに入ってから、私はほとんどアパートから出ずにいる。千草が車で運んできてくれた中古のこたつのなかに入ったままだ。

しんとした部屋にいると、中学生だったころを思い出す。中学に上がると、露骨に私を避ける人はいなくなった。声をかけてくれる人もいた。お昼ごはんをひとりで食べなくてもよくなった。それなのに、私のまわりはいつもしんと静かだった。小学校のときと同じように静かなままだった。

私が中学に上がると、母が家にいないことは日常茶飯事になった。パートが終わると一度は家に戻っていたのに、そのまま遊びにいくのか、帰らない。そういう日はテーブルに千円が置いてあった。私は真理菜を連れてスーパーにいき、母がそうしていたように総菜を一、二品買い、帰って米をとぎ真理菜と二人で食べた。父は八時か、遅くとも九時に帰ってくる。私たちの残した総菜でごはんを食べ、食卓でじっと酒を飲んでいた。

両親に文句を言ったことがある。文句を言えるほどに、私は秋山家にうち解けていた。うち解けたと思っていた。

家事にうんざりしていたのだ。食事の支度や、洗濯やアイロンがけに。そういうことをしなくちゃいけないから放課後に友だちと遊べないし、宿題をする時間だってなくなる、よその家ではそういうことは母親がやっているよと、そんなことを私は言ったのだ。「よそはよそだろう。おまえはどこの家の何を知ってるというんだ」というのが父の答えであり、そして「家にいるのがたまらなくいやんなるのよ」というのが母の答えだった。彼らの率直な答えは私をまたしても過去に連れ戻した。あの事件はまだ終わっていないのだと思い知らされた。

図書館にいくようになったのはこのころだ。放課後に真理菜を連れていったり、休みの日にひとりでいったりして、あの事件にまつわる本をさがし、自習机で読みふけった。過去から逃げられないのなら、過去を知ろうと思ったのだ。

中学三年になると、ノンフィクション本に登場する父と母の姿も、きちんと見えるようになった。そうしてはじめて、私は父と母という人のことを知った。家にいない母と置物のように動かず酒を飲み続ける父、彼らがどうしてそうであるのか、すとんと納得がいった。

私を連れ去った女も馬鹿だが、父も母も負けないくらい馬鹿なんだと思った。父になるべき人ではなかったし、母になるべき人でもなかったのだ。父ばかりか、母まで浮気をしていた。もしあの事件が起きなかったとしても、私の家は今とおんなじふうだったろう。母は遊びに出かけ、父は母をとがめることもできず酒を飲み続けていただろう。よその家のような「家庭」になることはなかっただろう。そう思うことで私は楽になることができた。すさんだ家のなかも、父の無関心も母の夜遊びも、私のせいではないと思えたのだった。私が帰ってきたせいではないと。

それから私が考えたことはひとつだけだった。あの事件とまったく無関係の場所に連れていってくれるのは、ほかのだれでもない、自分だけ。重苦しい空気、地雷みたいにタブーのある家、忌々しい記憶、父の沈黙と母の不安定から逃れるには、自分で自分を連れ出すしかない。

真理菜が高校に上がるのを機に、私たちはまた引っ越しをした。引っ越し先は立川。川崎より少しばかりこざっぱりしたマンションだった。このころから母はじょじょに落ち着きはじめ、夜に出歩くことも少なくなった。食事は変わらず総菜だが、下手ながら制服にアイロンもかけてくれ、冷凍食品のいっぱい入った弁当を持たせてくれるようになったものの、今度は私が家に寄りつかなくなった。夜の八時までカラオケボックスでアルバイトをして、それからファミリーレストランか漫画喫茶で受験勉強をした。十二時近くに帰ると母は起きて私を待っていた。急に母親然としようとしているようでしゃくに障り、何を話しかけられても無視して子ども部屋に直行した。

大学に合格し、反対を押し切ってひとり暮らしをはじめたときは、胸のすく思いだった。私は願ったとおり、自分の力で自分をあそこから連れだしたんだと思った。十年以上前のあの事件と私を結びつける人はまわりにはもうおらず、父と母も不用意な発言で私を過去に連れ戻すことはもうできない。

ピクリとおなかが動き、私は閉じていた目をはっと開く。ピクピクッと、おなかの内側がけいれんするような感触がある。動いたんだ！　思わず私はそう叫んでいる。私は息をひそめるようにして自分のおなかを見つめる。

ここではない場所に私を連れ出せるのは私だけ――かつて抱いた気持ちが唐突によみがえる。そうだ、どこかにいきたいと願うのだったら、だれも連れていってなんかくれやしない、私が自分の足で歩き出すしかないのだ。

私は携帯電話をさがす。こたつの上にのっていたそれを手にとり、千草に電話をかける。前に言っていた取材旅行につきあってもいいよ。言うべき言葉を舌に転がす。今あるお金で千草といっしょに旅行にいって、ひょっとしたら思い出すのはいやなことばかりかもしれない。知るのはつらいことばかりかもしれない。でも、そんな旅行から帰ってきたら、少しは動き出せるんじゃないか。これから先のことを、具体的に決められるのではないか。そんなことを思いながら私はすがるように呼び出し音を聞く。

緊張しすぎて吐きそうだった。つわりのときのほうがまだましだったように思える。おなかの子のことを話しにいくのに、私はわざとぶかぶかのトレーナーをはおった。鏡の前で、そんなに目立たないことを確認していた。立川の家に何をしにいくのか、アパートを出たときにはすでにわからなくなりかけていた。

新年二日の電車は空いていた。立川駅から乗ったバスも、私のほかには晴れ着を着た女の人が二人乗っているだけだった。

立川のマンションは二年くらいしか暮らしていないし、ほとんど家に寄りつかなかったから未だに他人の家みたいだ。エレベーターがないので三階まで階段で上がり、インターホンを押そうとしてポケットから手を出すと、見事に指がふるえている。私って案外小心者なんだな、と思う。あんなに馬鹿にしていた両親に怒られることを、ちゃんとこわがっているんだな、と続けて思う。

ドアを開けたのは真理菜だった。正月だというのにふだんと変わらないジャージ姿だ。

「あっ」顔をほころばせ、「おねえちゃん、帰ってきたよー」奥に向かって怒鳴っている。

玄関に入りドアを閉めると、むっとした熱気が私を包む。玄関も廊下も、段ボール箱や新聞がごたごたと積んである。八王子の、川崎の、今まで引っ越してきた自分の家の空気をなつかしく思い出す。ものであふれかえった、埃っぽい、騒々しいちいさな住処《すみか》。なつかしさというのは、甘いような気分だけをさすのではないのだなと、真理菜に続いて廊下にあがりながら思う。痛みを含んだ苦々しい気持ちもまた、なつかしいという言葉におさまるらしい。

父は床に寝転がってテレビを見ていた。前にビールの入ったグラスが置いてある。母は台所で何かしていた。

「おう」と父が目だけ動かして言い、

「やだ、電話くらいしなよ、くるんなら」台所から出てきた母は言い、ふと私の全身に目を走らせた。どきりとする。うち明けにきたのに、どきりとする。あんた、おなか大きい？　今母がそう訊いてくれれば、話は早いと瞬間思うが、しかし母はくるりと背を向け台所に戻る。

「おなかすいてるなら、カレーあるよ」母は言い、見て見ぬふりをされたようでいらだちを覚える。

横に突っ立っていた真理菜が私を肘でつつく。顔を向けるとにやにや笑いをしている。「作ったの、私だから安心しな」と耳打ちするように言う。料理の苦手な母はカレーすらもまともに作れないのだ。市販のルーを入れるだけなのに、へんに水っぽかったり、野菜が生煮えだったりする。

コンビニエンスストアのビニール袋や酒瓶、中途半端につぶしたビール缶、袋に入ったまま床に置かれたじゃが芋やフライパン、相変わらずごちゃごちゃと散らかっている台所を眺めていると、

「どうだ、学校」騒々しいテレビに目を向けたまま、さして興味もなさそうに父が訊く。

私は大きく息を吸い、吐き、もう一度吸い、そうして思い切って口を開く。

「あのね私、子どもができたの。今五ヵ月。産むから」

私の言葉は騒々しい部屋の空気を静まり返らせる。もちろんテレビの音も散らかった部屋もそのままだが、父も母も真理菜も、息をのんだのがわかった。

「それでお金を借りにきたの。絶対に返すから、貸してちょうだい。いくらでもいい」

父も母も、真理菜もなんにも言わない。みなめいめいの場所から、見てはいけないものを見るように私を見ている。私は彼らの視線を引きずるようにリビングに入り、新聞や靴下やタオルや週刊誌をどけて、ソファに座った。部屋は相変わらず、騒々しく静まり返っている。父と母と妹の、遠慮がちなのにからみつくような視線が、一瞬にして時間を巻き戻す。ひどく曖昧な記憶になったはずのあの日のことが生々しく思い出される。この人たちをはじめて見たとき。そうだ、母はまさしく今、おしっこをもらした見知らぬ子どもを見るように私を見ている。ひとりだった。唐突に私は知る。本当にひとりだった。ひとりではないことなんてなかった。部屋に充満する静けさを、からすべりしていく騒々しさを、私はぶち壊したくなる。指の先がじんじんとしびれるくらい強くそう思う。そして私はその衝動に素直に従う。

「子どもの父親はだれって訊きたいの？　父親はね、おとうさん、あなたみたいな人だよ。父親になってくれない人だよ。でも私は産むの。その人の子どもを誘拐したりしないでもすむように、私はひとりで産むの。ふたりで生きていくの。これからはふたりで」

私はそこで言葉を切って両手で口を押さえた。そうしなければ叫びだしてしまいそうだった。どうして。どうして。どうして。どうして私だったの。ねえ、どうして私だったの。私はぎゅっと舌を噛み、喉元までせり上がった叫びをかろうじてのみこむ。

台所から、激しい衝撃音が聞こえてくる。私がたった今のみこんだばかりの叫び声が、私の外側から聞こえる。顔を上げると、突進してくる母が見えた。片手におたま、片手に鍋つかみを持って、私に向かって突進してくる。ふりまわされるおたまにこびりついたカレーが飛び散っている。

母は床に向かっておたまを投げ捨て、私に向かって鍋つかみを投げつけ、言葉にならない奇声を発しながら私の足元に崩れ落ちると、こぶしで私の脚を叩いた。膝を、顔を、腕を、おなか以外のあらゆるところを叩いた。

「なんでなのよう、なんでなの、なんでそうなるのよう、なんのためにそんなことすんのよう、あんたまで私を苦しめたいわけえ？」母は顔をゆがめ鼻水と涙を壊れたように流し、強く握りすぎて血の気の失せた白いこぶしで私を叩き、湿った声で叫ぶ。「なんでなの、なんでそんなことすんの、どうしてふつうにできないの、どうしてそんな」そこで言葉を切り、床に突っ伏して声をはりあげて泣いた。父は上半身を起こし、目を見開いて母を見ていた。驚いているのだろうその表情は、なぜかぽっかりと空洞のように見えた。真理菜はうつむいたままその場に立ち尽くしている。

嫌いとか好きとかない。母親は母親。

私がたった今めちゃくちゃに壊した静けさと騒々しさの合間から、ずっと前に聞いた千草の言葉が、ほろりとこぼれ落ちるように聞こえた。

ああ、そっか。

泣く母、動けない父、うつむく妹を見て、私はひどく冷静な気持ちで思う。ああ、そっか、そうだよね。なんで私だったのか。それを抱えて過ごしてきたのは私だけではなかったんだ。なんで私が事件に巻き込まれたのかと、ずっとそう思っていた。でも本当の問いはそうじゃない。なんで私が私だったのか。なんで「私」を引き受けることになってしまったのか。父も母も、妹も、きっとずっとそう思ってきたんだ。なぜ父親になんかなったのか。なぜ母親になんかなったのか。なぜおれは帰ってきた娘から目を逸らすのか。なぜ私はこの子に自分の不安定を見せてしまうのか。なぜおれはすべてに背を向けてしまうのか。なぜ私はすぐ逃げ出してしまうのか。なぜ私には突然姉ができたのか。なぜ私はこの家の子だったのか。なぜ私はこんなふうにしかできないのか。父らしからぬ父、母らしいことのできない母、いつも気をつかっていた妹、そしてすべて憎むことで自分を守ってきた私。「こんなはずではなかった」と思う場所から、一歩も踏み出せなかった私たち。好きや嫌いではなく、私たちがどうしようもなく家族であったことに、私は今気づく。

「ごめん」かすれた自分の声が耳に届く。「ごめん。でも産みたいの」嚙み続けたせいで舌が鈍く痛んだ。床に転がっているおたまを見た。こびりついたカレーが床を汚していた。思いだしたようにカレーの尖ったにおいが鼻先に広がった。

鳥居前という駅から生駒ケーブルに乗り、終着駅からさらにタクシーに乗る。伊丹空港まで飛行機ならば一時間程度節約できたのだが、「何かあったら困る」と千草が言い張って、京都まで新幹線できた。時計を見るともう三時近い。急げば今日じゅうに小豆島までいけるかもしれないが、千草は私に無理はさせないだろう。とすると、京都か奈良で一泊するのだろうか。タクシーの窓から流れていく景色を見て、そんなことを考える。

東京駅で落ち合ってから、おばさんのようにガイドブックを見て何を食べようどこで食べようと言い募ったり、かと思うと子どものようにのどが渇いたと騒いだり、電車を乗り換えてからは観光旅行客のように「ちっこい電車」だの「ほんとにみんな関西弁」だの耳打ちしてきたり、とにかく落ち着きなく動きまわっていた千草は、タクシーに乗りこむやいなや、むっつりと黙って爪を嚙んでいる。

「千草、エンジェルホームには最近もきたことあるんでしょ」

千草の醸し出す重苦しいムードで圧迫されそうになり、私は確認するように訊いた。

「あるよ。あの本書くとき、取材しにきた。でも結局入れてはもらえなかった。噂だけど、まだサライとかサクさんとかいるらしいよ。ま、いくとこもないんだろうけどね」

最近にも訪ねているのなら、何を緊張しているのだろうと不思議に思う。やはりまったく記憶のない私と、幼少期の記憶が色濃く残る千草とでは、エンジェルホームも意味が違うのだろうか。サライやサクさんと聞いても、私にはだれのことやらさっぱりわからない。

「エンジェルホームの人たちは、希和子のことをどう思ってるんだろう。代表者は執行猶予だけど有罪判決を受けたわけでしょ」ずっと疑問に思っていたことを口にする。

「エンゼルさんは、でもあの事件のせいでメンバーたちから一目置かれたんだよ。もちろんマスコミにはずいぶんバッシングされたけどさ、『助けを求めている人を突き放すわけにはいかない』なんてそれらしいこと言って、あの時期、全国からメンバー希望者が急増したのも事実。なんか、最初からそこまで計算ずくだったんじゃないかって思うくらいだよ」

エンジェルホームという言葉が出てから、運転手はちらちらとフロントミラーで私たちを見ている。何か訊かれるかと身構えるが、けれど何も訊いてこない。

「何度も言うけど、なかには入らなくていいからね。ぐるっとまわるだけでいいんだからね」

「わかってるよ」千草はぶっきらぼうに言い、窓の外を向いてまた爪を嚙む。

千草の話によると、エンジェルホームは現在、自然食の販売をしながら、女性を対象にしたヨガ教室やアロマセラピーを行っているという。すべての財産の寄付なども廃止され、施設入居者は保証金を払うシステムに変わり、かつての水子信仰めいたものも、自己啓発めいたものもいっさいなくなっているそうだ。千草によれば、「そういう変わり身の早いところがあの団体の特性だよ」ということだった。水子供養がやばいってなれば自然食、九〇年代にカルト宗教が糾弾されればヒーリングといった具合に、そのときはやりだしたものをうまくつかまえてころころかわってく。中身がありそうでまったくないってわけ。その言葉を聞いて、私は図らずも週刊誌で読んだ希和子の言葉を思いだしていた。中身のないがらんどうと言われました——。

千草が身を乗り出して前方を眺める。私もつられてそちらに目をやった。山道のなかに突如白い塀があらわれる。ずいぶん老朽化しているのが見て取れる。塀の向こうに四角い建物が見える。病院のように素っ気ない建物。タクシーは左折し、鉄格子の門の前で止まる。

「どうします、待ってますか」タクシーの運転手が口を開いた。私と千草は顔を見合わせる。

「いいです。いってください」私はそう言っていた。

千草が支払いをすませているあいだ、私は先に下りて鉄格子に近づいた。一歩近づくごとに胸の鼓動が大きくなる。門の向こうはきれいに刈られた芝が広がり、まったく飾り気のない建物がやけにどっしりした風情で立っている。整列した窓は青く澄んだ空を映している。人の気配がまったくないのに、向こうから観察されている気がして、門から数メートル離れたところで立ち止まった。

「どう、覚えてる?」

背後で千草の声がした。私はふりむかず、視界に入るかぎり敷地内を眺めまわす。そうして、建物と向かい合って眺めていながら、私が見ているのは、あの窓からの光景だとふと理解した。私は建物の外にいるのに、建物の窓から見える光景を思い描いていた。広がる空と、空を射るように枝を伸ばす冬の木々、つややかな芝生と白い人形たち、かすむような山の稜線《りょうせん》と眼下のかすんだ家々――。

「なんにも、覚えてない」

私はささやくように言った。言ったそばから、あれこれと身に覚えのない感覚がよみがえってきた。湯気でかすんだ広い浴室、ふりかえりふりかえりして立ち去るだれかの後ろ姿、布団のなかのおさえた笑い声、プラスチックの食器の鳴る音。けれど思い出されるのはそういった感覚だけで、そこにいた自分が何を思っていたのか、何に笑い何に泣いていたのかを、思い出すことはできない。幼い自分の姿をも思い浮かべることはできない。鏡から離れたときに自分の顔を思い出せないのとおんなじに。

「私ね、取材して本を書いてるとき、エンゼルさんはなぜ希和子を受け入れたんだろうってずっと考えてたんだ。自分の子どもではない赤ん坊を連れた、いかにもあやしい女がメンバーになることを、なぜ許したのか。献金の多さとか、学歴や職歴が関係あるんじゃないかって一般的には言われていたけど、私はそれだけじゃないと思ったの」

「どういうこと」

「ここからは私の推測なんだけど……希和子がメンバーになった時期、エンジェルホームはもっとはっきりと、宗教団体に変わろうとしていたんじゃないかと思うの。それまでの健康食品販売だけではなく、経済的にも、組織的にも、きっと知名度とかそういうことも含めて、もっと大規模にしようとしていた、その過渡期だったと思うんだ」

「だからとにかく頭数を増やしたかったってこと?」

「ううん。そうじゃない、エンゼルさんが受け入れたのは、希和子ではなくあんただったんじゃないかって思う」

「何それ」

「調べてみると、エンジェルホームが子どもを受け入れるようになったのは、八〇年代になる直前なの。つまり私ははじめて受け入れられた子どものひとりってわけ。そのころホームは、身の上相談の延長のように、出産費用の援助と、子育ての困難なシングルマザーへの支援をすると言い出したの。おもてだって宣伝するわけじゃない、施しにいく人たちが、買い物にくる奥さん方に伝えて、口コミで広げようとしてた。父親のいない子どもを身ごもってしまった女たちや、子どもを抱えて生活に困窮している女たちが、それを聞きつけてホームにやってくる。出産費用を出してもらったり、ホームでの生活を許されたり、育児費用を援助してもらったりする。でもあそこは、『天使の家』の時代から、女ばかりの共同生活だったでしょ。男を入れることにはどうしても抵抗があった。男の子を連れてきた母親や、男の子を産んだ女は通いのワークを命じられる。あんたは覚えていないかもしれないけど、スクールにいた数少ない男の子は、みんな外から通ってきてたんだよ。メンバーの子どもは女だけ」

陽射しを受ける切りそろえられた芝生を見て、私は千草の話を聞いた。わかるようでよくわからない。そういえば、この庭には白い人形が並んでいたのではなかったか。見あたらないが、どこかに持ち去られたのだろうか。

「母の記憶や、取材で会った人の話を頼りにさがして、ようやくひとり見つけたんだ。エンジェルホームに費用を半分出してもらって出産したっていう女の人を。その人はエンジェルホームに頼った理由をどうしても教えてくれなかったんだけど、どんなふうだったかは教えてくれた。出産はどこでしてもいいというのではなくて、ホーム指定の病院でなければだめで、臨月のとき、契約書を交わしたんだって。費用がいくらかかって、ホームがいくら負担して、そのお金に返済の義務はないとかそういう内容らしいんだけど、いちばん最後に、ちいさな文字で、こんなことが書いてあったらしいの」

千草は門の向こうに目を向けたまま、熱に浮かされたようにしゃべり続ける。彼女は向こう側に何を見ているんだろう。

「生まれた子どもの教育はホームに委託すること。これってどういうことですか、って質問すると、体裁のいい答えが返ってくるんだよ。私立の幼稚園、小学校に通わせて、その月謝まで要求してくる人がいるから、そういうことを防ぐために書いてあるだけだ、とかね。ホームには子どもたちの集まる学びの時間があるから、集団生活の大事さを学ぶために、週に何日かでもそこに通わせてほしい、とかね。臨月で、お金がないんだから、もうホームに頼るしかない人たちは、そんなものかと思って契約書にサインする。ねえ、これってどういうことかわかる」

私は首を横にふった。

「純粋培養の子を作るってことだよ。ホームでは、堕胎経験のない女や妊娠可能な女はメンバーにしない。だからホームの援助で出産した女性や、子どもを連れてきたシングルマザーは、通いのワークを命じられる。ホームがほしいのは、母親ではなく子どもなの。そのあいだ子どもをスクールで預かる。物心つくくらい成長すると、体験合宿といって親と離してホームに泊める。男も女もないっていう例の決まり文句を教えていく。ホームで生まれ、ホームの考えに染まった子をじょじょに増やしていく。あの人たちにしてはめずらしく、長期計画をたてた。つまりさ、あの時期、エンゼルさんは子どもがどうしてもほしかった。ちいさければちいさいほどほしかった」

「それで赤ん坊の私もほしがったってわけ？」

「そうなんじゃないか、という、推測だけど。とくに希和子は絶対にあの場から逃げないだろうって目算があった。だから希和子の連れていたあんたは、ほぼ百パーセント、エンゼルさんの計画に合っていたことになる。ここで言葉を覚えて、ここで成長して、ここで大人になって、ここ以外の場所を何ひとつ知らない、純粋培養のエンゼルさんの子になるってわけ」

「じゃ、私、ナオミのあとを継がされてたかもね」

あまり気持ちのよくないその話を、私はそんなふうに冗談にするしかなかったのだが、千草は笑わなかった。

「そうなんだよ、本当に」

まじめな顔を建物に向け、千草はつぶやく。

「でもさ、そういう赤ん坊が成長してホームにとどまったとしても、堕胎経験があるとか不妊だとかの、ホームの条件に反しちゃうじゃん」

「そのかわり、男を知らない。処女を失わないまま成人する」

千草の言葉を聞いて、すっと背中が冷たくなった。そしてすぐに、「経験がない」とうち明けた千草のことを思いだした。私は千草から視線を外し、目の前に立ちはだかる鉄格子の門を見つめる。

「そんなふうに育った子は、いるのかな。エンゼルさんのもくろみどおり育って、今もこのなかにいる人っているのかな」

「どうだろう、いないんじゃないかな。私の推測が正しければ、そのエンゼルさんの長期計画は早々と頓挫したからね。それより先に、子どもをとられたと思った親たちが騒ぎ出して、行政や警察の立ち入りがあったでしょ。学校にいってない子どもたちは近所の公立校に通わされて、否が応でも外の世界を見ることになったし。その後に希和子が逮捕されて、また世間の注目を集めちゃった。出産時の契約書なんてあやしげなものは、すぐさまホーム側はなかったことにしただろうと思うよ。それで九五年にはサリン事件があって、宗教イコールカルト、カルトイコール危ない、って図式が常識になったでしょ、エンゼルさんはあわてて路線変更せざるを得なかった、というのが、私の考えたホームの内情。本には書かなかったけど。なんか、書いたらいけないような気がしてさ。ホームのためっていうより、そうやって子どもを産んだ女たちがいて、そうやって生まれてきた子どもがいて、どこかで生きてるって思うと、なんか書けなかったんだよね」

千草はうつむいて、ため息をつくように笑った。私は門に一歩近づき、空の映る窓を順々に見る。窓のなか、雲が流れている。

「千草の推測が合ってたとして、あのとき希和子が逃げなかったとしたら、私はここできっとまだ暮らしていたね」

そうつぶやくと、さっきから五感を刺激する、記憶にないはずの光景がちらちらと浮かんでは消えた。

「でも、万が一そうだったとしても、今の私とおんなじように暮らしてるんだよね。ごはん食べて、怒ったり笑ったりして、夜になったら眠って」

この古い、素っ気ない建物のなかで暮らす自分は、意外にたやすく思い描けた。どこにいても、たとえば日野の家から連れ去られなかったとしても、あるいはここで成長したとしても、明日という同じ一日がやってくるのだと思った。千草はなんにも言わなかった。ただ何かをさがすように、敷地内に目を凝らしていた。千草もそうだ。もし母親がこの施設を出ていかなかったら、今ごろ千草は窓の向こうから、ここに立つ私を見ているに違いない。

「だけどこっち側にいる」ぼそりとつぶやくと、

「だけど、こっち側、だね」千草もちいさな声で同意した。


エンジェルホームが行政機関の立ち入りを許したのと同時に、希和子はまたも逃亡を図る。当初希和子は、エンジェルホームで出会った沢田久美から住所を聞いたことを隠していたが、それは沢田久美とその母親、昌江の供述から明らかになる。

沢田久美と昌江も、犯人隠避容疑で事情聴取を受けているが、それはどちらもかたく否定している。弁護側の証人として証言台に立った沢田久美は、ホームで与えられた名前で呼び合っており、プライバシーの詮索はタブーのようになっていたから、希和子の素性など知りようがないと語っている。素性を知りようのない女性になぜ実家の連絡先を渡したのか？　との質問に対して、久美は次のように答えている。

自分は離婚時に息子の親権を夫にとられ、後悔と罪悪感で、生きる気力もなく捨て鉢な気分でホームに向かった。あそこに集う多くの女たちが、そういう何かしらの事情を持っていることは数カ月も暮らせばわかる。ホームでは自分の子もよその子も関係なく、そこにいる子をみんなで育てているという実感があった。それで自分は救われたと思っている。外部の人が調べにくることになったとき、希和子の様子を見ていて、ここから出ていくのだろうと推測した。犯罪とは思わないが、夫か身内に居場所を知られてはいけないんだろうと容易に想像できた。実家の住所を渡したのは、一日でも多く逃げおおせればいいと思ったから。

希和子を雇い入れた久美の母、沢田昌江も、弁護側で証言を行った。彼女もまた、「その事件は知っていたが、まさか犯人だとは思いもしなかった」と語っている。島の人間は部外者には敏感だが、それは裏を返せば見知った者には警戒をかんたんに解いてしまう、ということでもある。まず昌江が、娘の友だちだと聞き希和子を信用し、その昌江が「遠い親戚」と希和子を説明していたので、周囲の人々はそれを信じた。

裁判後のマスコミ取材に対し、希和子と子どもの様子について、「本当の親子にしか見えなかった」と口をそろえている。希和子がよく買い物にいっていた雑貨屋やスーパーでは、恵理菜を男の子だと思っていた人もいる。昌江が与えた服が男の子用であり、希和子がつけていた「薫」という名前も、男女双方に通用する名前だったからである。

沢田久美だけはその後、いっさいのマスコミ取材を断っている。

裁判ののち、さわだ素麺店は一躍有名になり、取材陣が連日押しかける有様だった。一時期週刊誌には、島での希和子の様子がつぶさに書きたてられた。素性を偽って素麺店にもぐりこみ、純朴な人々の善意を利用し、役場勤務の男性と見合いまでしていた希和子のしたたかさについて書かれた記事もあれば、「服はもらいもの　食事は素麺の切れ端　極限まで切りつめられた逃亡生活」と、おもしろおかしく書かれた記事もあった。

九二年、女性ノンフィクションライターが素麺店に通い詰め、昌江からかなりの証言を引き出しているが、昌江が見ず知らずの希和子を世話したのには、彼女と久美の母子関係によるところが大きいようだ。高校卒業後、久美は東京の専門学校にいきたいと訴えたが、父義一も昌江も反対し、半ば家出のように久美は上京している。親子間の連絡はとぎれ、六年後になって昌江は久美から「結婚する」という連絡をもらう。その年に久美が結婚してからは、途絶えていた親子関係は修復したかに見えた。久美は出産のため帰省し、長男が生後三ヵ月になるまで実家で暮らしている。東京に戻った久美は夫の両親と同居するのだが、昌江によく電話をかけてきては赤ん坊の様子のこと、子育てのことなどについて屈託なく話しており、久美が懸念していた同居生活にはなんの問題もないのだと昌江は信じて疑わなかった。

親子関係がまたもやぎくしゃくするのは、久美の離婚後である。久美は長男を連れて島に逃げてきた。このままだと子どもをとられてしまうと両親に訴えたが、昌江にしてみれば、それまでなんの問題もなく過ごしていると信じていた娘に、いきなり離婚した、子どもと匿ってくれとつめよられ、離婚に至ったのは久美の我慢が足りなかったからであり、親の身勝手で片親になる子どもは不幸だと説教してしまう。昌江は前向きに行動しろと言いたかったのだが、久美はその翌朝、行き先も告げず島を出ていってしまった。数ヵ月後、「裁判に負けて子どもをとられた」と素っ気ない報告の電話があっただけで、それ以降また音信不通になってしまった。

そんなところへ、久美の名を口にして希和子があらわれる。昌江は久美に対する罪悪感と、希和子が久美との橋渡しになってくれるのではないかという期待がない交ぜになり、深く詮索することもなく希和子を迎え入れてしまった。

女性ライターは、「野々宮希和子に対して何か言いたいことはないか」と公判時と同様の質問をしている。裁判の席で、これには無言だった昌江は、ずいぶん長い沈黙のあと、「あんたが野々宮希和子じゃなくて、宮田京子だったらどんなにいいかって、今でも思ってる」とぽつりと言った。

駅構内の観光案内所で紹介されたホテルに着いたのは、六時近くだった。空はもう群青色で、東京よりも少しばかり多く星が見える気がしたけれど、気のせいかもしれない。素っ気ないベッドで横になった千草は、リモコンをせわしなく押してチャンネルを変えている。

「ホテルって泊まるのはじめて」

窓の向こうの、ぽつぽつと続く民家の明かりを見下ろして私はつぶやく。

「ええ？　ほんと？」

「ラブホテルならあるけどさ。でもやっぱなんか違うね。ラブホテルのほうが落ち着くっていうか」

「それ、逆だよふつう」

千草はベッドで足をばたつかせ、笑う。

「だってさあ、うち、家族旅行とかしたことなかったもん。夏休みもお正月も、行事という行事はなんにもなかったよ。クリスマスにケーキ食べたりするらしいって知ったのは中学生のころだし、お誕生日は毎年祝ってもらえるものだって知ったのは岸田さんとつきあってからだしね」

できるだけ恨みがましい口調にならないように私は言った。実際私は、恨んでなんかいないのだ。よそはよそ、と父は言ったが、その通りだと今は思う。私は行事も記念日もない家に生まれた、というだけ。ほかの家族がごく自然にできる家族らしいふるまいのできなかった家庭だった、というだけなのだ。

千草は笑うのをやめ、「そんなの、私だってそうだよ。私なんか、自分の誕生日すら長いこと知らなかったよ。ホームでは、エンゼルさんに名前もらった日を祝うから」ぼそりと言った。

部屋に、居心地の悪い沈黙が広がる。千草のことをなんにも知らないと、今さらながら気づく。千草は私のことばかり訊くが、自分のことはめったに話さない。口を開けば部屋の空気はもっと居心地悪くなるだろうと思ったが、私はベッドに腰かけ、声を出した。

「千草のおかあさんはさ、どうしてエンジェルホームに入って、どうして出ていくことにしたわけ」

千草はベッドに横たわったままテレビのリモコンをいじっていたが、ふとテレビを消すと、言った。「私が三歳のとき、母、子宮筋腫になったの。手術して子宮を摘出したわけなんだけど、退院してふつうに暮らしはじめてね、何かで父と喧嘩になったとき、おまえなんかもう女じゃないくせにって父が言ったんだってさ。母はずっとそれが忘れられなかったらしいんだよね。私にはその感覚ってわかんないけど、ものすごいショックだったんだって。あそこ、自然食を巡回販売してたでしょ？　それで施しに……って、品物を売りにくるメンバーと話すようになって、私を連れて家を出たの。たぶん私が五歳くらいのころ」

「そのころのこと、覚えてるんだ」

「ううん。覚えてないよ。父親のこともほとんど覚えてない。私はもう、ものごころついたときはホームにいたって感じ。ぜんぶあとから聞いたの。母、ホームにいくまえに裁判に持ちこんでやるって父を脅して、離婚届書かせて財産分与までしてもらって、それぜーんぶ持って、ホームに逃げこんだってさ。私が覚えてるのはね、母親と眠れなかったことかな。ルーさん……野々宮希和子がくるまで、親子関係もあそこは否定してたから、親と子どもと引き離されて、別の女たちと寝るわけ。親のことをママとかおかあさんとか呼んでもいけなかったし。それはつらかったな。毎晩泣いてたのは覚えてる。あそこの女の人たちさ、たいていやさしかったけど、なんていうかかりかりした人もいたしね。暴力なんかはなかったけど、泣きやまないからって怒鳴られたこともあるよ。ずっと放っておかれたこともある。かと思うと、ぎゅうっと抱きしめて子守歌うたう人もいたりね。帰りたい、帰りたいって、最初のうちはそればっかり考えてた。父がいて母がいて、その二人が私のものだった場所に帰りたいって。へんな名前で呼ばれるのもいやだったし、お菓子もおもちゃも充分にはないし。でも、子どもに何ができる？　慣れる以外、なんにもできやしないよ」

千草はそこで言葉を切って、天井をじっとながめた。そこに何かが映っているかのように眺めるので、私もつられて天井を見上げる。間接照明に照らされた薄い橙色の四角があるきりだった。

「慣れればいろんなことがどうでもよくなった。ていうか、どうでもよくならなきゃ暮らしていけないんだよ。泣かなければ叱られないし。母親以外にも好きな人はできた。それに、あんたがきてくれてうれしかった。あんたはおとなしい静かな子でさ、妹ができたみたいでうれしかったな。よちよちよくあとをついてきて。ま、あんたはなんにも覚えてないだろうけどね。

八七年に、行政の立ち入りがあったのはもう知ってるよね？　スクールの子どもたちは地元の学校に通うように指導されて、それで終わりかと思ったんだけど、マスコミが騒いじゃったから、それを受けて警察の任意捜査も続けてあったの。あのころはとにかくざわついてたのを覚えてる。門の外にはカメラ持ったマスコミがうようよしてたし、娘を返せとか財産を返せとかいう人たちが連日門の外で騒いでね。法に触れるようなことをしていたわけじゃないから、なんの問題もなかったんだけど、その騒ぎのせいで、一時期内部が不安定になったんだよね」

千草は爪を噛み、続ける。

「ホームの女たちって、自分で考えることをことごとく放棄させられるのね。放棄できない人は追い出していく。だからそんなふうに外部から立ち入りが入ったり、マスコミが押しかけてくると、なんていうか、もう頭真っ白になっちゃうの。そんで女ばっかでしょ？　冷静さを失ってちょっとした噂にもすぐ左右されちゃうんだよ。外の世界を必要以上に敵視して、自分たちの場所を異常なほど神聖化しはじめて、それまではめったになかった対立なんかも目立つようになって。スタディって呼ばれてる反省会みたいなものがあるんだけど、だんだん険悪になってくわけ。だれそれが仕事さぼったとか、悪口言ったとか、だれかを排除するためにつるし上げてくわけ。そうやってバランスを保ってたのかな、あのころは。これはもちろん、あとで調べていろいろわかったんだけどね。でもそのころ私はもう十歳超えてたからさ、いやな雰囲気っていうのはよくわかった。あんたたちは、こういうふうになるのをわかっててどこかにいったのかなあって、子ども心に思ってた。だれもあんたがいなくなった理由は教えてくれなかったから。それで、母もさ、そうしてつるし上げられたんだよね。その理由、大人になってから聞いたけど、ぶっ飛んだよ」

千草はそこで言葉を切り、足をばたつかせて笑いだした。いきなり上半身を起こし、ベッドの上にあぐらをかく。

「オナニーしてる、ってのがその理由」

千草は私を見据えて言い、今度は背をのけぞらせて笑った。

「何、それ」

「何それって話だよね。夜な夜なダンさんはオナニーしてる、俗世のことを忘れてない、ホームが汚れるって、つるし上げられたわけ。私、母からそれ聞いたとき、もう二十歳過ぎてたけどさ、マジで訊いたよ、してたの？　って。そしたらね、違うんだって母は言うわけよ。別れた夫の写真をミニアルバムにして持ってたんだって。結婚前の写真とか、結婚式のとか、あと赤ん坊の私と家族で写ってるのとかね。ずっととっておいて、いつか私に見せてやろうと思ってたんだって。それが見つかったらしいんだよね。ホームはさ、子どももできない人とか、結婚したくてでもできなかった人とか、不倫の人とか、まあ、わけあり女がうじゃうじゃいるわけでしょ。最低限の荷物以外手放さなきゃいけないのに、母がそんな、一見幸せいっぱいのアルバムを大事に持ってることをおもしろくなく思う人もいたんじゃないの。

女たちって、うまくいってるときは本当におだやかにうまくいくけどさ、何かあるとばらばらになったりもするでしょ。あのときはいちばんホームが荒れていたころだから、母はかなり陰湿にはじかれたあと、体《てい》よく追い出されたんだよね。俗世でもう一度ワークしてこいってのが、追い出すときの常套句なんだけど。で、無一文のまま私といっしょにお払い箱ってわけ。性差はないとか、真の解放とか、ご大層なこと言うわりには、ずいぶんみみっちいことで迫害を受けたもんだよ。ま、そのおかげで私は出られたんだけど」

千草は言い、ヒステリックな笑い声をたて、ふいに黙りこんだ。

「それで、それからどうしたの」千草がなんにも話し出さないので私は訊く。うつむいてテレビのリモコンをいじっていた千草は、ちらりと私を見、またばったりとベッドに倒れこむ。

「横浜の母の実家に戻ってさあ。でも母はホームに入ったとき勘当されててね、もうまいんちばあちゃんとバトル。しかも、私と顔を合わせると、ばあちゃんの愚痴とホームの悪口。もう、私に言うなって話だよ。自分の勝手で入ったところだろって。私も学校になじめなくて、それどころじゃなかったしね。今でこそなんにもなかったみたいに円満にやってるけど、私は忘れられないよ、あのころのこと」

「それ、わかる」私は思わず言った。ベッドに寝転がっていた千草はちらりと私を見る。「母親がさ、なんでもかんでも話してくると、なんていうかげんなりしちゃうんだよね。ぜんぶ自分のせいみたいに思うし」

「そう！　そうなんだよ。私は勝手に連れてかれただけなのに、母がホームのこと悪く言って泣いたり悔やんだりするたんびに、なんだか自分がいけなかったみたいに思えて、それがつらかった」

千草も私もなんとなく黙った。その沈黙のなかで、私は千草の過去を思った。あの塀の内側しか知らなかった子どもが、高い建物や人の多さに圧倒されながら電車を乗り継ぎ、知らない町に着き、知らない人を祖母だと言われ、着慣れない制服に身を包み学校に通うさまを思い描いた。私の空想のなかで、千草はいつのまにか私自身になっていた。いつも静けさに囲まれていた小学生の、中学生の私。

「なんかおなかすいたな」

沈黙が居心地悪くなり、私は言った。

「さっき夕ごはん食べたばっかじゃん」

話題が変わって千草もほっとしたように、明るい声を出す。

「甘いもの食べたいな。ロールケーキとか」

「しょうがないなあ。買ってこようか?」

「私もいっしょにいく」

私はカーテンを閉め、千草といっしょに部屋を出る。

夜の空気は東京よりずいぶん尖っていた。寒さがきりきりしている。通りの店はほとんどシャッターをおろしている。静かだった。千草と並んで歩いていると、妊娠判定薬を買ったときのことを思いだした。たった三カ月前のことなのに、大昔みたいに思えた。あのときと、今と、それくらい遠く離れたところに立っている気がした。

コンビニエンスストアの白い明かりが、夜ににじむように光っている。私はそれを見つめて千草に訊いた。

「ねえ、あの女はもうとっくに刑務所を出てるんでしょ? 今どこにいるの?」

「編集の人が調べてくれたところによると、九六年には出てきてる。私の知ってるところだけじゃなく、いろんなマスコミが最初は彼女の行方を追ってたみたい。ひょっとしたら今も居所を知ってるマスコミもいるのかもしれないけど、私の知ってるかぎり、今はどこにいるかわかってない。五年前、希和子を担当した弁護士に希和子から葉書がきて、その住所は東京だったみたい」

「東京」

思わず私は声をあげた。東京であの女が暮らしている可能性もあるのか。ということは、気づかずあの女とすれ違っている可能性もないわけではない。肌の内側に鳥肌がたつような感じだった。おなかで赤ん坊がごろごろと動き、あわてて撫でさする。だいじょうぶだよ、と思わず心の内で話しかけている。

「でも私はそれ、カモフラージュだと思う。希和子は東京にはいないと思う」

やけにきっぱりと千草は言う。

「なんで」

「だって、希和子は東京に、いい思い出なんてひとつも持ってないじゃん」

コンビニエンスストアに入ると、もわっとあたたまった空気が私たちを包む。おでんのにおいが充満している。

「じゃ、どこにいると思うの」

デザートの棚に向かいながら私は訊いた。

「小豆島」

黄色いかごを手にした千草はさらりと答え、私はのばしかけていた手をひっこめて千草を見つめる。

「なんでよ」

「エンジェルホームから逃げた小豆島には、東京に比べていい思い出がたくさんあると思う」

「だけど」

反論しかけたとき、「ちょっとォ」と後ろから声をかけられた。棚の前で言い合いをしている私たちを、若い女が迷惑そうな顔でにらんでいる。すみません、と私たちはあわててスペースを空ける。彼女がレジへと向かってから、私たちは無言のまま棚に手をのばし思い思いのデザートを黄色いかごに入れた。

千草が財布を出したので、私はそれを制して自分で支払った。交通費は自分で出しているが、宿泊費や食事代は千草が出している。必要経費だもん、と千草は笑っていたが、なんでもかんでも払わせるのは気が引けた。

コンビニエンスストアを出ると、暖房であたたまった体はすぐに冷えた。

「だけど、島の人たちをだますようなことをしておいて、しれっとして帰っていけるかな」

ホテルまでの暗い道を歩きながら、私はさっきの続きを口にした。

「たしかにね。だから小豆島の、知り合いがいない地域とか、もしくはほかの瀬戸内の島とか」

はっとして私は千草を見た。千草もつられて立ち止まり、きょとんとした顔で私を見る。

「もしかして、千草」

私の出した声は震えていた。

「もしかしてあんた、本当はあの女の居場所を知っていて、私を会わすつもり？　そんでそれを安っぽい小説みたいに書くつもり？　それで旅行にいこうなんて私を誘ったの？　お金を出してくれてるのも、そのためなの？」

おさえているつもりなのに、私の声はどんどん大きくなり、最後は怒鳴り声になった。自転車で通りかかった男が、幾度もふりかえって私たちを見ていた。

「そんなつもり、ないよ。私は本当に希和子の居場所なんか知らないし」

弱々しい声で千草は言った。私はぷいと横を向き、ホテル目指してずんずん歩いた。急ぎ足で千草がついてくるのが見なくてもわかった。コンビニエンスストアのビニールがこすれるかさかさした音がずっと背後で聞こえたから。

ホテルの部屋に戻るやいなや、私は千草の鞄の中身をベッドにぶちまけた。はじめて会ったときから彼女が抱えていたノートを見つけ、胸に抱く。

「何すんのよ」

クロゼットの前に立ち尽くし、千草は相変わらず弱々しい声を出す。

「やっぱり私のことなんか書かないで。本なんか出版しないで。めずらしいものみたいに扱わないで！　やっと逃げ出せたのに元の場所に戻さないでよ！」

私に子育てなんかできるはずがないじゃないか。だって知らないのだ、母親というものがどんなふうなのか、自分の子どもをどんなふうにかわいがって、どんなふうに叱って、どんなふうにあやして、どんなふうに仲良くなって、どんなふうに誕生日を祝ってやるのか、私は知らないのだ。私が知っているのは、母親ではないだれかの影と、そして得体の知れないものを見るように私を見た母だ。

　年だけとって、アルバイトをして、家を出て、恋愛をしてセックスをして、それでも私は、私のなかの一部は、新幹線に乗せられ見知らぬ人にホテルに連れていかれたときのまんまだ。おしっこをもらしたあのときとおんなじに、立ちすくんだままなのだ。そんな私がどうして子どもを産めるなんて思ったのだろう。私の産んだ子どもは、早晩私を憎むだろう。私が誘拐犯を憎んだように、母らしくない母を憎んだように。

　千草はじっと私を見ていた。次の瞬間顔をゆがめ、泣き出すのかと思ったら、千草は笑いだした。笑いながら近づいてきて、私のおなかに両手をのばしてくる。

「ね、ね、さわらせて。赤ちゃん触らせて」

「何よ、人がまじめに話してんのに！　私の話、聞いてるの？　本なんか書くなって言ったんだよ、こんなノート破ってやるよ！　おもしろがってるだけのくせに！　馬鹿みたいに妊娠して、母親になれるはずもないのに産むって言い張ってる私のこと、心のなかでは笑ってるんでしょ！さすがあの女に育てられただけのことはあるって、おもしろがってるんでしょ！」

　千草はかまわず私のおなかを撫でまわし、いきなり床に膝をついておなかに耳をくっつけてくる。何すんの、と肩をつかんで引き離そうとしても、両手でがっしりと私の腰を押さえ、ぺたりとおなかに横顔をくっつける。

「私、あんたにはじめて会ったときにそう言われるかと思ったんだよ」

おなかに耳をくっつけたまま、静かな声で千草は言った。

「帰れ、なんにも話すもんかって。だけどそうじゃなかった。私はあんたがこわかったよ。あきらめたみたいに全部引き受けて、他人のことみたいに自分のことを話すあんたがこわかった。だから、そんなノートなんか、いくら破ったってかまわないよ。私は今、やっとあんたがこわくなくなった」

「何言ってんの」千草の肩をつかんだまま私は言った。「意味わかんない」声はかすれていた。「こんなところ、くるんじゃなかったよ。小豆島なんかいきたくないよ。明日、朝になったらひとりで帰る」

「ねえ恵理菜。あんたは母親になれるよ。ナントカさんて人と、いっときでも恋愛したんでしょ。自分が好かれてる、必要とされてるってわかったんでしょ。だったら母親になれる」

ひざまずき私のおなかに横顔を押しつけたまま、ちいさな子どもをなだめるような口調で千草は言う。「自信なかったら私がいっしょに母親やってあげてもいいよ。私なんかじゃ頼りにならないかもしれないけど、だめ母でも二人いれば、少しはましなんじゃないの」

千草は目を閉じてゆっくりと呼吸をしている。暖房がぶーんと低い音で鳴っている。

「へんな施設で育ったこと、ずっと私には負い目だった。選んだわけじゃないんだし。でもさ、あんたが妊娠してから考えたんだ。あそこでは大人はみんな母親だった。好きな人も苦手な人もいたけど、全員母親だった。ふつうの子どもには母親はひとりしかいないのに、私はあんなにもたくさんの母親を持ったことがある、だからきっと、あんたが子どもを産んだら、私も母親その二になってあんたの手助けができるに違いないって。男の人を好きになったことも好かれたこともないけどさ、でも私にだってきっとうまくできるって、そう考えたんだ」そこで言葉を切り、大きく深呼吸して、千草はつぶやいた。「私、自分が持っていないものを数えて過ごすのはもういやなの」

私の前に膝をつき、私を抱くようにおなかに横顔をつけている千草のコートに、ぽつりと水滴が落ち、自分が泣いていることに気がついた。背をまるめた千草のコートが、まるで雨粒を吸いこむアスファルトのように、ぽつぽつと濡れていく。千草、わかってる。わかっているんだ、千草。あなたが、おもしろがって本を書こうとしたのではないことくらい。めずらしいものみたいに扱おうとしたのではないことくらい。だってあなたは、書けなかったじゃないか。ホームから出産費用を出してもらって子を産んだ人のことを書けなかった。その人を傷つけるのがこわくて書けなかった。あなたが書こうとしているのは、私の物語ではなくて、あなた自身の物語だってことくらい、わかっているんだ。こわいだけだ。自分の過去と向き合うのが、未来と向き合うのが、こわいだけ。

「前に、死ねなかった蝉の話をしたの、あんた覚えてる？　七日で死ぬよりも、八日目に生き残った蝉のほうがかなしいって、あんたは言ったよね。私もずっとそう思ってたけど」千草は静かに言葉をつなぐ。「それは違うかもね。八日目の蟬は、ほかの蟬には見られなかったものを見られるんだから。見たくないって思うかもしれないけど、でも、ぎゅっと目を閉じてなくちゃいけないほどにひどいものばかりでもないと、私は思うよ」

秋に千草と見上げた公園の木を思いだした。闇にすっと立っていた木に、息をひそめる蟬をさがしたことを思いだした。あの女、野々宮希和子も、今この瞬間どこかで、八日目の先を生きているんだと唐突に思う。私や、父や母が、懸命にそうしているように。

「なんか、聞こえる？」

私は訊いた。

「心臓の音が聞こえるけど、あんたのか赤ん坊のか、わかんないな」

やけにまじめくさって千草は言った。おなかに耳をつける千草の姿が、雨の向こうにあるみたいににじむ。しゃくりあげ、鼻をすすり、ぽたぽたと水滴を落としながら、私は千草の言葉を何度も反芻する。

あんたのか赤ん坊のか、わかんない。

私も赤ん坊も、おんなじように心臓を動かしているんだと、そんな当たり前のことにあらためて気づく。私も千草のように自分のおなかに耳をつけ、聞きたかった。赤ん坊が生きている音を。私が生きている音を。

希和子発見につながったのは、アマチュアカメラマンによる一枚の写真だった。小豆島の行事を写した一枚が新聞の地方版で賞をとり、全国版に掲載された。泣いている子どもに顔を近づける希和子が、斜めのアングルで撮影されている。希和子はよほど警戒を解いていたのか、子どもに気をとられていたのか、自分に向けられたカメラにはまるで気づく様子もない。

当時働いていた生命保険会社で秋山丈博はその新聞を見、自宅に持ち帰っている。その日の夜、秋山夫妻は警察に連絡を入れる。

八八年九月十九日、希和子は小豆島の草壁港でフェリーを待っていたところを逮捕された。高松まで逃げるつもりだったと告白している。希和子が連れていた幼児は無事保護された。健康状態は良好で、身長体重ともに四歳児の平均を少しばかり上まわるほどだった。

不倫相手の子どもを誘拐し、三年半も逃亡生活を続けたこの事件は、その日の午後には速報として流れ、夕刊、翌朝刊の一面を飾り、ジャンパーを頭からかぶり連行される希和子の姿は、連日ワイドショーでも取りあげられた。

第一回公判は、希和子逮捕の二カ月後、八八年十一月に東京地裁で行われ、九〇年十二月に裁判は結審している。希和子は終始一貫して罪を認め、事実関係では争っていない。

最初は否定していた放火についても、のちに「ストーブを故意に蹴倒《けたお》さなかったとは言い切れない」と、あいまいな表現に変わった。

希和子の学生時代の友人の証言からじょじょに明らかになった丈博と希和子の関係、恵津子のつかの間の浮気、希和子への嫌がらせなどは、週刊誌に格好のネタを提供し、ずいぶん書きたてられた。丈博が希和子を心身ともに玩んだように書いた記事や、双方浮気をしていた仮面夫婦としての秋山夫妻、恵津子の嫌がらせなどに焦点を当てた通俗的な記事はことのほか多く、世間では希和子よりも彼らに対する断罪の声があがるほどだった。秋山夫妻は取材陣に対して、「匿名の電話や手紙に、精神的に参っている」と漏らしている。

検察側は「きわめて身勝手で利己的な理由から乳児を誘拐、計画的な逃亡、もっともかわいい時期である幼児期の姿を両親から取りあげ、しかも逮捕時にはさらに逃亡を図っていた。両親に与えた精神的苦痛ははかりしれず、誘拐された子どもの心の傷が生涯残ることも懸念される。まるで被害者の両親にこそ非があるように陳述し、現在に至るまで被告人は反省の弁も、謝罪の意もあらわしていない。全面的に犯行を認めている点、幼児の世話をしていた点を斟酌《しんしゃく》したとしても、被告人の刑事責任はきわめて重大である」と述べ、希和子に現住建造物等放火と幼児誘拐の罪で懲役十二年を求刑している。

論告求刑が行われた第十二回公判の席で、被告人である希和子は、「具体的に謝罪したいことがあるか」と裁判官に言われて、こう述べている。

「自分の愚かな振る舞いを深く後悔するとともに、四年間、子育てという喜びを味わわせてもらったことを、秋山さんに感謝したい気持ちです」

感謝ではなく、謝罪の気持ちはないのかとさらに訊かれ、希和子はようやく「本当に申し訳ないことをして、お詫びの言葉もありません」とちいさな声で言った。

二年に及ぶ裁判のなかで、これは希和子が口にした、最初で最後の謝罪の言葉だった。翌朝の新聞は「野々宮被告場違いな感謝　反省の色なし」「子育て喜びだった　逃亡劇の終焉」などと報じている。

裁判官は、争点となった放火の有無については「過失によりストーブが倒れたという可能性も捨てきれない」として、希和子に懲役八年の判決を下した。


午前中、ホテルをチェックアウトして奈良から大阪に出、さらに新大阪に出て新幹線に乗った。朝になったらひとりで東京に帰ろうと昨日の夜は思ったが、新大阪から東京行きののぞみに乗るのも気が進まなかった。せっかくここまできたんだから、と千草に背を押されるように、チケットを買い博多行きののぞみに乗りこんだ。けれど電車がいざ走りはじめると、どんどん気持ちが後ろ向きになるのがわかった。

幼いころ、いっとき過ごした島。かつて八王子のアパートを出て、ひとり歩いて帰ろうとした島。住宅街のずっと先に、きっとあると信じた場所。

そこへいけばもしかしたら、ときおり夢にあらわれたり、目の前をさっとかすめていく、輪郭のぼやけた景色を、現実に見つけられるのかもしれない。ほとんど覚えていない記憶が、鮮明にあぶり出されてくるのかもしれない。

でも、私はこわかった。私を知っている人々がそこにいることがこわかった。なんで今さらやってきたのかと、問いつめられるのがこわかった。封じこめていた忌まわしい日々が、現実だったと証明されるのがこわかった。けれど、こわいから帰りたいと千草には言えなかった。彼女を残して、一人だけ逃げ帰るわけにはいかなかった。私は窓に額をつけて、ひゅんひゅんと流れ去る景色を見つめた。そうしているとなんだか四歳に戻っていくような気がした。光景の流れる速度がこわくて決して窓を見られなかったあの日に。

「どうした、具合悪い？　おなかすいた？　なんかお菓子買ってこようか」

じっと黙って窓の外を見据えている私に、心配そうに千草が声をかける。私は千草を安心させるために笑いかける。

「なんか、道ってずっと続いてるんだね。座ってるだけで遠くまでいける」そう言ってみると、

「何子どもみたいなこと言ってんの」と千草は笑った。「修学旅行とか、いったんでしょ」

「いかなかった」

私は答える。小学校のときは仮病を使ってずる休みした。中学のときは、本当に熱が出た。高校のときは、行き先が広島だと聞いて、やっぱりずる休み。広島にいくには岡山を通過しなくてはならない。あのころは、死んでもいきたくない場所だった。

「へえ、一回も？」

「うん、一回も」

私は答えて、窓の外を眺める。

東京からどこかに出ていくことがあるなんて、今まで本当に思いもしなかった。それくらい私は恐れていた。道が続いていて、それが過去とつながっていると確認することを。

この短い旅行から帰ったらいろんなことをちゃんとするんだと決めたことを思い出す。母親になる準備をして、大学はどうするのか、仕事はどうするのか、ひとつずつきちんと考えるんだ、そのためにお金まで借りてここまできたんだと、自分に言い聞かせるように思う。

新幹線は岡山に到着し、ホームに降り立つ。私はそこで立ち止まり、ゆっくりと深呼吸をして周囲を見渡す。立ち止まる私の横を乗客たちが通りすぎていく。女性グループは華やかな笑い声をあげて、サラリーマン風の男たちは足早に。

知っているものは何ひとつない。見知らぬ人に囲まれ電車に乗る子どもを思い描くことはできるが、それは自分の記憶にうまく重ならない。

「荷物、持つから貸して」

私は言われるまま、千草に鞄を預けた。

「岡山港までタクシーでいこう」

千草は私をかばうように、ゆっくりと改札に向から階段を下りていく。赤ん坊がいきおいよくおなかを蹴る。まるで、先にいくのをこわがる私の気持ちを代弁するように。

「おじょうさんたち、東京から来たん？」

タクシーに乗りこむやいなや、年老いた運転手がにこやかに話しかけてきた。はい、そうです。千草が答えているのを聞きながら、私はまた窓の外を眺める。広々とした道路、競うようにそびえるビル、東京よりは広い空。

「岡山港いうことは、小豆島」

「ええ、観光旅行」

「そうじゃ。岡山も見てまわったん？　おえんよ、ちゃんと見ていかんと。倉敷歩いて、後楽園見て。バラ寿司食べにゃ。バラ寿司おいしいよーゆうて東京の人に教えてあげにゃ」

運転手は快活に笑い、千草もいっしょに笑っている。中心街を抜け、タクシーは川沿いを走りはじめる。ぬるりとしたものがこめかみを伝い、人差し指で触れると、汗だった。額に手をあててみるとじっとりと濡れていた。川幅が広くなる。陽射しを吸いこんでちらちらと揺れるように光っている。水面だけ見ていると夏になったような気がする。波打つようにおなかがぐにゃりと動き、私はとっさに両手でおなかを包む。私の動揺を感じとって、赤ん坊が足や肘でしきりに何か訴えているように思える。だいじょうぶ、こわくない、こわくないよ。心の内でそう話しかけている。

やがて前方に海が見えてくる。停泊するフェリーが見える。タクシーはフェリー乗り場の駐車場にすべりこむ。

「おなかの子が生まれたら、連れてきてあげてーよー、バラ寿司食べさせてあげてーよー」

千草から紙幣を受け取りながら、老いた運転手はフロントミラーで私に笑いかけた。ありがとう。私は笑って言ったつもりだったが、声はかすれ、顔は引きつっていた。

タクシーを降り、両手に鞄を提げて歩く千草のあとを歩いていた私は、視界がぐらつくのを感じてその場にしゃがみこむ。

「ちょっと、だいじょうぶ?」気づいた千草が走り寄ってくる。「疲れた? どっか痛い? 待合室で休む? それとも病院にいく?」しゃがみこみ早口で訊く。

「平気。めまいがしただけ」私は言い、千草につかまるようにして立ち上がる。

おもては陽が降り注いで明るいが、待合室はぼんやりと暗かった。ベンチが列になって海を向いている。待合室は空いていて、ベンチには、おばさんがひとり、段ボール箱を足元に積み上げたおじさんがひとり座っているだけだ。

千草がチケットを買いにいっているあいだ、私は前方の座席に腰かけ、おなかを撫でさすりながら、さらさらと明るい海を見る。水色の上《うわ》っ張《ば》りを着た女が、背を丸めて熱心におもてを掃いている。スーツ姿の男がやってきて私の前の列に座り、携帯電話を取り出しメールを打ちはじめる。売店のおばさんがタクシーの運転手と談笑している。

突然、今目の前にある光景と、目の前にはない光景が混じり出す。メールを打つサラリーマン、凪いだ海に浮かぶ島々、一心不乱に掃除をするおばさん、カーテンのように吊り下がった真っ白い素麺、停泊しているフェリー、暗闇にぴかぴかと光を放つビニールハウス、フェリーから下りてくる乗組員、鎖を握り岩の崖をよじ登っていく女のうしろ姿、光景は順不同に混じり合ってあふれるように次々とあらわれる。

知っている、と気づく。思い出す必要もないくらい私は知っている。あの日、知らない人に連れられてこの場所に着いたとき、すっと消えた色とにおいが、押し寄せるようにいっぺんに戻ってくる。その勢いに私はたじろぐ。

橙の夕日、鏡のような銀の海、丸みを帯びた緑の島、田んぼの縁に咲く真っ赤な花、風に揺れる白い葉、醬油の甘いなつかしいにおい、友だちと競走して遊んだしし垣の崩れかけた塀、望んで手に入れたわけではない色とにおいが、疎ましくて記憶の底に押しこんだ光景が、土砂降りの雨みたいに私を浸す。薫。私を呼ぶ声が聞こえる。薫、だいじょうぶよ、こわくない。

そんなものは何ひとついらなかった。凪いだ海も醬油のにおいも別の名前も。何ひとつ望んでおらず、何ひとつ選んだわけではない。それなのに私は知っている。自分からは一度も訪れたことのない場所の記憶を、こんなにも持っている。こんなにもゆたかに持ってしまっている。

八日目の蟬は、ほかの蟬には見られなかったものを見られるんだから。見たくないって思うかもしれないけど、でも、ぎゅっと目を閉じてなくちゃいけないほどにひどいものばかりでもないと思うよ。

昨夜聞いた千草の声が、耳のすぐ近くで聞こえる。

掃除のおばさんが立ち止まり、じっとこちらを見ている。目が合うと、あわてて顔をそらし、箒を動かす。日向のなか、土埃がくっきりと舞っている。自分が泣いていることに気づく。私はあわててコートの袖口で両目をこする。

手放したくなかったのだ、あの女とのあり得ない暮らしを。ひとりで家を出てさがしまわるほどに、私はあそこに戻りたかった。でも、それを認めてしまうことができなかった。あの女のもとに戻りたいなんて、たとえ八つ裂きにされても考えてはいけないことだと思った。私は世界一悪い女にさらわれたのだ。私が家を好きになれないのは、父と母が私に背を向けるのは、すべてあの女のせいだと思えば、少しだけ気持ちが楽になった。楽でいるために私はあの女を憎んだ。あの女の存在を私たち家族のなかにひっぱりこんだ、父と母をも憎んだ。憎むことで私は救われ、安らかになれた。

憎みたくなんか、なかったんだ。私は今はじめてそう思う。本当に、私は、何をも憎みたくなんかなかったんだ。あの女も、父も母も、自分自身の過去も。憎むことは私を楽にはしたが、狭く窮屈な場所に閉じこめた。憎めば憎むほど、その場所はどんどん私を圧迫した。

「あともう少しでフェリーの時間だよ」

ぱんぱんに詰まったビニール袋を手に戻ってきた千草は、コートの袖口で顔を拭う私に気づき、言葉を切って隣に腰かける。なだめるように軽く私の膝を叩く。千草が自分の膝に乗せたビニール袋をちらりと見ると、スナック菓子やチョコレートや、パック入りの海苔巻きが透けて見えた。千草は袋から缶コーヒーを取り出して私に手渡す。受け取るとそれはあたたかかった。

「公園で、おなかに子どもがいるってわかったとき」

遠くから自分の声が聞こえた。だれかほかの人の声みたいに聞こえた。

「おろそうって思ったの。岸田さんには頼れないってわかってたし、いろんなことが無理だって思った。母親になりたいなんて、思ったこともなかったしね。おろすことも、べつにこわくなかったんだよ」

うん、とちいさく千草がうなずく。

待合室に音楽が鳴り響く。フェリーの乗船をはじめるとアナウンスが入る。ちいさな子どもの手を引いた母親が待合室に入ってくる。売店の前で子どもは立ち止まり、母親に呼ばれても動かない。私の前に座った男の人は携帯電話をポケットにしまい、立ち上がる。段ボール箱を抱えたおじさんも、それらを持ち上げ待合室を出ていく。千草と私は立ち上がらず、待合室を出ていく彼らのうしろ姿をぼんやりと目で追った。

「病院に調べにいったときも、その場で手術の日取りを決めるつもりだった。だけどね、千草、おじいちゃんの先生がね、子どもが生まれるときは緑がさぞやきれいだろうって言ったの。そのとき、なんだろう、私の目の前が、ぱあっと明るくなって、景色が見えたんだ。海と、空と、雲と、光と、木と、花と、きれいなものぜんぶ入った、広くて大きい景色が見えた。今まで見たこともないような景色。それで私ね、思ったんだよ。私にはこれをおなかにいるだれかに見せる義務があるって。海や木や光や、きれいなものをたくさん。私が見たことのあるものも、ないものも、きれいなものはぜんぶ」遠くから聞こえる声は、まるで自分自身をなぐさめるみたいに響いた。「もし、そういうものぜんぶから私が目をそらすとしても、でもすでにここにいるだれかには、手に入れさせてあげなきゃいけないって。だってここにいる人は、私ではないんだから」

待合室にフェリーの出発時間が近づいていることを知らせるアナウンスが流れる。

「どうする、次まで待つ?」千草が心配そうに訊く。

「ううん。乗ろう」

私は缶コーヒーを握りしめて、おなかをかばうようにして立ち上がる。

何かを買えと言って、売店の前で子どもが泣きはじめる。母親はしばらくしゃがみこんでなだめていたが、あきらめたのか子どもを抱え上げ、フェリー乗り場へと向かう。子どもの泣き声がひときわ大きく響く。私のぶんの荷物も持った千草に続いて待合室をあとにするとき、だれかが私の名を呼んだ気がしてふりかえった。

掃除のおばさんが売店の人と笑顔で話しこみ、後ろの方の座席にいたおばさんは、フェリーには乗らないのか身じろぎもせず座ったままだった。

「どうかした?」

数メートル先で千草が立ち止まって訊き、

「ううん、なんでもない」

私はゆっくりと歩きだす。ひさしの外に出ると、冬なのに陽射しは強く、思わず目を細める。

フェリーの内部は平べったく、ずらりと並んだ座席はほとんどが空いている。前方の窓際に座る。千草は私の隣で、買ってきたものを広げはじめる。サンドイッチやおにぎりまで袋から出てくる。

「ずいぶん買ったんだね」

私は思わず笑ってしまう。

「だって、あんたすぐおなかすいたって言うんだもん。二人ぶん食べなきゃいけないわけでしょ。もっと太ってもいいって、お医者さんも言ってたんでしょ」

千草は言いながら、サンドイッチを私に押しつける。薄いビニールの袋を開き、私はそれを口に含む。

やがて、尻の下が震動し、フェリーがゆっくりと方向転換をする。埃で曇った窓に額をつけると、暗い待合室が一瞬見えて、背後に流れた。

「意外と揺れないんだね」

海苔巻きを食べていた千草が、窓の外をのぞきこむ。

「だって瀬戸内の海だもん」私は言い、言ってから驚いた。まるで自分ではないだれかが私の口を借りて言った言葉みたいだった。自分ではないだれかは、その一言を合図のようにして話しはじめた。人の話を聞くみたいに私は自分の声を聞いた。

「あのね、千草、瀬戸内の海、すっごい静かなんだよ。ほんと、なんか、鏡みたいなんだ。その鏡にさ、何が映ってると思う？　それがね、なあんにも映ってないんだよ。雲も、まわりに浮かぶ島も、不思議なくらいなんにも映ってない。なんにも映んない鏡なの。ただ、し―んと銀色なの。その銀色の上をさ、さらさらさらって撫でるようにして、陽が沈んでいくんよ。ぽこぽこ突き出た島が、ゆっくりとシルエットになっていくんよ」

なんで私はこんなことを言っているんだろう。不思議に思いながら、同時に私は納得もしていた。この子を産もうと決めたとき、私の目の前に広がったのは、その景色だったのかもしれない。海と空と雲と光と。

新幹線のなかで感じた恐怖が、今、自分のなかにこれっぽっちも残っていないことに私は気づく。だいじょうぶ、きっとだいじょうぶと、何か大きな手のひらが、背中をさすってくれているように感じた。

そう、だいじょうぶ。なんの心配もいらない。子どもが生まれたら立川の実家に戻ろう。母親になれなかった母と、どんな人を母というのか知らない私とで、生まれてくる赤ん坊を育てよう。父であることからつねに逃げ出したかった父に、父親のように赤ん坊をかわいがってもらおう。もし両親が役にたたなくても、私がだめ母でも、千草がいる。真理菜もいる。そうしたら私は働くことができる。働いて、赤ん坊にかわいい服を着せて、おいしいものを食べさせて、なんの心配もいらないんだということを教えてあげよう。あの人に――岸田さんに会いたくなったら、生まれた子どもを強く強く抱きしめよう。岸田さんが私にそうしてくれたように、世界でいちばん好きだと赤ん坊の耳に幾度でもささやこう。そうしたら私は岸田さんを憎まなくてもすむだろう。きっとだいじょうぶ。

「じゃあ今日は、夕日が見えるところに泊まろう。あるかな、そんな宿」

千草は海苔巻きを頬ばりながらガイドブックを開いている。

「あるよ、きっとある。もし宿から見えなくても、ぐるりと四方が見渡せる山があるよ。日暮れまでにそこにのぼれば、太陽が海に沈むのが見えるよ。山下りてくると、猿がいっぱいいるんよ。あれ見たらきっと千草はびっくりするな。あとな、古い木造の学校がある。古いオルガンがあって、ちいさな机が並んでんの。今日無理だったら明日いこう。教室も入れるし、学校の裏が海になってる」

口を開くたびに、自分の言葉が扉を開けるみたいに新たな光景を見せた。私は夢中でしゃべっていた。千草は目を見開いて私を見、そうして笑いだす。

「それじゃ観光旅行だよ。観光旅行でも、まあいいんだけどさ」

「そうだよ、観光しよう、めいっぱい。子どもが生まれたら、とうぶん旅行なんかは無理なんだから」

窓の外に目を向ける。海に浮かぶ緑色の島々が、どんどん背後に流されていく。空は透き通って高い。海面は陽射しを受けて一面銀色に染まっている。

もうじき土庄港に着くとアナウンスが入る。千草が残りの海苔巻きを急いで食べ、ゴミをまとめはじめる。さっきまで泣いていた子どもの笑い声が背後から聞こえる。おなかの子どもが撫でるように腹の内側を蹴り、そうして私は、十七年前の港で野々宮希和子が叫んだ言葉をはっきりと思い出す。

その子は朝ごはんをまだ食べていないの。

そうだ、彼女は私を連れていく刑事たちに向かってたった一言、そう叫んだのだ。

その子は、朝ごはんを、まだ、食べていないの、と。

自分がつかまるというときに、もう終わりだというときに、あの女は、私の朝ごはんのことなんか心配していたのだ。なんて――なんて馬鹿な女なんだろう。私に突進してきて思いきり抱きしめて、お漏らしをした私に驚いて突き放した秋山恵津子も、野々宮希和子も、まったく等しく母親だったことを、私は知る。

前方に目を凝らすと、土庄港が見えてくる。見知らぬ大人たちに連れられた、ちいさな子どもが立っているのが見える。クマの絵のついたブルーのトレーナー、ジーンズにピンク色のスニーカーを履いて、立ちすくんでいる。何が起きているのかわからず、ひとりになったことをひりひりと実感し、戸惑い、おびえ、泣き出そうにもそれがかなわず、歯を食いしばり口を引き結んでいるこわばった顔。子どもの姿がゆっくりと大人に変わる。それは私。私はその顔のまま成長してここにいる。私ははじめて、鏡のないところで自分の顔をはっきりと見る。

フェリーはゆっくりと港に入り、尻の下でずっと続いていた震動が、ぴたりと止まる。

「だいじょうぶ？」

右手に二つの鞄と、食料の詰まったビニール袋を持って千草は立ち上がり、私に左手を差し出す。私は千草を見、その手をそっと握る。

「だいじょうぶだよ」

千草に手を引かれるようにしてフェリーを出る。売店にはためくのれん、背後にそびえる緑の山、潮のにおい、何かを焼く醬油の香ばしいにおい、銀色の海とまっすぐに降り注ぐ陽射しが、フェリーをおりた私を包む。

私はフェリー乗り場の端から端まで目を這わす。中年女性のグループ、売店のベンチに腰かけて煙草を吸うバスの運転手たち、おみやげの紙袋を抱えた老人たち。ふりかえると、静かな海が冬の陽射しを照り返して銀に光っている。光りながら海は、悠々と彼方まで続いている。

フェリーの窓から見えた、おびえた顔で立ち尽くす私自身を抱きしめるために、私は大きく腕を開き、潮のにおいのする空気を思いきり吸いこむ。

二人連れの若い女が入ってきたとき、希和子はちらりと彼女たちを見た。ひとりはどうやら妊婦らしい。ひとりは若い妊婦を座らせて、チケット売場へと向かった。

希和子は彼女たちから目をそらし、前方に広がる海を眺める。そして前の座席に座った女の子に、つられるように視線を戻す。

ショートカットの髪から、耳がぴんと飛び出している。グレイのコートに赤いマフラーを巻いている。あの子。ふと希和子は思い、まさか、とあわててうち消す。最近、若い女の子を見ると希和子は条件反射的に薫ではないかと思う。鼻のかたちが、顎のかたちが、耳のかたちが似ている気がして、知らず凝視してしまい、いつかは金髪の女の子に、なんか用、とすごまれた。すごんだその顔さえも、薫の面影を残しているような気がして、希和子はどぎまぎして顔を逸らした。

どんなふうに暮らしたいだとか、何をしてみたいだとか、願望や希望の類《たぐい》をいっさい持たずに希和子は外の世界に出てきた。自分がもうなんにも持っていないことを希和子は知っていた。外になんか出してくれなくともいいのだと、捨て鉢な気分だった。

いくあてもなく、最寄り駅まで歩いた。暑い日だった。駅前に翻《ひるがえ》る「氷」ののれんが目に入ったとき、希和子はひどくのどが渇いていることに気づいて、吸いこまれるように駅前の食堂に入った。客はおらず、テーブルには割烹着《かっぽうぎ》を着た老女が座っていた。老女は頬杖をついて、天井に設置されたテレビに見入っていた。冷房のきいた薄暗い食堂の、壁にずらりと貼られた品書きを希和子は読んでいった。

氷いちご、氷メロン、宇治金時。ラーメン、チャーシューメン、餃子、チャーハン。コーラ、サイダー、ソーダフロート。

のどを潤すつもりだったのに、文字を見ていたら腹が鳴った。注文をとりにきた老女に、気がつけばラーメンとコーラを頼んでいた。時間が止まったような店だった。そこに座っていると、自分がまだ二十代であるかのように思えた。

湯気をあげて運ばれてきたラーメンを一口食べ、それから希和子は丼に顔をくっつけるようにして夢中で麺をすすった。塩辛さも脂っぽさもなつかしかった。食べやめることができず、汁まで飲み干した。丼の底にこびりついた細い麺を箸でつかみ、そうしている自分に気がついて希和子は愕然とした。おいしいと、自然に湧き上がってきた感想に愕然とした。

もはや人生は自分のもののように思えなかった。女子大を出て就職をして、多くの女たちのように結婚して会社を辞めて、幸福な妻、幸福な母親になっていくはずだった。それが気がつけば犯罪者として全国に知れわたっている。

それでもよかったのだ、薫がいさえすれば。その薫ももういない。永遠にいない。外の世界に出されたからといって、何を目指してどこに向かえばいいのか、希和子はまったくわからなかった。

それなのに、そんな状況にいるというのに、みすぼらしい食堂で出されたラーメン一杯をおいしいと、まだ自分は思うのだ。麺の切れ端までのみこもうとしているのだ。そのことに希和子は打ちのめされた。

まだ生きていけるかもしれない。いや、まだ生きるしかないんだろう。

テレビの音が響きわたる暗い食堂の片隅で、希和子はそんなふうに思った。

しばらくは東京で暮らした。あるとき見知らぬ人が話を聞きたいと訪ねてきて、希和子はあわてて逃げ出した。東京から埼玉へ、茨城へ、仙台へ、金沢へ、見知らぬ人の訪問を受けるたび、事件の加害者らしいと噂がささやかれるたび、希和子はあわてて逃げ出した。もう守るものはなんにもないのに、薫を抱え日野のアパートを出たときから、ずっと逃げ続けているような気がした。

日々の合間、レトルトの夕食を用意しているとき、スーパーマーケットでレジに並んでいるとき、雇われた工場で缶詰のラベルチェックをしているとき、バスの座席で暗い外を眺めているとき、ちらちらとかいま見える景色があった。名を偽って暮らした島の光景だった。ここで暮らしたいとかつて強く願った場所の、美しいところばかりが思い出された。今自分がいる場所とは対照的に、かいま見える光景はいつでも光に満ちあふれていた。

見知らぬ人が訪ねてくることもめっきり減って、続けざまに起きた大きなニュースがかつての乳児連れ去り事件を人々の記憶の隅に押しやっても、金沢から千葉へ、大阪へ、神戸へと、希和子はさらに移動をくり返し、そしてあの島に戻りたいと切望している自分に気づいた。神戸のスーパーマーケットで働いたのち、岡山に向かった。

二十年近く前、薫を連れて向かった岡山港に直行し、小豆島行きのフェリーチケットを買った。数十分後にフェリーがきても、しかし希和子は乗りこむことができなかった。足がすくんで待合室のベンチから立ち上がることすらできなかった。

フェリーは去り、一時間後にまたやってきた。立とう、乗りこもう、と自身にかけ声をかけても、どうしても立ち上がることができなかった。かろうじて立ち上がると全身が震えた。

その日は結局、合計四隻のフェリーを見送った。かつてそこで暮らすことを願った島は、フェリーで一時間ほどの距離にありながら、今や二度と戻れない十代の記憶のように遠かった。

希和子は岡山にとどまった。住み込みでビジネスホテルの清掃の職に就き、少しばかり貯金がたまった時点で安いアパートを借りた。午後四時前に仕事が終わる早番の日や、休みの日に、フェリーの発着所までくるのが希和子の日課になった。

待合室に座り、自分には決していけない場所に向かってフェリーが出立するのを、ベンチに座ってただ眺める。ときどき、十七年前の光景が予告もなくあらわれることがある。お金を払わず品物を持ってきてしまった薫の笑顔や、フェリーがこわいと言って自分にしがみついていた薫の手のひらの感触が、生々しくよみがえる。

薫の姿が思い浮かぶと、いつも耳のすぐ近くでささやく声が聞こえた。がらんどう、とその声は言う。本当だ、と希和子はその都度笑いたくなった。すべて失った私は本物のがらんどうだ。なぜあのときその言葉にあれほど傷ついたのだろう。我を忘れるほど怒り狂ったのだろう。あの女は本当のことを言っただけなのに。そうして、どうやら人はがらんどうでも生きていられるものらしい。

今日も、希和子は仕事帰りにフェリー乗り場にやってきたのだった。いつも座る後ろのほうの座席に腰掛け、光の降りそそぐおもてを眺める。

前に座る人々を希和子は何気なく見渡す。携帯電話を操作する男、赤いマフラーの女の子、段ボール箱を通路に積んだ男。妊婦の連れが戻ってくる。何やら二人で話している。小豆島に何をしにいくんだろうと希和子は考える。

観光旅行ではないだろう、出産のための里帰りか。隣の女の子は妊婦の子の姉だろう。希和子はそんなことを想像する。

あの島で子どもを産めるなんて、なんと幸福なことだろうか。子どもはきっと、凪いだ海を、浮かぶような島々を、風にはためくオリーブの葉を、高く澄んだ空を、目を開いてすぐに見るだろう、島に漂っていたお醤油のにおいを思いきり吸いこむだろう、そして安心するのだ、暗い場所から出てきた先が、自分を祝福するように美しいことを知って。

フェリーの出発時間がアナウンスされる。待合室にいた人々はばらばらと立ち上がり、おもてに向かって歩きだす。

売店の前でちいさな女の子が泣き出す。お菓子がほしいらしい。希和子はなだめる母親と、泣く子どもを見つめる。知らず、口元に笑みが浮かんでいる。母親はあきらめたように子どもを抱き上げ、フェリー乗り場に向かって急ぎ足で立ち去っていく。

その姿に、希和子は十八年前の自分たちを重ねる。素麺店から歩いた夏の日、ここにとどまろうと決心させた海と陽射し。にぎやかなお祭り、綿菓子を分けてくれた薫。いくつものちいさな祠《ほこら》と、海から吹くひんやりした風。希和子はいつのまにか記憶のなかに立ち尽くしている。どこにもいかないよ。薫の声がはっきりと耳によみがえる。

昌江さんはどうしているだろうか。久美は素麺店に帰っただろうか。新之介くんや有里ちゃんは今どこでどうしているんだろう。ハナちゃんは絵の勉強をするために東京にいっただろうか。次々と浮かび上がる光景や人の顔を夢中で追いかけていく。やがて希和子の目に、ころころと並べられた蝉の抜け殻が浮かび上がる。神社の境内で、子どもたちが集めていた蝉の抜け殻だ。がらんどうの、乾いた抜け殻。

希和子は思い浮かんだ光景を追い払うようにちいさく頭をふって、ため息をつく。日に日に思い出は色濃くなっていくが、その濃度は距離をあらわしているように希和子には感じられる。遠ざかれば遠ざかるほど、色鮮やかになる。人の記憶とは、なんと残酷なんだろう。

フェリーには乗らないのかと思っていた妊婦の女の子が、腹をかばうようにゆっくりと立ち上がる。

逆光のなかで女の子の顔はよく見えず、背後の陽射しが彼女の輪郭を光で縁取っている。その様子に瞬間希和子は見とれる。何かとても神々《こうごう》しいものを見たような気になる。

先を歩いていた姉らしい人に呼ばれ、若い妊婦はフェリーへと歩いていく。

薫。心のなかで希和子は呼びかける。二十歳前後の女の子を見かけると、自然と呼びかけてしまうのだ。

薫。待って、薫。

日陰から日向へと足を踏み出した妊婦の女の子が、何かに呼ばれたようにこちらをふりかえる。何かをさがすように目を泳がせ、そして前を向き歩いていく。光が彼女を包みこむ。

薫。彼女の姿を目で追いながら、希和子は心の内で、そっとつぶやく。

愚かな私が与えてしまった苦しみからどうか抜け出していますように。どうかあなたの日々がいつも光に満ちあふれていますように。薫。

乗客を乗せてフェリーが港を遠ざかっていくのを見送って、希和子は立ち上がる。

「今日はえらいぬくいよなぁ」

顔見知りになった掃除のおばさんが希和子に声をかける。

「ほんと、このまま春になればいいのにね」

希和子は笑顔で答える。

「そりゃー都合がよすぎらぁ、明日はまた冷えるらしいよ」

「でも一カ月もすれば、春だわね」

希和子は笑顔のまま会釈をして、待合室を出ていく。歩道を渡り、アパートに帰る道を歩きだし、夕食の買いものをしようと思い立って道をそれる。犬を連れた老人が希和子を追い越していく。川沿いの道を希和子はゆっくりと歩きはじめる。

なぜだろう。

希和子は歩きながら、両手を空にかざしてみる。なぜだろう。人を憎み大それたことをしでかし、人の善意にすがり、それを平気で裏切り、逃げて、逃げて、そうするうち何もかも失ったがらんどうなのに、この手のなかにまだ何か持っているような気がするのはなぜだろう。いけないと思いながら赤ん坊を抱き上げたとき、手に広がったあたたかさとやわらかさと、ずんとする重さ、とうに失ったものが、まだこの手に残っているような気がするのはなぜなんだろう。

希和子は両手を思い切り開いて、指のあいだの青空を眺める。青空をつかむようにぎゅっと手を握りしめると、それをコートのポケットにつっこみ、スーパーマーケットに向けて歩きだす。歩きながら希和子はふりかえる。遠ざかるフェリーが見える。さっきフェリーに乗りこんでいった見知らぬ妊婦とその姉が、窓に額をつけて海を眺めている姿が思い浮かんだ。いつか自分も海をわたることができるだろうか。

海は陽射しを受けて、海面をちかちかと瞬かせている。茶化すみたいに、認めるみたいに、なぐさめるみたいに、許すみたいに、海面で光は躍っている。

「読売新聞」夕刊　二〇〇五年十一月二十一日～二〇〇六年七月二十四日掲載

この小説を書くにあたって、次の方々にたいへんお世話になりました。この場を借りて、心からお礼を申し上げます。

財団法人岬の分教場保存会　中川あかねさん

読売新聞社　永田広道さん、西田朋子さん

この作品はフィクションであり、登場する人物や団体は実在のものとは一切関係ありません。

装画　水上多摩江（題字共）
装幀　坂川栄治＋田中久子
（坂川事務所）

著者紹介

角田光代

一九六七年神奈川県生まれ。早稲田大学第一文学部卒業。九〇年『幸福な遊戯』で海燕新人文学賞、九六年『まどろむ夜のＵＦＯ』で野間文芸新人賞、九八年『ぼくはきみのおにいさん』で坪田譲治文学賞、〇三年『空中庭園』で婦人公論文芸賞、〇五年『対岸の彼女』で直木賞、〇六年『ロック母』で川端康成文学賞を受賞。〇七年には本書で中央公論文芸賞を受賞した。その他の著書に『Presents』『ドラママチ』『薄闇シルエット』など多数。

八日目《ようかめ》の蝉《せみ》

二〇〇七年 三月二五日　初版発行
二〇〇九年一〇月一〇日　一八版発行

著者　角田光代《かくたみつよ》
発行者　浅海 保
発行所　中央公論新社
〒一〇四-八三二〇
東京都中央区京橋二-八-七
電話　販売 〇三-三五六三-一四三一
編集 〇三-三五六三-三六九二
URL http://www.chuko.co.jp/

印刷　三晃印刷（本文）
大熊整美堂（カバー・表紙）
製本　小泉製本

Published by CHUOKORON-SHINSHA, INC.
Printed in Japan　ISBN978-4-12-003816-7 C0093
定価はカバーに表示してあります。
落丁本・乱丁本はお手数ですが小社販売部宛お送り下さい。
送料小社負担にてお取り替えいたします。

角田光代の本

夜をゆく飛行機

古ぼけてて、うとましくて、だのに憎めない、家族って、どうしようもなく家族なのだ……谷島酒店四姉妹の日常を温かに描く長篇小説。

単行本

愛してるなんていうわけないだろ

好きだといえる人を尊敬する。デエトが好き。夜、ぐるぐると歩くのが好き——小さきものに宿る幸せに目をこらす著者初のエッセイ集。

中公文庫

中央公論新社刊